「社会分裂」に向かうフランス

――政権交代と階層対立

尾上修悟 著

明石書店

目次

第2部 フランス大統領選の社会的背景

第4章 大統領選キャンペーンと社会問題

第5章 本選候補者（マクロンとル・ペン）決定の社会的背景

第6章 国民戦線（FN）の飛躍と庶民階級

第3部 マクロン政権の成立と課題

第7章 マクロン新大統領の誕生

第8章 総選挙における「共和国前進」の圧勝

第9章　マクロン政権の基本政策をめぐる諸問題

序章　フランス大統領選で問われているもの

一．問題の所在

二〇一七年五月のフランス大統領選からすでに一年以上経過した。それを振り返ってまず気づくことは、今回の大統領選ほど物議を醸したものはなかったという点であろう。フランスのみならず欧州全体、さらには全世界で誰が大統領になるか固唾を呑んで見つめていたに違いない。もしM・ル・ペン（Le Pen）が選ばれれば、フランスのユーロ圏離脱（Frexit）が起こるかもしれないからであった。Brexit（イギリスのEU離脱）の後にFrexitが生じればどうなるか。ユーロ圏とEUの崩壊が始まるに決まっている。それゆえ、イギリスのEUレファレンダム（二〇一六年）に続いて、フランスの大統領選もさながらサスペンスの様相を呈した。そればかりでない。今回の選挙で、伝統的に政権を担ってきた共和党や社会党とは別に、新たな政治グループと政党が名乗りを挙げた。一体、彼らはどうして勢力を一挙に伸ばしたのか。この点も当然に問われるであろう。

以上のような点を踏まえながら、我々はフランス大統領選のプロセスを冷静に分析する必要がある。そこでまず、その大前提として押えるべき点を指摘しなければならない。それは、フランスに限らず欧州全体について言えることであるが、有権者が今日、政治と政治家に対して強い不信感を抱いている点である。どうしてそうなのか。一般の人々の日常生活が脅かされている、言い換えればそうした生活を支えるべきはずの一国の社会モデルが機能不全に陥っている中で、政治家が責任をもってそれを改善しようとしないからである。何百万人もの失業者と貧困者が存在している事態に対し、政治家は何もするつもりがない。この点こそが問われているのである。

最近フランスで『我々はなぜ我々の政治家を忌み嫌うのか』というタイトルの書物さえ著された[1]。著者であるパリ・シアンス・ポリティーク教授のE・グロスマン（Grossman）とN・ソージェ（Sauger）は冒頭で次のように述べる。「我々は我々の政治家を好きでない。我々はしばしば彼らの約束に魅せられる。しかし、政権に就くや否や、彼らは我々を失望させる。このことが約四〇年間にわたりフランスでくり返されてきた[2]」。彼らはこうして、一般市民と政治的代表者との離別は消滅したかどうかを問う。もちろん、この問いは新しいものではない。代表制民主主義の危機というテーマは古くから提起されてきたのである。

ここで改めて彼らの行論に沿って考えてみると、有権者の政治家に対する不信感は結局のところ、政治家に対する信頼の欠如そのものを表している[3]。このことが、社会モデルないし民主主義全体を危険に晒す。信頼はそもそも相互性の原則に基づく。それは、永続的な人間関係の上に築かれねばならない。だからこそ信頼は、徳や誠実さ、約束の尊重、並びに義務の履行などを促すことによって求められる。言ってみれば、この信頼は社会的信頼を意味するのであり、それは社会を構成する最も重要な要素の一つと考えられる。したがって社会的信頼は、政治システムをよく機能させるための柱となる。この柱が今や崩れようとしているのである。

では、なぜ社会的信頼は失われたのか。その最大の根拠として、社会的不平等の拡大を挙げることに反対する人はいないであろう。この不平等問題は、現代民主主義にとって中心的なテーマにさえなっている[4]。とくに二〇〇七～二〇〇八年のグローバル金融危機以降、先進諸国における不平等が高まった。フランスももちろん、その例外ではない。否、むしろフランスで不平等の拡大は他国より一層加速している。その結果どうなるか。そうした人々の間の不平等が大きくなるにつれて、彼らは政治への参加からますます遠のく。所得レヴェルと選挙に対する関心は強く相関する。不平等は、一般市民の政治システムに対する信頼を失わせてしまうのである。フランスの政治家はこれまで、そうした社会的不平等問題、すなわち社会的階層間の対立となって現れる社会問題の解消に努めてきたであろうか。この点こそが問われねばならない。

フランスの元大統領のＪ・シラク（Chirac）は、一九九五年の選挙キャンペーンのときに「社会分裂（société fracturée）」という言葉を政治家として初めて用いた。彼は有権者に「社会分裂が深まっている。国民全体がその負担を被っている」と訴えた[5]。シラクがこのように語ったのは、フランス社会の異なる階層の間で溝が深まっていることを示すためであった。

実は、この「社会分裂」という概念はフランスにおいて、一九八〇年代半ばに経済の自由化が金融を中心に急速に展開する中ですでに表されていた。まさに自由化の進展は、人々の間で不平等を拡大して社会的階層間の対立すなわち社会分裂を高めたのである。しかも忘れてならないことは、この由々しき事態が、健全で公正な社会モデルを率先して構築すべきはずのF・ミッテラン（Mitterrand）社会党政権の下で進行した点であろう。それだから、社会党に対抗して共和党の大統領候補者になったシラクが、社会分裂の概念を使いながら社会モデルの転換を謳ったのである。これは何と皮肉な話ではないか。同時にそれは、フランス社会における政治家と一般市民の間の歪んだ関係を如実に表している。

今日、フランスの社会は、エリートと民衆の間でますます大きな壁をつくりつつある。社会分裂は間違いなく先鋭化している。第五共和政の下で不平等問題は一向に解消されなかった。そこで今一度思い出さなければならないのは、いわゆる「五月革命」と呼ばれた一九六八年の出来事ではないか。それは、極端な物質主義に伴って生じた社会分裂の現象を初めて露呈すると共に、その消滅に向けた人々の要求を示したからである[6]。学生の反乱から始まった運動は、最終的に社会一般のものと化し、まさしく社会革命の姿を表した。それは確かに、社会的関係の変革を促すものであった。ところが、この革命からすでに半世紀経った現代において、その教訓は全く活かされないどころか、社会分裂はより複層的な事象となって存続し、かつ一層強まった。そうした分裂は今や、経済、文化、教育、医療、さらには情報などの広範囲な面ではっきりと現れている。一体、フランスの政治家はこの社会分裂をいかに無くすことができるか、あるいは無くすつもりがあるのか。今回のフランス大統領選で問われたことは、まさにこの点に尽きる。活動する社会学者として著名なあのP・ブルデュー(Bourdieu)はかつて、政治的な闘いは世界的な社会的分断に対する闘いであると語った[7]。果たして、今回の大統領選で各候補者はその闘いを行うことを明らかにしたであろうか。社会の下層部に位置付けられる労働者を中心とする庶民階級の最大の関心が、この点にあることは言うまでもない。

二、本書の目的と構成

二〇一五年から二〇一七年の三年間に、欧州統合を大きく揺がす事件がたて続けに起こった。それらは二〇一五年のギリシャ債務危機(Grexit問題)、二〇一六年のイギリスのレファレンダムによるEU離脱(Brexit問題)、そして二〇一七年のフランスの大統領選に伴うEU離脱危機(Frexit問題)である。これらはドミノ現象とみなされる。それは確かに連続して伝幡する様相を呈した。しかし、それらはたんなる流行として現れたのではない。ここで銘記すべき点は、三つの事件には一つの共通した現象が底に横たわっている点であろう。それは、欧州の財政規律に基づく緊縮政策により、とりわけ下層階級の人々の生活が困窮し、その結果彼らは欧州の指令と自国の政策に失望してそれらに反抗したという点である。筆者はそれゆえ当初から、三つの事件を平行して調べることを念頭に置いた。本書の目的は、二〇一七年のフランス大統領選の問題を取り上げながら、そうした現象を総括的に論じることである。

ところで本書は、先に著わした『ギリシャ危機と揺らぐ欧州民主主義』と『BREXIT「民衆の反逆」から見る英国のEU離脱』に続く第三作目に当る。筆者はこれにより、欧州で勃発した先の三大事件を年代記的に追究することを目指した。しかもそれは、スピード感を伴う必要があった。したがってそれらは、同時代のくもった眼によるものとなったかもしれない。しかし、それでも一つの歴史的記録としていち早く書き留めようとしたのは、もはや後代のすき透った眼で見ていられるほどの猶予はないと思われたからである。それほど今日の欧州社会は荒んだ姿を露呈しており、それを黙視することは到底できない。筆者をこれらの書を著すようにかりたてたのは、欧州に対する三つの思い、すなわち「憂い」、「怒り」、そして「望み」の心情であった。とくに「怒り」がこの間強くこみ上げられたことは否定できない。これらの思いの中で、筆者は知性のペシミズムでもって、欧州の政治・経済・社会のシステム（体制）を徹底的に批判した。欧州に潜む諸問題を洗いざらい摘出することは、欧州再建の必要不可欠な作業になると考えられたからである。しかし、その先にはやはり、庶民階級としての欧州市民による下からの統合への望みが、意思のオプティミズムとして消えていないことを、ぜひとも付け加えておきたい。

以上のような問題意識の下に、本書は序章と終章を除いて三つの部分から成る。まず第1部で、

F・オランド（Hollande）政権の政策をめぐる問題が論じられる。フランス大統領選の問題に入る前に、オランド政権について検討するのは次の二つの理由による。第一に、オランド政権の下で噴出した社会問題＝社会分裂に対するフランスの庶民階級の不安、不満、並びに怒りの高まりが、今回の大統領選で新しい政治運動を引き起こした一大要因になったこと、第二に、現大統領のE・マクロン（Macron）がオランド政権で経済相を務め、その際に採られた政策が基本的に大統領就任後に引き継がれていることである。こうして第1部は、オランド政権の下で行われた経済政策と社会政策がいかなるものであり、そこにはどのような問題があるか（第1章）、また、それらの政策がとくに社会的側面で引き起こした結果は何であったか（第2章）、そして最後に、結局オランド社会党政権はフランスの人々とりわけ労働者を裏切ったことについて検証する（第3章）。

次いで第2部は、フランス大統領選がいかなる社会的背景の中で展開されたかを検討する。まず、予備選のキャンペーンについて、主要な候補者の運動を取り上げながら、それらの運動と社会問題との関連が考察される（第4章）。次に、マクロンとル・ペンの二人の候補者がどうして本選に進んだのか、その社会的背景は何であったかが分析される（第5章）。そして最後に、今回の大統領選で著しく勢力を伸ばした国民戦線（FN）と党首のル・ペンについて、その飛躍の社会的要因が追究される（第6章）。

最後の第3部は、マクロンが新大統領に選出されたことにより、その政策がどのように遂行され、そこにはいかなる課題があるかを論じる。まず、マクロンが大統領選で勝利したことは、フランスの社会でいかなる意味を持つかが検討される（第7章）、次に、大統領選の直後に行われた総選挙において、マクロンの率いる「共和国前進」が圧勝したことの背景が追究される（第8章）。さらに、マクロンは経済・社会政策についていかなる基本方針を持っており、そこにはどのような問題が潜んでいるかが、経済相時代の政策と対比しながら明らかにされる（第9章）。そして最後に、マクロン政権の抱える課題は何かを、とくに社会問題に着目しながら論じることにしたい（第10章）。

注

▶1　Grossman, E., & Sauger, N., *Pouquoi déteston-nous autant nos politiques ?*, Presses de la Fondation nationale des sciences politiques, 2017.

▶2　*ibid*, p.5.

▶3　*ibid*, pp.24-25.

▶4　*ibid*, pp.60-62.

▶5　Bardin, C., "La dificile gouvernance d'une société fracturée", in Euzet, C., dir., *Comment la France d'aujourd'hui est-elle gouvernée?*, Presses Universitaires de Perpignan, 2016, p.171.

▶6　*ibid*, pp.173-174.

▶7　Gaxie, D., "Front National : les contradictions d'une resistible ascension", in Mauger, G., & Pelletier, W., *Les classes populaires et le FN—Explication de votes—*, Édition du Croquant, 2016, p.47.

第 1 部

オランド政権の政策とその諸結果

第1章

オランド政権下の経済・社会政策をめぐる諸問題

最初に、オランド政権の下で経済と社会に関する諸政策がどのように遂行されたか、また、それらの政策にはいかなる問題があるかを明らかにしておきたい。その際に対象とする政策は三つある。それらは、第一に財政・金融政策、第二に労働・雇用政策、そして第三に社会政策である。

一. 財政・金融政策をめぐる問題

(一) 財政緊縮政策の存続

まず、オランド政権の財政政策について見てみよう。

欧州では二〇一〇年以来、財政緊縮政策が強化されてきた。しかもそれは、景気が悪化しているときに断行された。他方で金融政策の戦略的な幅は、利子率がゼロに近いために非常に小さかった。その結果、それらの政策が成長抑制の要因になったことは言うまでもない。オランドが選挙キャンペーンで成長復帰を強調し、再び「安定・成長協定」の締結を謳ったのもそれが理由であった。では、彼はユーロ圏の方針とは逆に、財政緩和政策に着手したであろうか。

実は、オランド大統領が政権のスタートから採った財政政策は、前任者のＮ・サルコジ（Sarközy）政権と同じく緊縮政策であった。これにより、景気後退のスパイラル効果が働き、成長に対してネガティヴな動きが展開された[1]。最終的に、欧州とフランスにおける財政緊縮政策の存続は、彼らの経済復興の加速度的効果を断ち切ってしまう。それは、フランスを景気の悪化に伴う準リセッションの状態に陥らせたのである。

フランスは確かに、緊縮政策により二〇〇九年からの五年間で、公的赤字を対ＧＤＰ比で四ポイント以上削減することができた[2]。しかし、その代償はあまりに大きかった。財政緊縮政策が成長低下の一大要因になったことは間違いない。さらに留意すべき点は、そうした財政政策に加えて、金融政策も引き締められたことにより、それらの相乗効果で成長が一層押し下げられたという点である[3]。それにも拘らず、オランドはどうして緊縮政策を採ったのか。そこには明らかに、欧州の強い圧力があったと言わねばならない。

そもそも欧州理事会は、オランド政権成立前の二〇一二年三月に、財政協定すなわち「安定、コーディネーション、並びにガヴァナンス」に関する条約を成立させる。彼らは、これにより加盟国に対して緊縮政策を指令した[*1]。それは、二〇〇八年のグローバル金融危機によって打ち砕かれた「安定・成長協定」を復帰させるためであった。ところが、今度の新協定には「成長」という言葉は取り除かれてしまった。欧州はこうして、加盟国に何よりも財政均衡に向けて努力するように命じる。このような新財政協定は、経済的に正当であろうか。この点が問われるに違いない。

新協定の成立直前において、ユーロ圏全体の公的赤字は、日本やイギリス、さらには米国などのそれに比べ、対GDP比で半分以下ほどに小さかった[▼4]。それにも拘らず、欧州が再び財政緊縮を強要したのは、加盟国の公的赤字の対GDP比を三%内に収めるという当初の財政規律を遵守したからに他ならない。しかし、その三%という数値に何の理論的根拠もないという点は、一切表明されなかった。欧州は、このようにして成長の推進よりも公的赤字の削減に執心する。加盟国はまさに、財政緊縮政策を強いられたのである。

こうした中で、二〇一三年五月末の欧州委員会はフランスに対し、その公的赤字を対GDP比で三%に達成させるための期限を新たに与えた[▼5]。彼らは、二〇一三～二〇一五年の二年間に、赤字目標を達成させるように圧力をかけた。これは言うまでもなく、フランスにとって財政緊縮の存続を意味する。フランスはそれ以来、公的赤字の対GDP比を二〇一三年に三・九%、二〇一四年に三・六%、そして二〇一五年に三%以下の二・八%に導く必要が生じた。このような厳しい緊縮政策は、フラン

＊1　この点について詳しくは、拙著『欧州財政統合論』ミネルヴァ書房、二〇一四年、第一章を参照。

スにとって妥当であろうか。もしもそれによって、フランスの経済・社会が構造的に破壊されるのであれば、そうした政策は当然拒否されねばならない。

フランスの公共支出は、伝統的に大きい。それゆえ欧州委員会は、その削減を十分に行っていないとして彼らを非難した[▼6]。フランスは、他のユーロ圏諸国とは異なる再分配方式を採っているため、公共支出がどうしても増えてしまう。しかし、それによって財政の構造的赤字[*2]がストレートに悪化するとみなすことには問題がある。理論的に見ても、構造的赤字から公共支出を除くことが考えられる。なぜなら、公共支出は長期的に潜在的成長を改善することになるからである。

そこで、もし公共支出を排除した公的赤字を想定すれば、フランスはその赤字の改善に大きく寄与できる。ところが逆に、それを含めた赤字の削減を図れば、フランスは財政緊縮政策によって間違いなくリセッションを招いてしまう[▼7]。それによって、失業率が一層高まることも疑いない。オランド政権は、この点を最大限に考慮すべきであった。それにも拘らず政府は、二〇一三年から厳しい緊縮政策を断行する。それがフランスの人々、とりわけ労働者階級を軸とする庶民階級の痛みを伴うことは明らかであった。

オランド政権は公的赤字の大きな削減を目標とする以上、公共支出を抑えながら財政収入を増やす必要がある。それゆえ政府は、大課税改革に乗り出した[▼8]。それは、オランドのプログラムにおける重要なテーマであった。この大改革の目的は、より公正な課税に向かうことである。そのために、大企業、金融システム、並びに裕福な家計に対して一層課税し、中小企業や中流階級により少なく課税することが計画された。要するに課税を累進的に行うことによって、所得再分配のあり方を変えることが試みられた。このことが、所得の不平等を解消する一手段になる点を考えれば、それは全く正しい。問題は、その実行可能性にある。フランス政府が、一層の税金を課す対象による税金支払いの回避を取り締まることができなければ、彼らの大課税改革は「絵に描いた餅」にすぎない。

こうした中でＪ・Ｍ・エロー（Ayrault）首相は、二〇一三年一一月一九日に、財政改革を告知する。[9] フランス政府は公的赤字を減らすため、公共支出と社会的支出を一層削減しなければならない。彼らはすでに、二〇一七年までにそれらを七〇〇億ユーロ減少させることを欧州委員会に約束した。他方で政府は、税収を維持・拡大する必要がある。この事態に企業側は、「フランス企業運動、メデフ（Mouvement des entreprises de France,Medef）」を通して、企業に対する課税を一〇〇〇億ユーロ低下させることを要求した。彼らはとくに、家族手当てや医療手当てなどの社会的保護の負担軽減を求めたのである。

フランス政府は後に詳しく論じるように、実は二〇一二年の段階ですでにそうした企業要請を受け入れていた。彼らの社会的負担はそれによって減少した。政府は、企業の労働コストを低下させて競争力を勝ちとるために、いわゆる「対内切下げ[*3]」戦略に着手したのである。そこで、そのような雇用

＊2　構造的赤字は、公的赤字から景気変動に伴う自動的な財政手段によって生じる赤字を差し引いたものを示す。この点について詳しくは、前掲拙著『欧州財政統合論』五二～五六ページを参照されたい。

者による社会的負担の削減分は、「一般社会保障負担税（contribution sociale généralisée, ＣＳＧ）」の引上げで賄われた。つまり、その負担は企業から家計に移転されたのである。これによって、家計の消費の崩落するリスクが生じることは疑いない。

他方でフランスの企業は二〇一四年初めに、さらなる課税の減免を法人税中心に政府に対して要求した[10]。そこで政府は、そうした企業に対する課税の減少を、二〇一五～二〇一七年に続けて行うと表明したのである。このようにオランド政権は、企業の競争力を強めるための対策として、対内切下げとしての労働コストの削減に努めた。このことが、企業に対して雇用をより増大させるという立場、すなわち供給派の考えに依拠することは言うまでもない。

こうした中でエロー首相は、「ガロワ（Gallois）報告」（「フランス産業の競争力のための協定」）に基づき、「責任のある協定（pacte de responsabilité）」を二〇一四年四月末の議会で提案する[11]。それは、企業の社会的負担を軽減する代わりに一般社会保障負担税（ＣＳＧ）を増加するというものであった。ここでもエロー政府は、企業の競争力の復興を真っ先に考える。そのための企業に対する課税の免除は、二〇一四年に一〇〇億ユーロ弱、また二〇一五年には二〇〇億ユーロにも達する。この税収減の一部は、付加価値税（ＶＡＴ）の改革で補われる。しかも、そうした企業の社会的負担の軽減は、当初の極めて低い賃金（最低賃金の一・六倍まで）から、二〇一六年にはより高い賃金（最低賃金の三・五倍まで）を対象にした。

このようなエロー首相の財政改革は、まさに供給ショックを与える。それによる財政収入減はＧＤ

Ｐの一・五ポイントに相当する。これはフランス経済の歴史において、前代未聞の大きさであった。[12]ただし、エローの制定した「責任のある協定」は、企業に対する課税の減免の代わりに、若者や年輩者の雇用の数値目標を設ける。さらにそれは、職業教育や社会的対話を促す。この点で、その協定は前政権の政策とは異なる。しかし、それが供給ショックと同時に、同規模のネガティヴな需要ショックと結びついている点で、以前の政策と変わらない。なぜなら、「責任のある協定」は、ＶＡＴの引上げを前提としており、それは、Ｆ・フィヨン（Fillon）の政府が提案した「反現地化のＶＡＴ」の方法と類似しているからである。この点を忘れてはならない。

このようにして見ると、「責任のある協定」は結局、家計と公共機関の所得を企業に移転させることを意味すると言ってよい。企業はそれによって、確かに労働コストを低下させて競争力を増すことにより収益を上げられるかもしれない。しかし他方で、そのことがＶＡＴやその他の課税を引き上げると共に、公共支出を削減することになれば、全体として需要を押し下げる。とくに家計にとって、購買力の減少と社会的サーヴィスの悪化は大きな負担になるに違いない。それによって経済活動が低下すれば、この協定の効果は消えてしまう。それでなくてもオランド政権は、財政緊縮政策を断行し

＊3　対内切下げは、ユーロを切り下げる代わりに、国内での単位時間当り労働コストを下げることで輸出競争力を改善することを示す。この点について詳しくは拙著『ギリシャ危機と揺らぐ欧州民主主義』明石書店、二〇一七年、三四～三七ページを参照されたい。

た。この「責任のある協定」は、社会的支出の低減に追い打ちをかけることになる。エロー政府は対内切下げ、言い換えれば財政的切下げの戦略を採ることで、社会政策を一層軽視することに陥る。これでもって社会党政権は、国民に寄り添う姿勢を表せるであろうか。甚だ疑わしいと言わねばならない。

(三) 銀行・金融危機対策

他方で、オランド政権が直面したもう一つの大きな問題は、二〇〇八年から続く銀行危機への対策であった。それはまた、フランスの金融システムの安定化にとって必要不可欠な手段である。フランスの銀行セクターは、よく知られている銀行すなわちＢＮＰパリバ（Paribas）、ソシエテ・ジェネラル（Société Générale）、クレディ・アグリコール Crédit Agricole）、並びにＢＰＣＥ（貯蓄銀行と国民銀行の融合）に集中している。これらの銀行がいずれも信用リスクなどの様々なリスクに晒された。[13] それはとくにギリシャ危機で発覚した。クレディ・アグリコールやソシエテ・ジェネラルを中心に、ギリシャの公的機関と民間セクターに対する損失が明らかにされたのである。

こうした中でフランス政府は、いくつかの対策を提示した。[14] その一つは、銀行のリーテール活動（預貸業務）と投資活動を分離させたことである。これは、一九八四年に「ベレゴヴォワ（Bérégovoy）法」で定められた両者間の障壁撤廃を見直すものであった。これにより、顧客の預金を保護すると共に、銀行倒産の場合に国家の支援は制限されると考えられた。しかし、その有効性は定かでない。すでにクレディ・アグリコールなどは、投資活動を子会社の設立で隔離していたにも拘らず、大損失を被ってしまった。それは、分離されたはずの投資活動の原資が、実はリーテール活動での預金に求められたからである。それゆえ、この資金ルートを断たない限り、銀行のリスクは完全には消滅しない。

もう一つの主たる対策は、銀行セクターに対する課税の増大である。フランスでは、二〇〇八年の大危機以来、銀行こそが危機の要因であった。ところが、彼らはあまりに多くの利益をえていると非難された。そこで政府は、それに応えるために銀行セクターに対する課税を増やす傾向を示したのである。エロー首相は二〇一二年八月一日に、金融取引に対する課税を倍にすることを決める。また、銀行手数料の上限も設定された。しかし先にも指摘したように、この課税がよく機能するには、銀行セクターの脱税行為をコントロールする必要がある。銀行と金融市場がグローバル化されている中で、果たしてそのことは可能であるか。この点が問われるに違いない。

そもそもフランス政府は金融危機の処理として、銀行の再資本化のためにかなりの公的資金を注入した。ところが、銀行セクターを維持するための財政コストは、これまで大いに過小評価されてきた。[15] そこでは、非明示的な補助金が考慮されていないからである。それによって銀行が大きな恩恵を受けたことはいうまでもない。そうした補助金は、政府が言わば最後の拠り所としての保障という前提で、銀行とりわけ大銀行に与えられたのである。そこで銀行は、より大きくなればなるほど非明示的な補助金をより多く受けることができた。それはまた、too big to fail（大きすぎて潰せない）という考えを如実に示した。これにより、大銀行と中小銀行の間の信用力の格差が拡がり、競争が歪められたことは疑いない。フランスの銀行が先に見たように、非常に集中していると同時に、中小企業がより小さな銀行に依存している点を考えれば、そのような公的資金注入の方法は、信用システムに由々しき事態をもたらすに決まっている。

他方で、もう一つの憂慮すべき事がある。それは、フランス政府と銀行セクターとの緊密な関係である[▼16]。実際に、フランスの銀行とくに大銀行の数多くの幹部は高等行政府で働いている。この点は、歴代の政府で全く変わらない。そしてそのことはもちろん、フランスの銀行によるロビー活動を有効にさせる。その結果、新たな銀行・金融規制の効果は台無しにされてしまう。銀行規制を免れることで自由な投資活動を行ういわゆるシャドー・バンキング[*4]が、金融危機の一大要因になったにも拘らず、その規制を拡大できないのもそのためである。

このようにして見ると、オランド政権が銀行・金融危機対策として示したものには、大きな制約があると言わねばならない。その制約を乗り越えられないとき、人々の不満が一層高まることは目に見えている。

二、労働・雇用政策をめぐる諸問題

(一) 労働市場の改革

フランスは欧州の中で、とくに失業者が多いこと、かつまた失業率が高いことで知られている。二〇〇八年以来、失業者は一〇〇万人を超え、失業率は二〇一三年の第一四半期で一〇％を上回った。[17] 二〇〇八年の大金融危機は、フランスの完全雇用への復帰を断ったのである。しかし、フランス政府が、この大量失業状況を放置してはならないことは言を俟たない。とくに、労働問題の解消を謳う社会党は、早急の失業対策を求められる。失業を食い止めるために、労働者の救済と失業問題に向かって進むべきか、あるいはまた労働市場を一層改革すべきか。オランド政権は、労働市場の弾力化にいかに対応したであろうか。

結論先取り的に言えば、フランス政府は労働市場をよりフレキシブルなものにすることでこれに応じた。フランスの労働市場は、これによって二重化の様相をはっきりと表したのである。[18] この労働市

＊4　シャドー・バンキングは「影の銀行」と呼ばれるもので、投資銀行やヘッジファンドなどの行う通常銀行業務以外の金融業を表す。

場の二重化とは端的に言って、より安定した賃金労働者と、不安定な非正規雇用（précarisation）に入り込んだ賃金労働者の両極化を示す。とくにここで銘記すべき点は、後者に属する労働者が、短期の雇用契約と失業の期間をくり返す悪循環に陥っている点である。

そもそもフランスでは、労働市場が一九八〇年代半ばから継続的に改革されてきた。それによってフランスの労働市場は、よりフレキシブルな姿をとるようになる。そこでは二つの原則が設けられた[19]。一つは、臨時雇いの発達である。これは、一九九六年の労働契約の法制的規制の緩和で可能となる。もう一つは、労働市場の近代化である。これは、二〇〇八年に社会的パートナーと合意される。そこで雇用のフレキシビリティが高まると同時に、雇用を失う人々の保護がより強まった。そしてオランド政権は、労働市場をよりフレキシブルにするために法制を変更したのである。

この法制は、「専門職業間の国民的合意」と呼ばれるもので、二〇一三年一月一日に社会的パートナーとの間で成立した。この合意は二つの面から成る。一つは保障の面である。すべての賃金労働者に対する医療の補足的サーヴィスの保障、失業保険を再度請求できる権利、三ヵ月以内の「期限付き雇用契約（contra à durée détetminée, ＣＤＤ）」に対する課税の増大、パート・タイマーの規制（週当り二四時間）などがそこで謳われる。もう一つは、フレキシビリティの面である。これは言ってみれば、雇用の維持に対する合意を表す。それは、景気が悪化して大きな雇用困難に直面したとき、労働、賃金、並びに雇用の全般的バランスを図ることで示される。

これでもってフランスの労働者の雇用に対する不安は一挙に解消されるであろうか。これまでフランスでは、危機の開始時に、企業が雇用調整をより素早く行うため、短期契約のCDDに対する依存が一層強められてきた。しかもその契約期間は、ますます短縮する傾向を示した[20]。一ヵ月以下のCDDの割合は、二〇〇四年の四八%から二〇一三年初めには六八・五%へと二〇%以上も増したことがわかる。このような極短期のCDDの増大という傾向は、オランド政権の設けた新たな法制で変わるであろうか。答は「ノー」に違いない。むしろ逆に、それは増えるのではないか。危機を盾にすることで、短期の雇用調整が法的に認められてしまうからである。これでもって労働者の不安が無くなる訳はない。

　他方でオランド政権は確かに、労働契約の安定化を図る。彼らは、三〇歳以下の若者の「無期労働契約（contrat à durée indéterminée, CDI）」の創出と若者支援を謳った[21]。しかし実際には、二〇一二年一〇月に将来の雇用プロジェクトとして示されたのは、失業中の若者に対し、最大で五年間を期限とする雇用（一五万人）の創出であった。しかもそのための支援金は、すべて国家で賄われるのではない。国家の負担分は七五%にすぎず、残りは地方自治体などに委ねられたのである。このように、フランス政府の雇用政策は、やはり基本的には労働市場のフレキシビリティを増すことにあったと言わねばならない。

（三）新雇用政策としてのＣＩＣＥ

フランスでは毎年、公共機関の資金の約九％を雇用と労働市場の対策に当ててきた[22]。そうした支出は二つのカテゴリーに分かれる。一つは、労働市場で困難にある人々を目標とした支出である。これは、失業保険のような「受動的」と言われる支出と、支援を受ける雇用や職業教育を受けることに関する「能動的」な支出から成る。そしてもう一つは、本質的に労働コストを削減することで雇用を有利にさせる方策を示す。これは、低い賃金に対する雇用主の社会的分担金の一般的削減を意味する。この対策費用は二〇〇〇年以来定期的に増大した。しかし、雇用政策のコスト全体に占めるこの対策の割合は、サルコジ政権の下で低下した。そこでオランド政権は、そうした対策をきちんと定めることで雇用の促進を図ったのである。

このような、労働コストの削減に基づく雇用促進は、二〇一二年一二月に財政規律の枠組の中で法的に整備される。それは、「競争力と雇用のための課税の減免（crédit d'impôt pour la compétitivité et l'emploi, ＣＩＣＥ）」と呼ばれる。これは、基本的に企業の競争力の再建をねらうものであった[23]。ＣＩＣＥは、「全産業一律スライド制最低賃金（salaire minimum interprofessionnel, ＳＭＩＣ）」の二・五倍以下の賃金に関連し、総賃金の六％に当たる部分を対象とする。要するにこの対策は、低い賃金に対して支払われる企業の社会的負担を軽減することにより、彼らの労働コストを低下させて競争力を高めようとした。果たして、ＣＩＣＥは雇用を増やすことに大きく貢献するであろうか。

オランド政権は、長年にわたる貿易赤字の増大、グローバル金融危機開始以来の企業収益の悪化、並びに失業者の著増などのフランス経済が抱える諸困難に対し、このＣＩＣＥを設けることで企業の競争力の復興と雇用の維持を図った。[24] 問題は、そのマクロ経済効果がどのように現れるかにある。

まず銘記すべき点は、ＣＩＣＥが、家計と公共機関から企業への所得移転を表すという点であろう。[25] ＣＩＣＥは、マクロ経済効果を発揮する前に、事前的に融資される。それは、労働コストを低めて直接に雇用を促す。このようにみなされる。しかし、そのことは要するに労働を資本に置き換えることを示すにすぎない。一方で労働コストの低下は、企業収益に反映され、それは企業の資金調達の制約を取り除く。ところが他方で、ＣＩＣＥのための原資は、付加価値税（ＶＡＴ）の増大、環境税などの増大、あるいは公共支出の削減のいずれかによる。これらのことで、家計の購買力が減少して国内需要が低下することは間違いない。そのプロセスは、次の二つの図式で表される。一つは、家計と公共機関の資金↓ＣＩＣＥ↓労働コスト低下↓企業収益増大↓雇用増大であり、もう一つは、課税増大と公共支出削減↓家計の購買力減少↓国内需要減少↓経済成長低下↓雇用減少である。見られるように、ＣＩＣＥによるマクロ経済効果は、相殺効果を雇用面に引き起こしてしまう。

実際に、ＣＩＣＥの成長と雇用に対する効果は異なる形となって現れると予想された。[26] 当初の成長効果はあるものの、雇用に対する効果にはタイム・ラグが生じる。さらにその後は、ＣＩＣＥはむしろリセッション的なインパクトを与えると考えられた。それは端的に、家計の購買力喪失による。最終的に、ＣＩＣＥの雇用に与えるインパクトは、次の三つに分けることができる。[27] 第一に、資本と労働の代替効果。これは、企業の労働コストの低下をもたらす。第二に、競争力効果。これは、企業の対外競争力を改善する。そして第三に、ネガティヴ効果。これは、家計の購買力喪失と永続的な公共支出削減に基づく。ＣＩＣＥは真に起死回生的な対策となるか。この点が問われるに違いない。

ところで、このＣＩＣＥの政策は経済学的に見れば、先に示したように供給政策を意味する。それはまた、ドイツの成功例にならいながらビジネス界から強く要求された[28]。彼らは、フランス経済を困難にさせているのは企業の競争力の低下であることを訴える。そして、その最大の要因は、労働コストのあまりの高さであると説く。事実、フランスの単位時間当りの労働コストは、ユーロ圏のそれよりも高い。そこで、企業の社会的負担を減少させることによって労働コストを削減できる[29]。企業の競争力はこれで高まる。このように想定された。

フランス政府がＣＩＣＥを法制的に成立させたのは、実はこうしたビジネス界からの要請に応えるものであった。この点を忘れてはならない。そうだとすれば、ＣＩＣＥが雇用創出を第一の目的とするものであったことは疑わしい。それは結局、雇用が企業の競争力増大による収益力のアップに依存するという、典型的な供給政策を示すにすぎないのではないか。これによる雇用効出効果は決して確かでない。そこで留意すべき点は、ビジネス界が企業の社会的負担の一層の軽減を求めている点である。彼らは、その割合を対ＧＤＰ比でドイツ並の値にすることを提唱する[30]。それほどの免税がなければＣＩＣＥによる効果は大して期待できない。ビジネス界はこのように主張する。要するにＣＩＣＥは、企業側からすれば、あくまでも競争力を改善するためのものであり、それでもって直ちに雇用を増やす訳ではない。ＣＩＣＥの施行が即雇用創出とはならないのである。

三、社会政策の諸問題

(一) 社会的保護の資金調達問題

先に見たように、オランド政権は一方で財政緊縮政策を遂行しながら、他方では企業の競争力と雇用を促進するための政策（ＣＩＣＥ）を施した。そこで、前者は社会的支出の削減を問題にするのに対し、後者は財源の減少問題に突き当たる。そうした中で、諸々の社会的手当てをフランスの人々に提供するために、その原資をいかに調達したらよいかが当然問われる。一般に、社会保障手当て（失業手当てや年金）は、賃金に基づいた分担金で融資される。一方、より一般的な社会的手当て（医療手当てや家族手当て）は課税で分担される。ところが、この後者の手当てに関して、フランスは一般的なケースに属さない。医療手当てや家族手当ては、フランスでは大部分が「雇用者の社会的分担金（cotisations sociales employeurs, ＣＤＳ）」で融資されるからである。[31]

実は、ここにフランスの抱える大きな問題が潜む。フランスの企業にとって、この分担金支払いが課せられる以上、グローバル・ビジネスを展開する上で必然的に競争力問題に直面してしまう。それでなくてもフランス企業は、通貨の切下げができないために価格競争力の面でハンディを負っている。

それゆえ彼らは、雇用者の社会的分担金を引き下げることで労働コストを低下させることを政府に要求する。確かにフランスの雇用者の社会的分担金が、世界の中で最も高いレヴェルに達していることは間違いない。二〇一一年におけるフランスのそうした分担金がＧＤＰに占める割合は一六・八％であり、それはドイツより二％以上、またイギリスより一〇％以上も大きい。

一方、このような雇用者の分担金の大きさに対し、賃金労働者は他国に比べて比較的寛容な家族手当てや失業手当てを受け取っている。こうして見ると、フランスの企業が要求する分担金の低下は全く正当なもののように思える。しかし、事実は必ずしもそうとは言えないことを示す。フランスでは、雇用者の分担金が大きい分、労働者の賃金が削減され、それは低いレヴェルに抑えられているからである。そうだとすれば、雇用者の分担金の低下は賃金の増大と結びつかねばならない。もしもそのことが行われなければ、競争力の増大に伴う収益は企業にすべて吸収されてしまう。これでもって賃金労働者が満足するはずはない。

他方で、フランスの労働者を含む人々には一般社会保障負担税（ＣＳＧ）が課せられる。これは、年金生活者や失業者にも同じようにかかる。家族手当てや医療手当てなどの社会的手当てを受け取る家計は、自身で資金調達すべきとみなされたのである。そこで、賃金が変化しないままＣＳＧが課せられれば、それは、家計の企業への資金移転を引き起こすに違いない。[32] そうだとすれば、企業の社会的負担に対する不満がどれほど正当性を持つかは定かでない。

そうした中でオランド政権は二〇一二年一一月に、先に見たように企業の要求を全面的に受け入れ、競争力のショックを与えることを決定した。[33] 企業はＣＩＣＥにより、二〇〇億ユーロの益をえる。それは、総賃金の六％に担当する。そして言うまでもなく、そうした課税の減免分は、フランスの財政収入の減少につながる。そこで、その分は埋め合わされねばならない。それは、一〇〇億ユーロ分が公共支出の補足的削減によって、また残りの一〇〇億ユーロ分が付加価値税（ＶＡＴ）と環境税の引上げでカヴァーされる。

しかし、これらの資金調達対策には様々な問題がある。例えばＶＡＴの上昇は、一定の価格の引上げを伴う。このことは、ＣＩＣＥによって競争力のショックを与えることと矛盾する。一方、賃金労働者は価格の引上げを補うために賃金の上昇を要求するに違いない。そこで、この点に関して社会的パートナーとの合意がなければ、彼らの購買力は減少するに決まっている。オランド政権は、フランスの家計がその収入低下を受け入れる必要があることをはっきりと謳う。そうだとすれば彼らは、家計の購買力の喪失を犠牲にして企業に対する社会的負担の減免を決定したことになる。このことが、需要サイドのリスクを生むことは疑いない。さらに、企業はＣＩＣＥによる収益の増大と引換えに、投資と雇用を促すかが問われるであろう。この点の約束が守られなければ、納税を負担する一般市民が犠牲者になることは明らかである。

(二) 年金制度改革問題

オランド政権は二〇一三年に、年金制度を新たに改革する旨を明らかにした。それは、二〇一〇年の改革からまだ三年しか経っていないものとなる。この新年金制度の背景には、先に見た財政問題がある。フランス政府は二〇一七年に、財政収支を均衡させることに従事する。それゆえ彼らは、財政緊縮に努める決意を表す[34]。公共支出は七〇〇億ユーロの削減を予定された。そこで当然に年金支出の問題が浮上する。なぜなら、年金支出は公共支出の四分の一を占めており、その分をいかに賄うかが問われるからである。

オランドは二〇一三年三月二八日に、TVをつうじて年金制度が二〇二〇年に二〇〇億ユーロの赤字になることを宣言した。フランスの年金支出は確かに、GDPの一四%弱ほどに達してかなり大きい。「年金の方向性に関する審議会」の予想によれば、年金制度の赤字の対GDP比は、二〇一一年の〇・七%から二〇二〇年に一%を起える。オランドは、これを踏まえて年金制度の改革に着手することを決意したのである。

では、オランド政権はいかなる年金制度改革を図るか。それは、年金支給期間の引き延ばし、すなわち年金支給開始年齢の引上げである[35]。しかし、そこには根本的な問題が潜んでいる。そもそもフランスでは、そうした引き延ばしは一九九三年の改革から始まっていた。それは、三七・五年から四〇年に引き延ばされた。さらに二〇一〇年の改革で、年金支給開始年齢は六〇歳から六二歳に引き上げられた。そこでいかなる問題が生じるか。一般の年輩者にとって、年金支給開始年齢の引上げは、その間の年金に代わる収入の確保を強いることになる。実際に年輩者（五五～六五歳）の雇用率は上昇している。そして、そのシワ寄せは若者世代に来る。この間、若者（一五～二五歳）の雇用率は非常に悪化した。それは、二〇一二年末に三〇％を割る。その結果、失業者に占める若者の割合は一〇％近くに達した。つまり、年輩者の雇用率の上昇は、若者の社会的編入を困難にさせたのである。このようにして見ると、年金支給開始年齢の引上げは、年金レヴェルを低下させるかあるいは、若者の失業の重みを増すことがわかる。

こうした中で、年金制度改革に関する「モローー（Moreau）報告」が二〇一三年六月一四日付で出された。[36] それは、短期間で年金システムの赤字削減をねらいとしたものであった。まず、年金の原資をえるために一般社会保障負担税（CSG）の上昇などの課税引上げが図られる。しかし、このことは先にも示したように、人々の購買力を当然減少させる。それによって、年金システムの信頼性が低下することは否定できない。他方でモローー報告は、年金支払い期間の延長を促す。その期間は、一九六二年生まれの世代で四二年間、一九七五年生まれの世代で四三年間、そして一九八九年生まれの世代で四四年間とされた。

オランド政権はこの報告に依りながら、新たな年金制度改革を告知する。新改革は確かに、フランスの財政赤字を削減する限り、欧州委員会を安心させるであろう。しかし、年金制度改革がフランス経済を立て直す上でプライオリティを持つかと言えば大いに疑わしい。フランスにとっても、また欧州にとってもまず解決すべきは不況（デフレ）の解消にあるのではないか。モロー報告に即した年金制度改革で人々の購買力が減少し、若者の失業率が上昇することになれば、一体それは誰のための、また何のための改革であるかが問われるに違いない。

(三) 住宅政策問題

オランドは大統領選のキャンペーン段階から、住宅問題の解消を政策のプライオリティの一つとして掲げた。▼37 フランスの人々、とりわけそれほど裕福でない庶民にとって、住宅の確保が生活の満足感をえるための第一要件になることは間違いない。ところがそのことは、これまでの歴代政権で全く軽視されてきた。この点は、イギリスの事情と酷似する。*5 それゆえ、人々に寄り添うはずの社会党政権が、この住宅事情の改善を最優先課題としたのはうなずける。

住宅市場は、住宅供給の不足によって大きな影響を受ける。その直接的結果は言うまでもなく住宅価格の高騰である。それは、「家計の所得に対する住宅向け支出の割合（taux d'effort）」の大きな増大となって現れる。実際にフランスでは、二〇〇〇年代初め以来、不動産価格は一六〇％近く上昇し、家賃も六〇％ほど増大した。そして、この住宅価格の高騰が、人々の間で不平等を強めたのである。

こうした中で、オランド政権はいくつかの住宅政策に着手する。第一に、民間住宅市場に関する政策がある。▼38 例えば二〇一三年一月一日に、「利子率ゼロでの貸付（prêt à taux zéro, ＰＴＺ）」が設け

郵便はがき

料金受取人払郵便

神田局
承認

8080

差出有効期間
2020年1月
31日まで

切手を貼らずに
お出し下さい。

101-8796

537

【受 取 人】

東京都千代田区外神田6-9-5

株式会社 **明石書店** 読者通信係 行

お買い上げ、ありがとうございました。
今後の出版物の参考といたしたく、ご記入、ご投函いただければ幸いに存じます。

ふりがな お名前	年齢	性別

ご住所 〒 -

TEL ( ) FAX ( )

メールアドレス	ご職業（または学校名）

＊図書目録のご希望	＊ジャンル別などのご案内（不定期）のご希望
□ある □ない	□ある：ジャンル（ □ない

書のタイトル

本書を何でお知りになりましたか？

□新聞・雑誌の広告…掲載紙誌名［　　　　　　　　　　　　　］
□書評・紹介記事……掲載紙誌名［　　　　　　　　　　　　　］
□店頭で　□知人のすすめ　□弊社からの案内　□弊社ホームページ
□ネット書店［　　　　　　］　□その他［　　　　　　］

本書についてのご意見・ご感想

■定　価　□安い（満足）　□ほどほど　□高い（不満）
■カバーデザイン　□良い　□ふつう　□悪い・ふさわしくない
■内　容　□良い　□ふつう　□期待はずれ
■その他お気づきの点、ご質問、ご感想など、ご自由にお書き下さい。

本書をお買い上げの書店

市・区・町・村　　書店　　店］

今後どのような書籍をお望みですか？

今関心をお持ちのテーマ・人・ジャンル、また翻訳希望の本など、何でもお書き下さい。

ご購読紙　(1)朝日　(2)読売　(3)毎日　(4)日経　(5)その他［　　　　新聞］

定期ご購読の雑誌［　　　　　　　　　　　　　］

協力ありがとうございました。
意見などを弊社ホームページなどでご紹介させていただくことがあります。　□諾　□否

ご注文書◆　このハガキで弊社刊行物をご注文いただけます。

□ご指定の書店でお受取り……下欄に書店名と所在地域、わかれば電話番号をご記入下さい。
□代金引換郵便にてお受取り…送料+手数料として300円かかります(表記ご住所宛のみ)。

	冊
	冊

定の書店・支店名	書店の所在地域 都・道　府・県　　市・区　町・村
	書店の電話番号　（　　　　）

られた。ただし、この政策は目新しいものではない。それは、一九九五年の政策の焼直しにすぎない。ＰＴＺは、より裕福でない家計が不動産の所有者になることを容易にする。かつまたそれは、停滞している建設市場の発展を目的とする。しかし、このＰＴＺで問題がすべて解決される訳ではない。借入れ能力の最も低下した家計にとっては、ＰＴＺを利用することすら難しい。また仮に利用できたとしても、その借入れに対する支払い可能性は保障されないからである。

一方、借家人の家賃に関しても改善策が示される。フランス政府は、より裕福でない人々の住宅市場への参入のために、二〇一二年八月一日に一年間に限って家賃の規制を宣言した。[39] それは、家賃の引上げが、立ち退く前の家賃と市場における家賃の差の半分を超えてはならないとするものである。これによって家賃の増大は、比較的弱められる。しかし、この対策が有効となるには家賃を監視する必要がある。これは困難と言わざるをえない。

他方で、「住宅に関する個人的支援（aide personnalisée au logement, ＡＰＬ）」を五億ユーロ増大する。[40] このＡＰＬは、フランスの六四万の家計が受け取るもので、分配的な社会的手当ての一つとみなされる。しかし、この効果は次策に薄れてきた。家賃が、この手当ての上限を上回ったからである。

第二に、社会的住宅供給を刺激する対策が見られる。[41] フランス政府は、二〇一三年一月一八日に法

＊５　この点については拙著『BREXIT「民衆の反逆」から見る英国のＥＵ離脱』明石書店、二〇一八年、三三六〜三三九ページを参照されたい。

制を設け、地方自治体に対して社会的住宅を増大させる圧力をかけた。この法は「連帯と都市の更新（solidarité et renouvellement urbain, ＳＲＵ）」と呼ばれる。その趣旨は全く正当なものである。

しかし、ここにも様々な問題が横たわる。第一に生産コストの問題がある。それは、土地のコストに深く関係する。と言うのも、土地代が社会的住宅価格の約二〇％を占めるからである。そこで地方自治体に社会的住宅建設を促すのであれば、公有地の地方自治体への譲渡という問題がますます重要性を帯びてくる。

第二に、財源も問題となる。財源に関するフランス・モデルの特殊性は、債券市場に依存しない点にある。そうだとすれば、地方自治体は地方債の発行なしに、社会的住宅建設のための財源を確保しなければならない。彼らのみの力で、そうした資金を調達することは困難に違いない。そこで国家は、地方自治体に社会的住宅建設を強いる以上、資金面の支援を行う必要がある。それがなければ、このＳＲＵはたんなるかけ声に終るに決まっている。

ところで、フランス型の住宅政策は過去数十年間にわたり、とくに家計に対する社会的支給（個人的支援）のシステムを採ってきた。しかし、それは揺らいでいる。フランスでは、三五〇万の世帯が悪い住宅事情にある。[42] それゆえ、住宅政策とりわけ住宅手当ての有効性が真に問われている。

そもそも個人に対する住宅手当ては高くつくとする批判がある。[43] 確かにそれは、二〇一四年に二〇〇億ユーロにも達して家族手当てよりも大きい。しかし銘記すべき点は、個人的な住宅支援のＧＤＰに占める割合は二〇年間ほど変わっていないという点である。その割合（ＧＤＰの一％）は、一九九六年以来同じ値を示している。また、受益者の数も一九九〇年からほとんど変わらない。このことは、フランスの社会的財政（socio-fiscal）システムにならい、住宅政策のフランス型として確立されてきたものである。この点はとくに、より裕福でない家計をターゲットとしたことに端的に現れている。彼らの可処分所得に占める、社会的資金移転としての住宅手当ての割合はかなり高い[44]。

ところが、この住宅に関する個人的支援は二〇一三年に廃止された。それに代わって、先に見たように家計の課税対象となる所得から家賃が除かれる。それは言わば負の課税システムを表す[45]。これは、住宅支援のインフレ効果を減少させることを意図したものである。しかし実際には、このネガティヴ課税は受益者全体を対象としているため、そのインフレ抑制効果が大きいとは言えない。それよりは、個人的支援がとりわけ貧しい家計に対しても絶たれることの、購買力減少に伴う負の効果の方がはるかに大きいと言わねばならない。それゆえ、住宅システムの改革は、あくまでも社会的資金移転に基づく最良の資金配分を目的とする必要がある。

以上、我々はオランド政擁下で実施された様々な経済・社会政策について検討を重ねてきた。それらを振り返ればわかるように、彼らの諸政策は、左派政権として本来果たすべき役割、すなわちフランスの国民とりわけ生活困難な人々に有利となる政策の遂行を必ずしも示していない。こう言ってよいであろう。

注

▶1　Heyer, É., & Péléraux, H., "France: tenue de rigueur imposée", in OFCE, *L'économie française 2014*, La Découverte, 2013, p.15.

▶2　*ibid*, p.17.

▶3　Heyer, É.,"La situation conjoncturelle : ajustements graduels",in OFCE, *L'économie française 2015*, La Découverte, 2014, p.12.

▶4　Mathieu, C, & Sterdyniak ,H .,"Zone euro : du Pacte budgétaire au débat sur la croissance", in OFCE *L'économie française 2015*, La Découverte, 2014, pp.109-110.

▶5　Plane, M., "Pourquoi la France avait raison (et des raisons) de renoncer aux 3% de déficit public pour 2013", in OFCE, *L'économie française 2014*, La Découverte, 2013, pp.77-78.

▶6　*ibid,* pp.79-80.

▶7　*ibid,* p.82.

▶8　Heyer, É., Plane, M., & Timbeau,X., "Évaluation du projet économique du quinquennat 2012-2017", in OFCE, *L'économie française 2015*, La Découverte, 2014, pp.94-95.

▶9　Sierdyniak,H. , "Quel réforme fiscal ? ",in OFCE, *L'économie française 2015*, La Découverte, 2014, pp.93-94.

▶10　*ibid,* p.95.

▶11　Heyer, É., & Ducoudré, B., "Les enjeux du Pacte de responsabilité pour l'économie française", in OFCE,

L'économie française 2015, La Découverte, 2014, pp.79-80.

▶12 *ibid*, pp.80-81.

▶13 Antonin, C., & Touzé ,V., "Les banques françaises : entre crise de la zone euro et nouveaux défis", in OFCE, *L'économie française 2015*, La Découverte, 2014, pp.116-117.

▶14 *ibid*, pp.122-123.

▶15 Creel, J., Labondance, F., &Levasseur, S, "Le secteur bancaire français dans la crise",i n OFCE, *L'économie française 2016*, La Découverte, 2015, pp.100-101.

▶16 *ibid*, p.102.

▶17 Cochard, M., "Emploi et chômage", in OFCE, *L'économie française 2014*, La Découverte, 2013, p.47.

▶18 *ibid*, p.52.

▶19 Cochard, M., "Emploi et chômage", in OFCE, *L'économie française 2015*, La Découverte, 2014, pp.55-56.

▶20 *ibid*, p.53.

▶21 Heyer, É., Plane, M., & Timbeau, X., *op.cit.*, pp.92-93.

▶22 Heyer, É., & Plane, M.,"Impact des exonérations de cotisations sur l'emploi",in OFCE, *L'économie française 2014*, La Découverte, 2013, p.109.

▶23 Cochand,M.,"Emploi et chômage" in OFCE, *L'économie française 2015*, La Découverte, 2014, p.57.

▶24 Heyer, É., & Plane, M.,*op.cit.*, p.116.

▶25 *ibid*, p.119.

▶26 *ibid*, p.120.

▶27 *ibid*, p.123.

▶28　Parrat, F., *Déclin de l'industrie française —Les réformes de la dernière chance,* Alisio,2016, pp.75-76.

▶29　*ibid*, pp.79-80.

▶30　*ibid,* pp.86-87.

▶31　Stuerayniak, H., "Faut-il réformer le financement de la protection sociale", in OFCE , *L'économie française 2014,* La Découverte, 2013, pp.84-85.

▶32　*ibid,* p.89.

▶33　*ibid,* pp.91-92.

▶34　Sterdyniak, H., "Quelle réforme des retraites en 2013",in OFCE, *L'économie française 2014*, La Découverte 2013, pp.93-94.

▶35　*ibid*, pp.94-95.

▶36　*ibid*, pp.99-100.

▶37　Le Bayan, S., Madec, P., & Rifflart,C., "Quelle politique du logement pour 2014",in OFCE, *L'économie française 2014,* La Découverte, 2013 pp.101-103.

▶38　*ibid*, pp.104-105.

▶39　*ibid.*

▶40　*ibid,* pp.105-106.

▶41　*ibid,* pp.106-108.

▶42　Madec, P., "Faut-il réformer les aides personnelles au logement?",in OFCE, *L'économie française 2016,* La Découverte, 2015, p.117.

▶43　*ibid,* p.118.

▼44 *ibid*, pp.119-120.

▼45 *ibid*, pp.122-123.

第2章 オランド政権下の経済的社会的諸結果

前章で見たオランド政権下の経済・社会政策は、いかなる結果をフランスにもたらしたであろうか。以下でこの点を実証的に検討することにしたい。その際に、経済的結果については景気変動、財政赤字、並びに対外競争力の観点から、また社会的結果については労働と雇用、並びに社会的保護の観点から各々追究される。

一．緊縮政策の経済的諸結果

(一) 経済成長と景気の推移

最初に、財政緊縮政策がいかなる経済的結果をもたらしたかを見ることにしたい。

一般に、二〇〇八年のグローバル金融危機から二〇一二年半ばまでの期間は、世界的規模でのリセッションとして特徴づけられる。[1] そこで問われるのは、その後のオランド政権の下でフランス経済は真に復興したかという点であろう。前章で見たように、フランスでは当初から厳しい財政緊縮政策が遂行された。同時に、フランス経済の競争力を建て直すために供給政策が施された。その成果はいかに現れたであろうか。

表2－1は、フランスの二〇一二〜二〇一六年における経済成長率と国民所得の変化を表している。見られるように、成長率は二〇一二年の大きな落込みの後、二〇一四年までは大した上昇を示していない。その後もフランス経済は一％台の低成長率のままである。GDPの推移も同様の傾向を示す。その内訳を見ても、消費支出と総資本形成は伸び悩んでいる。とくに後者は、二〇一二〜二〇一三年に若干ながら減少した。これらのことを踏まえると、フランス経済がオランド政権下で復興したとは、到底言い難い。とりわけ二〇一二〜二〇一三年にかけて一挙に経済を回復すべきときに、緊縮政策によってそれを果たせなかったことのダメージは大きい。

さらに、ここでフランス国立統計・経済研究所（Insee）の統計数値について注意しておくべき点がある。それは、成長率とGDPの数値が新たに発表される毎に上方ないし下方に修正されているという点である。この点を考えると、フランスの公表する経済統計の信憑性が問われるに違いない。

他方で、経済活動の部門別生産の変化を見るとどうであろうか。**表2－2**は、二〇一〇年以降の各部門別生産の変化とその伸びを示している。見られるように、農・林・漁業部門と製造業・資源産業

表 2-1　フランスの国民所得と経済成長（100 億ユーロ）

	2012	2013	2014	2015	2016
経済成長率（%）[1]	0.2	0.6	0.7	1.2	1.6
国内総生産[2]	2,086.9	2,115.3	2,147.6	2,194.2	2,228.9
最終消費支出	1,659.3	1,683.2	1,701.8	1,727.4	1,759.6
総資本形成	472.6	471.9	488.2	499.9	512.6
財・サーヴィス輸出	595.2	605.1	620.9	651.1	652.2
財・サーヴィス輸入	640.2	645	663.2	684.2	695.6

（出所）（1）は OFCE, *L'économie française 2017*, La Découverte,（2）は Insee, *Tableaux de l'économie française*, 2018, p.109 より各々作成。

表 2-2　フランスの部門別生産の変化

	生産（100 億ユーロ）			変化率（%）			
	2010	2014	2016	2012-13	2013-14	2014-15	2015-16
農・林・漁業	78.8	86.6	83.3	0	7.4	-1.5	-5.5
製造業・資源産業	853.8	894.2	888.2	-0.3	0.2	1.9	0.9
資源産業	143.8	150.6	145.4	1.4	-5.6	0.7	0.8
食飲料産業	141.2	155.2	157.4	-1.6	2.6	0.9	-0.9
機械・電気産業	80.6	80.3	81.5	-2.4	0.3	0.6	1.7
輸送資財産業	103.1	113.6	132.8	-0.3	3.8	6.1	4.6
その他産業	338.3	346.2	338.6	-3	0.4	1	0.5
建設業	265	275.2	272.2	-2.2	-2	-1.4	0
商業・サーヴィス業	1,820.3	1,946.8	2,039.7	1	2	2.1	1.5
非商業サーヴィス業	524.9	576	590.7	1.6	0.9	0.9	1
総計	3,542.8	3,778.8	3,874.1	0	1.2	1.5	1

（出所）Insee, *Tableaux de l'économie française* の各年より作成。

並びに建設業の部門は、二〇一〇～二〇一四年にかけて生産を増大させたものの、それらは二〇一六年に全体的に下落したことがわかる。とりわけ製造業・資源産業の生産の落込みが大きい。このような生産減少の傾向は、伸び率に反映されている。一部の部門を除き、それらの伸びは低下した。しかもそうした伸び率の下落は、商業サーヴィス部門にも及んでいた。これらによりフランスの経済活動は、二〇一四～二〇一六年に全体として低調であった。とくに成長のキーとなるべき建設業の活動が低下したことを留意する必要がある。

ところで、オランド政権下のフランス経済の発展度を、他のユーロ圏との比較で見ると次の三つの期間に分けることができる。それらは、第一に、二〇一二年第二四半期～二〇一三年第二四半期、第二に、二〇一三年第二四半期～二〇一五年第二四半期、そして第三に、二〇一五年第二四半期～二〇一七年第二四半期の各期間である。そこで第一の期間では、フランスの成長はユーロ圏のそれに比べてそれほど悪くなかった。ところが第二の期間に、フランス経済の成果は実に乏しかった。フランスの成長は、ドイツのそれより一層低くなると共に、ユーロ圏全体の成長以下となる。この期間におけるフランスの緊縮政策が、その低い経済成果に直に反映されたと考えられる。そしてフランスの成長がユーロ圏並に復活したのは、第三の期間においてであった。それは、第二の期間と逆に、財政緊縮の軽減効果を表したのである。これらの事実からも、財政緊縮政策の経済成長に及ぼすネガティヴ効果をはっきりと確認できる。

(三) 公的赤字と公的債務の変化

では、フランスはそうした財政緊縮政策によって、その目標である公的赤字と公的債務の削減をどれほど達成したであろうか。

表2-3は、フランスの公的赤字と公的債務の推移を示している。見られるように、まず公的赤字は二〇一三年以降に対GDP比で三%という財政規律を一度も満たしていない。とくに注視すべき点は、二〇一四年以降に公的収入が減少している点である。これは明らかに、先に見た企業に対する課税減免(CICE)を一つの要因とする。他方で、その間に赤字を減らすための公共支出は削減された。この点も忘れるべきでない。

一方、公的債務は二〇一三年以降一貫して増大した。それは、中央公共機関、地方公共機関、並びに社会保障機関のいずれにおいてもあてはまる。その結果、公的債務比率は対GDP比で九〇%を上回り、二〇一六年には九六%強に達した。これは、財政規律の六〇%をはるかに上回る。このようにオランド

表 2-3　フランスの公的赤字と公的債務

	2012	2013	2014	2015	2016
公的赤字（対 GDP 比、%）	-4.8	-4	-3.9	-3.6	-3.4
公的収入	52	52.9	53.2	53.1	53
公的支出	56.8	57	57.1	56.7	56.4
公的債務（100 億ユーロ）	1,868.3	1,952.7	2,037.8	2,098	2,147.4
中央公共機関	1,480.2	1,557.2	1,631.9	1,680.9	1,722.6
地方公共機関	177	183.8	189.2	196.7	199.6
社会保障機関	211	211.7	216.7	220.4	225.2
公的債務比率（対 GDP 比、%）	89.5	92.3	94.9	95.6	96.3

（出所）Insee, *Tableaux de l'économie française* の各年より作成。

政権は、厳しい財政緊縮政策を遂行したにも拘らず、公的赤字と公的債務の対GDP比を少なくとも二〇一六年までに財政規律で設定された基準値に到達させることができなかった。

そうした中でフランス政府は、公的赤字を削減するため二〇一五年以降に公共支出を減少させた[2]。この支出のコントロールは、二〇一五〜二〇一七年の経済プランの枠組の中で行われた。とくに地方公共機関の支出が、二〇一六年にかけて新たに減少する。そこでは、社会的移転支出が減少し続けた。また、地方の公共投資も同様の減少傾向を表した。一方、社会的手当ては減少すると共に、医療保険支出も抑えられた。それは、「医療保険支出の国民的目標」という枠組の中で行われたのである。

ところで、フランス政府は一九六〇年以来、公共機関の支出を増やし続けてきた。それは、対GDP比で二〇％を上回るほどであった[3]。そうした支出は、フランスにおける社会的保護システムの発展、高齢化に伴う支出の増大、並びに大量失業の出現という背景の中で拡大したのである。そこでオランド政権は、このフランス伝統の公共支出拡大路線を大きく見直したと言わねばならない。それはまた、EUからの強い要請でもあった。フランス政府はこうして、二〇一五〜二〇二〇年の間に公共支出の削減に基づく財政安定化プログラムの遂行をEUに約束したのである。

(三) 競争力と対外収支の変化

最後に、オランド政権の下でフランス企業が競争力を増大して対外収支を改善したかを見ることにしたい。

まず**表2-4**より、フランスの財・サーヴィスの対外収支を見ると、それは二〇一二年以降一貫して赤字である。とくに二〇一四年以降に、企業の労働コストを減少させたにも拘らず、その赤字幅が大きく削減されることはなかった。旅行を除くサーヴィスに関しては、逆に赤字が継続的に増大した。

また**表2-5**より、財の部門別対外収支を見るとどうであろうか。それは、食料品や輸送財（自動車等）の部門で黒字を示すものの、その黒字幅が連続して拡大している訳ではない。それらは、二〇一五～二〇一六年にむしろ黒字を減少させた。一方、その他の工業製品部門の収支は二〇一四年以降一貫して赤字であり、その赤字幅も拡大している。そこでの赤字は二〇一五年以降、エネルギー部門のそれよりも大きい。その結果、製造品全体の貿易収支は二〇一三年以降、継続的に赤字を増大させていることがわかる。

これらのことから判断すると、フランスの企業がＣＩＣＥの効果で急速に競争力を発展したとは言い難い。否、むしろ製造部門について見れば競争力を低下させたと言ってよい。オランド政権の、ＣＩＣＥによるフランスの競争力向上というねらいは見事にはずれてしまったのである。

他方で、フランスの財収支の赤字は、主としてどの地域に対して生じているか。**表2-6**は、フランスの財収支を地域別に表している。まず、フランスの財の対外取引先は圧倒的にＥＵである点に気づく。さらに銘記すべき点は、フランスの対ＥＵ財政支が一貫して赤字であるという点であろう。その赤字幅は、二〇一四年以降もほぼ変わらない。それは対中国の赤字に匹敵する。中国に対する赤字

表 2-4　フランスの財・サーヴィスの対外収支（100 億ユーロ）

	2012	2013	2014	2015	2016
財（fob）	-50.5	-38.9	-36.9	-26.5	-28.8
サーヴィス[(1)]	-2	-10.6	-12.1	-12.6	-15.9
財・サーヴィス	-41.1	-39.3	-42.5	-33.1	-43.4
経常収支	-55.9	-55.9	-69.4	-50.3	-56.1

（注）（1）旅行を除く。
（出所）Insee, *Tableaux de l'économie française* の各年より作成。

表 2-5　フランスの財の部門別対外収支（100 億ユーロ）

	2013	2014	2015	2016
食料品	10.2	9.3	9.4	5.9
エネルギー	-35.3	-51.4	-36.7	-29
輸送財（A）	26.8	25.6	27.6	25.5
その他製造品（B）	-39.5	-39.2	-43.1	-47.5
製造品合計（A+B）	-12.7	-13.6	-15.5	-22

（出所）Insee, *Tableaux de l'économie française* の各年より作成。

表 2-6　フランスの財の地域別収支（100 億ユーロ）

		2012	2013	2014	2015	2016
EU	輸出	257.1	255.5	258	263.2	265.2
	輸入	298.9	293	290.4	292.2	294.7
	収支	-41.7	-37.5	-32.3	-29	-29.5
欧州	輸出	292.1	287.7	288.8	293.5	297
	輸入	342.8	336.6	330.1	329	330
	収支	-50.7	-48.8	-41.3	-35.5	-32.9
米国	輸出	26.5	26.9	27.4	32.6	32.6
	輸入	32.9	32.7	31.6	35	36.1
	収支	-6.4	-5.8	-4.2	-2.3	-3.4
中国	輸出	15.1	14.7	16.2	18	16
	輸入	41.4	41.1	43	46.8	46.4
	収支	-26.3	-26.4	-26.9	-28.8	-30.5
日本	輸出	7.4	6.8	6.8	6.3	6.2
	輸入	9.2	8.3	7.8	8.4	9.4
	収支	-1.8	-1.5	-1	-2.1	-3.2

（出所）Insee, *Tableaux de l'économie française* の各年より作成。

は容易に理解できるものの、ＥＵに対するそれは説明を要する。フランスは、なぜＥＵに対して輸出競争力を発揮できないのか。この点が問われるに違いない。もしも、その最大の要因が企業の労働コストの各国間における差にあるとすれば、ＣＩＣＥを一層強める以外にない。ほんとうにそれでよいか。またＥＵも、こうし地域間の競争力格差を是認すべきか。これらが大きな問題になることは疑いない。

二、労働・雇用政策の諸結果

(一) 失業問題の悪化

一方、オランド政権の社会政策はフランスの社会にいかなる結果をもたらしたか。次にこの点を、まず労働と雇用の政策をめぐって見ることにしたい。

フランスはよく知られているように、ＥＵの中でも失業率が非常に高い国とみなされている。オランド政権の下で、それは低下したであろうか。**図2－1**は、一九九〇年代後半から二〇一六年までのフランスの失業率の変化を表している。見られるように、フランスではこの二〇年間にわたって失業率は高い割合を維持している。それは、二〇〇〇年代初めにかけて大きく低下したものの、二〇〇八年のグローバル金融危機を境に再び上昇した。そして、オランド政権下で失業率はさらに上がり、そ

図 2-1　フランスの失業率の推移

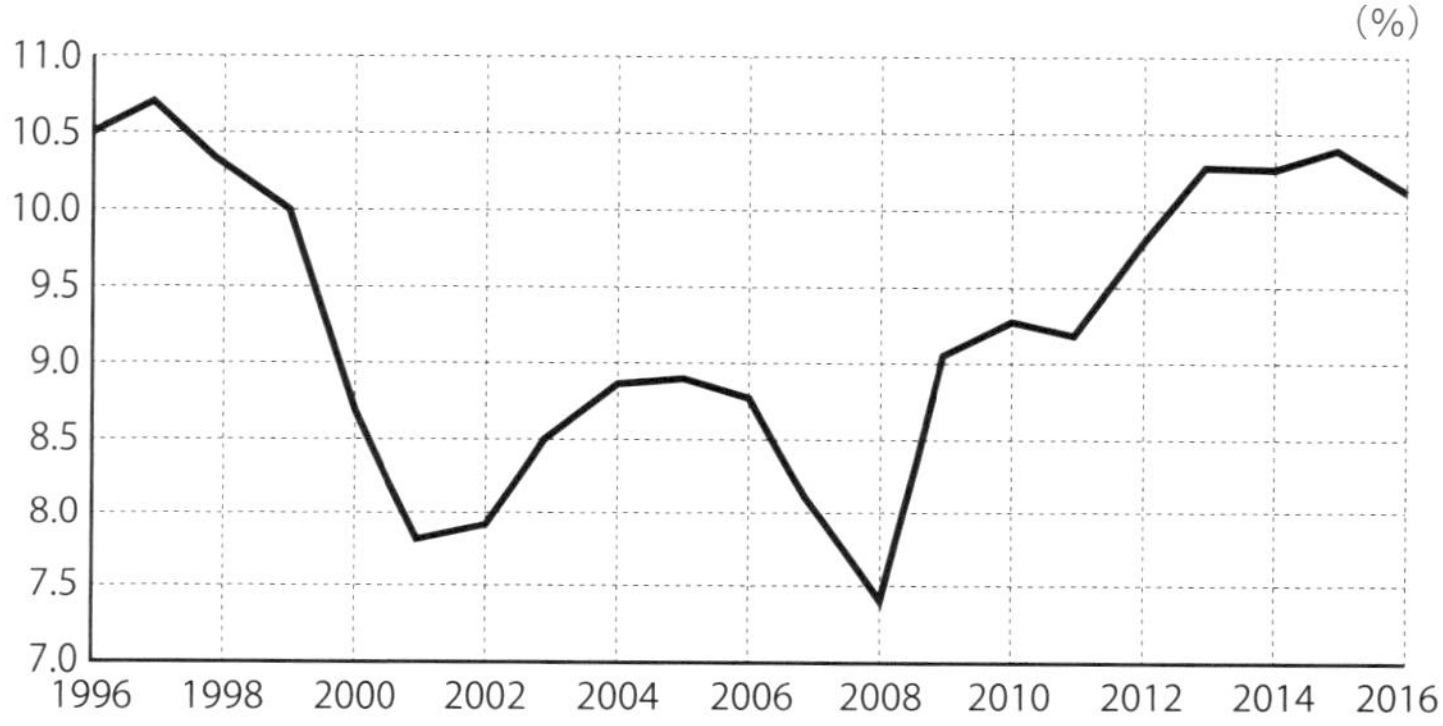

（出所）Insee, *L'économie Française*, 2017, p.119 より作成。

表 2-7　フランスの失業者と失業率

		2012	2013	2014	2015	2016
失業者（1000 人）		2,855	3,022	3,026	3,052	2,972
女性		1,363	1,432	1,414	1,399	1,402
男性		1,492	1,590	1,612	1,653	1,571
失業率（%）	全体	9.8	10.3	10.3	10.4	10.1
	15~24 才	24.4	24.9	24.2	24.7	24.6
	25~49 才	9.1	9.6	9.7	9.7	9.3
	50 才以上	6.1	6.8	6.9	7	6.9
	女性	9.8	10.2	10	9.9	9.9
	男性	9.8	10.4	10.5	10.8	10.2

（出所）Insee, *L'économie française*, 2017,p.119 より作成。

れは一〇％を上回る高い割合を示したのである。このように、オランド政権は失業率の制御に失敗したと言わねばならない。

そこで**表2-7**より、フランスの二〇一二～二〇一六年における失業の状況をもう少し詳しく見ることにしよう。まず失業者は、二〇一三年～二〇一五年にかけて増え続けたことがわかる。それは、三年間の平均で三〇〇万人以上に達した。この数は極めて大きい。フランスの失業者は一九八〇年代半ば以降、一五〇万人の水準を保ってきた。[4] それがオランド政権下で倍に達したのである。ただしその中には、パート・タイムに従う労働者、落胆して働かない者、さらには雇用されることから解放された高齢者が含まれる。しかしそれにしても、三〇〇万人という数値は、オランド政権の失業対策が全く功を奏さなかったことを如実に物語る。

さらに注目すべき点は、男性の失業が女性のそれを一貫して上回っている点である。この点はまた、失業率に関しても指摘できる。また、もう一つの大きな特徴は、一五～二四歳の若者の間で失業率が異常に高い点にある。それは二四％台で、平均の倍以上を記録している。実は、若者の失業率が男女共に高い傾向は以前からフランスで見られた。この点は、オランド政権の下で変わることがなかった。そして、学歴の程度で失業率が大きく異なることも留意する必要がある。フランスでそれほどの学歴を持たない人々は、とくに失業の状態に陥りやすい。二〇一五年に、彼らは失業者の三〇％近くも占めていたのである。[5] そうした人々は仮に雇われても、その賃金は低い。オランド政権の下で、彼らの雇用を促進するために低賃金労働者の労働コストを削減したのはそのためであった。しかし、その効果が大きく現れることはなかった。

どうしてフランスで失業率が高まっているのか。もちろん、そこには数多くの要因が考えられる。その中で、フランス経済の構造的要因として指摘できるのは、脱工業化という現象である。先に見たように、フランスの工業セクターは衰退の一途を辿っている。それに伴って工業での雇用は破壊された。[6] 実際にフランスの工業は二〇〇八年の金融危機以来大きな影響を受けた。それによって二〇一五年までに五〇万人以上の労働者が職を奪われたと言われる。その中で、失職した人々はサーヴィス・セクターに吸収されればよいが、そうでない労働者は失業に追いやられたのである。

(二) 労働市場問題

労働者にとって、フル・タイムとパート・タイムのケースを問わずに失業状態が大きな「先行き不安（précarité）」となることは言うまでもない。そして、この不安は仮に雇用されていてもつねにつきまとう。そうした事態がフランスで現れている。それは、雇用の非正規化という現象である。フランスでは、この非正規雇用が一九九〇年代以降次第に増大した。全体の雇用に占める期限付き雇用契約（CDD）と支援された臨時契約労働の割合は、一九九〇年代にすでに一〇％を超え、二〇一五年には一七％弱に達する。[7] 他方で、パート・タイムでの雇用もフランスで著しく増大した。企業は、景気変動に対応することを目的として、そうした臨時雇いやパート・タイム雇用をこれまで急速に増やしてきた。彼らは、レイ・オフあるいは部分的失業を促すことで雇用を調整することに躍起となったのである。

さらに、そのような労働市場の非正規雇用化は、臨時契約の期間の短縮で拍車をかけられた[8]。事実、一ヵ月未満のCDDの割合は二〇〇八年に四八％を超え、二〇一六年初めには何と七〇％近くまでに高まった。労働者のローテーションの割合がフランスで一挙に上昇した。これによって最も大きな影響を受けるのが、勤続年数の浅い労働者であることは疑いない。彼らはまさに、フランス企業の素早い雇用調整の犠牲となったのである。

このように、フランスで労働市場の二重構造化が確実に進められてきた。その構造は、くり返しになるが無期（正規）と有期（非正規）の雇用期間の区別によって特徴づけられる。そして銘記すべき点は、後者の雇用契約の中で非常に短期の契約による雇用が大きく増加したことである。実際に、一ヵ月以内あるいは臨時契約の雇用者は二〇〇〇～二〇一四年の間に六〇％以上増大した[9]。企業は、テクノロジーの変化、経済のサーヴィス化、並びに労働コストなどを考慮して、それほど学歴のない労働者をできるだけ短期で雇うように促されたのである。

有期で雇われた人々は、ただでさえ将来不安を一般に感じる。ましてや、その期間が極短期になれば、そうした不安が極度に高まるに決まっている。このような不安定な雇用の拡大は、住宅、職業教育、さらには失業保険へのアクセスの面で大きな害をもたらすに違いない。それにも拘らず、フランスでは現実に有期契約雇用の中で、様々な短期契約の雇用が優先されている。そこで短期契約の労働者にとり、課税と失業保険はつねに大きな問題となって現れるのである。

（三）若者の雇用問題

フランスの労働と雇用に関して、さらにもう一つの深刻な問題がある。それは若者の雇用問題である。二〇一三年初めに、フランスで約一九〇万人の若者（一五～二九歳）が、学校にも行かず職にも就かず、さらには職業教育も受けていない。[10] これらのいわゆるニート[*1]は、同年齢者の一七％をも占める。フランスの若者の雇用率は、欧州の隣国と比べてはっきりと劣っている。さらにフランスでは、教育のレヴェルが若者の将来に関して決定的な判断基準となる。ところが今日、九〇万人の若者が、何の資格をえないまま学校教育システムから立ち去っている。そして彼らは、雇用先を探すことができない。それゆえ、これらの若者を専門的な仕事を持った生活に組み入れることは、フランス社会に対する大きな挑戦となる。

これまでフランスは、そうしたニート状態の若者の雇用を真剣に考えてきたであろうか。この点こそが問われねばならない。フランスにおけるニートの割合は、この一〇年間に平均で一五％に達した。これは、ＯＥＣＤの中で四番目（イタリー、スペイン、ギリシャに次ぐ）に高い。このひどい状況に対し、フランス政府はこれまで何の雇用プランも示してこなかった。オランド政権の下で一応対策が打ち出されたものの、若者の雇用は何も改善されていない。[11] 彼らの失業率は依然として高いままである。

フランスで一五～二四歳の若者の雇用率はたった三〇％にすぎない。この割合は、北欧はおろかドイツやイギリスに比べてもはるかに低い。そうしたフランスの若者の多くは、職業教育も受けずに失業の状態にある。彼らが大きな不安にかられていることは疑いない。

そこで問われるのは、なぜ彼らは雇われないのかという点であろう。そこには、フランス独特の問題があると言わねばならない。くり返しになるが、フランスでは若者の雇用に関して教育のレヴェルが決定的な役割を演じる。より高いレヴェルの教育を受けた若者の雇用率は、教育システムを修了して三年以内に八〇％以上に達している。これは大人と同じレヴェルである。これに対し、大学を出ていない若者の雇用率は三〇％足らずである。未就学かあるいは失業の状態にある若者の八五％は、高校さえも卒業していない。このことが、若者の間で不平等感を強めることは言うまでもない。高度な教育資格を持った若者とそうでない若者との間で、雇用に歴然とした差が設けられるからである。

このように、資格を持たない若者の雇用が悪化する傾向は、実は二〇〇八年のグローバル金融危機以来強まった。とくにフランスの状況は、若者の不安感を一層増している。学校教育で失敗する割合が上昇しているからである。毎年一五万人以上の若者、すなわち各年齢層の二〇％が卒業資格なしに学校を去る。それは、累積で九〇万人にも上る。彼らを一体どのように社会に編入させるか。それに

＊1　ニート（not in education, employment or training,NEET）は、就学、就業、職業訓練などのいずれも行っていないことを表す。

はまず、教育面で第二のチャンスを与える以外にない。実際にフランスでは、職業教育が極めて不十分である。教育を受けていない若者にとり、そうした職業教育にアクセスすることはあまりに難しい。したがって、教育で失敗した若者の失業リスクは当然に高まる。とくに二五〜二九歳の若者で、教育を受けた資格がない人のうち、職業教育を受けているのはたった一％にすぎない[12]。要するに、フランスでは第二の教育チャンスが与えられていないのである。

フランスの社会において、若者の雇用に向けたフォロー・サポートはあまりに弱い。多くの国でそうした雇用のための融資や方策が採られているのに、フランスではそれが見られない。こうした若者の雇用状況を改善するには、もちろん職業教育の進展だけでは無理がある。そこでは、企業の雇用の増大が必要不可欠である。

ところが、ここにもう一つの大きな問題が立ちはだかる。それは、フランスにおける労働市場の構造的問題である。すでに見たように、フランスでは無期の安定した雇用に対し、有期の不安定な雇用が存在する。しかも、後者の中でとくに短期のものが増えている。こうした言わば二重構造は、教育システムから生じる若者の間の不平等を吸収するのにほど遠い。否、むしろそれは不平等を加速するに違いない。フランスにおける労働市場の分断は、若者の雇用に一層の悪影響を及ぼす。実際に有期雇用に対する依存の高まりは、フランスの若者の失業率上昇とぴったり一致している[13]。若者の雇用問題を解消するには、職業教育の充実のみならず、労働市場の抜本的改革をぜひとも図る必要がある。

三、社会的保護政策の諸結果

(一) 生活水準と貧困問題

一方、オランド政権の下で行われた社会政策により、社会環境は真に改善されたであろうか。この点を、労働者の生活水準や貧困状況、並びに社会的保護の観点から見ることにしたい。まず、彼らの所得と困窮の問題を取り上げてみよう。

表2‐8は、フランスの労働者の単位時間当り賃金の変化を示している。見られるように、フル・タイムの労働者の賃金は当然パート・タイムの労働者のそれよりも高い。ただし、いずれも二〇一三～二〇一五年にかけてわずかしか増えていない。また、総じて男性の賃金が女性のそれを上回っている。さらに、従業員や工員などの労働者の賃金はかなり低い。これらを合わせて考えれば、女性でパート・タイムの従業員・工員の賃金が最も低いことになる。また最低賃金を表すSMICも、二〇〇七年から一〇年間に一六％増大したと言われるものの、二〇一二～二〇一五年にほとんど変化していない[14]。

このように、フランスの労働者の賃金は二〇一二年以降わずかしか増大しなかった。それでもフランスは、EUの中で単位時間当り労働コストが上昇した国の一つに数えられる[15]。しかしそのコスト増

表 2-8　フランスの労働者の賃金（単位時間当りの平均賃金、ユーロ）

	2012	2013	2014	2015
フル・タイム賃金労働者	14.6	14.7	14.8	14.9
女性	13	13.2	13.3	13.5
男性	15.5	15.6	15.7	15.8
カードル(1)	26.5	26.4	26.5	26.7
従業員	10.7	10.9	11	11
労働者(2)	11.1	11.2	11.2	11.4
パート・タイム賃金労働者	12.3	12.3	12.5	12.7
女性	11.4	11.4	11.6	11.7
男性	14.2	14	14.2	14.4
従業員	9.6	9.7	9.7	9.8
労働者(2)	9.7	9.7	9.8	9.9

（注）　(1) 企業の幹部
　　　　(2) 工員など。
（出所）Insee, *Tableaux de l'économie française* の各年より作成。

表 2-9　フランスの家計の可処分所得（10 億ユーロ）

	2012	2013	2014	2015	2016
賃金と総手当て	811.5	820.8	832.5	845.1	862.1
社会的負担	108.8	113.8	117.5	120.4	124
社会的手当て(1)	445.1	458.2	469.1	476	484.6
総可処分所得	1,318.3	1,321.9	1,338.5	1,353.3	1,377

（注）(1) 社会的移転以外のもの。
（出所）Insee, *Tableaux de l'économie française*, 2018, p.63 より作成。

表 2-10　フランスの生活水準と不平等

	2012	2013	2014	2015
生活水準(1)	20,120	20,160	20,210	20,300
ジニ係数	0.305	0.288	0.289	0.292

（注）(1) 年収の中央値（ユーロ）
（出所）Insee, *Tableaux de l'économie française* の各年より作成。

は、金融・保険業における大企業に勤務する資格のある労働者の間で見られるにすぎない。実際にフランスの商業セクターの労働コストは二〇一三年からはっきりと低下した。これは、ＣＩＣＥによるところが大きい。事実、ＣＩＣＥの対象となる賃金は、二〇一六年に最低賃金の三・五倍以下までに引き上げられたのである。

次に、フランスの家計の所得はどうであろうか。**表２‐９**を見ると、確かに賃金と総手当てから成る所得は二〇一三年以降増えている。しかし同時に、社会的負担も増大した。他方で、社会的手当ての伸びは小さい。その結果、家計の可処分所得はそれほど上昇していない[16]。フランスの家計の可処分所得の伸び率は、一九八〇年代半ば以降減少傾向を示している。この傾向は、オランド政権下でむしろ強まった。また家計の可処分所得による購買力も、一九九〇年代以来ほとんど変わっていないかむしろ低下している。もっとも、家計の購買力は消費者物価の動きと反比例的関係にあるので、不況による物価の低下を考えると購買力の維持をストレートに評価する訳にはいかない。

そこで最後に、フランスの生活水準と貧困の状況を押えておきたい。**表２‐10**よりフランスの年収の平均値を見ると、それは二〇一三年以降わずかであるが上昇している。しかし他方で、ジニ係数[*2]も高まっていることがわかる。これは間違いなく、フランスで所得の不平等が強まっていることを示す。

＊２　ジニ係数は、一国の所得分配の不平等の度合を示す。それがゼロのときは完全に平等であり、値が高まるほど不平等が増して一のときに不平等が最高に達する。

フランスにおいて、それほど高くない生活水準にある個人の二〇％が全体の所得の八・八％を占めるのに対し、より裕福な生活水準にある個人の二〇％は全体の所得の三八・三％にも達している。[17] フランス人の生活水準が停滞する中で、所得の再分配効果は低下したのである。とくに一八歳以上の人の中で、失業者の生活水準は被雇用者のそれより四〇％近くも低い。このことが、彼らを貧困層に追いやることは間違いない。

まず、**表２-11**は、フランスの貧困状況の推移を表している。まず、貧困ラインを通常の年収中央値の六〇％に設けると、それ以下の貧困者は二〇〇〇年代以降明らかに増大している。この傾向は二〇一三年以後も変わっていない。この間の貧困率は一三～一四％台を示している。一方、貧困ラインを年収中央値の五〇％に設定すると、それ以下の貧困者もやはり増大する傾向を表す。とくにオランド政権の下で、その数は継続的に増大したことに注目する必要がある。そして銘記すべき点は、当然であるが最も低い生活水準にあ

表 2-11　フランスの貧困者と貧困率

	年収中央値 (1)		年収中央値 (2)	
年次	貧困者 (3)	貧困率 (4)	貧困者 (3)	貧困率 (4)
1990	3,751	6.6	7,848	13.8
2000	4,165	7.2	7,838	13.6
2010	4,677	7.7	8,520	14
2012	5,231	8.5	8,760	14.2
2013	4,917	7.9	8,563	13.8
2014	4,964	8	8,732	14
2015	5,020	8	8,875	14.2

（注）（1）50%以下。
（2）60%以下。
（3）1000 人。
（4）%。
（出所）Insee, *Tableaux de l'économie française*, 2018, p.65 より作成。

る労働者が、そうした貧困ライン以下の状況に最も陥りやすいという点であろう。

こうした中で、社会的課税システムや社会的支出によって、より貧しい家計を救済する対策が採られてきたことは確かである。それは、一般に垂直的再分配と称される。ところが、それによって恩恵を受けるのは、所得水準が中位にある家計の六〇％にすぎない[18]。結局、オランド政権の下で貧困者は減るどころか逆に増え、同時に彼らの生活水準を引き上げることはできなかった。

(三) 社会的保護の結果

以上に見たように、フランスにおける社会状況が、オランド政権の下で大きく改善されることは決してなかった。そうした中で、政府はいかに社会的保護を行おうとしたか。最後にこの点を包括的に見ておきたい。

表2‐12は、フランスの社会的保護の結果を示している。これによると、社会的保護の手当ては確かに二〇一三年以降増大した。

表 2-12　フランスの社会的保護

	2012	2013	2015
支出（10 億ユーロ）(1)	695	715.5	747
社会的手当て	652.9	672	701
収入（10 億ユーロ）(1)	691.5	707.6	743
社会的負担	374.2	385.6	457
収支（10 億ユーロ）(1)	-3.5	-7.9	-3.9
社会的保護手当て（対 GDP 比、%）(2)	31.5	31.9	32
社会的保護手当て（対可処分所得、%）(2)	39.1	39.9	40.3
社会的保護収入（対 GDP 比、%）(2)	33.1	33.6	33.8

（出所）（1）は Insee, *Tableaux de l'économie française* の各年より、（2）は *ibid.*,2018,p.69 より各々作成。

しかし、それの対ＧＤＰ比と対可処分所得比を見ると、それらの比率はほとんど変化していない。このことからも、オランド政権が社会的保護のための支出を一定の程度に抑えていたことがよくわかる。

一方、社会的保護のための資金調達についてはどうか。収入を見ると、それはやはり二〇一三年以降増加した。ここでとくに注視すべきは社会的負担の増大である。それは、二〇一三年から二〇一五年に大幅に増えている。一般市民はこうして、政府のＣＩＣＥによる税収減を補うように強いられたのである。その結果、社会的保護のための収入の対ＧＤＰ比もわずかながら高まった。それにも拘らず収支の赤字が続いたことも合わせて留意しなければならない。このようにして見ると、オランド政権の下でフランスの人々は、社会的手当てを中心とした社会的保護を十分にえられたかは疑わしい。

それでもフランスが、確かに他のユーロ圏と比べて公共支出を増やし続けてきたことは間違いない。そして、その公共支出の六割ほどは社会保障費であり、残りの四割が地方公共行政費である。[19] とくに近年では、公共支出の地方公共機関に対する依存が強まっている。このことが、国家による社会的資金移転の減少と結びつくことは言うまでもない。しかも地方税が引き上げられれば、それが逆進的であるがゆえに貧困者は一層打撃を受けるに決まっている。

ところで、公共支出の多くは社会的支出から成る。そこで、その中味をもう少し具体的に見ておこう。まず年金の支払いについてはすでに指摘したように、二〇一七年に年金支給年齢の引上げ（六〇歳から六二歳）とそれに伴う社会的負担の支払い期間の延長（四一年半）が決定された。政府はこれによって、年金制度の収支を二〇二五年にほぼ均衡させることを計画したのである。

また医療支出について見ても、それは二〇一五年まで大きく増えることはなかった。フランスではこれまで、医療保険の改革によって、医療に関する収支の均衡を図ってきたのである。一方、家族手当ては**表2－13**によれば、二〇一四年に増大したものの、その翌年には減少した。オランド政権の下で、課税額を決める際の家族状況を示す係数である「家族係数（quotient familial）」の天井が設けられた。それは、二〇一三年から二〇一四年にかけて大きく低下した[20]。さらに同表より社会的最小限の手当てを見ても、それは全体的に増えたものの、必ずしもすべての手当てが増した訳ではない。例えば、高齢者補助手当てや特別連帯手当ては二〇一四年からほとんど変わっていない。

フランスの社会的保護システムの性質は、この二〇年間に大きく変わったと言われる[21]。それは、当初の「ビスマルク・システム」から、すべての人のためのより普遍的な「ベヴァレッジ・システム」に向けて変化した。一般にビスマルク・システムにおいて、社会的保護は労働に基づく。それは、雇用者と賃金労働者自身で管理される。これに対してベヴァレッジ・システムは三つの「U」と言われる原則から成る[22]。第一に、普遍性（universalité）のU。これによりすべての人々の社会的リスクがカヴァーされる。第二に、同一性

表2-13　フランスの家族手当てと社会的最小限手当て（10億ユーロ）

	2012	2013	2014	2015
家族手当て	4,973	5,007	5,038	5,032
社会的最小限手当て	3,837	4,020	4,127	4,149
ハンディキャップ手当て	997	1,022	1,041	1,062
高齢者補助手当て	564	558	554	554
特別連帯手当て	411	453	472	473

（出所）Insee, *Tableaux de l'économie française*, 2018, p.69 より作成。

（uniformité）のU。ここで手当ては所得でなく必要に基づく。そして第三に、一体性（unicité）のU。これは、社会的保護全体の国家管理を示す。

そこでフランスが、ベヴァレッジ・システムに移行することによって真の社会的国家の建設を目指すとすれば、それは当然にそうしたシステムを維持するための資金問題に直面する。そのために、より大きな収入源を確保する必要がある。ところがオランド政権は、先に見たように供給政策に基づいて企業に対する課税を減免させた。それによって、一方では一般市民が社会的負担の増加を強いられ、他方では彼らに対する社会的支出が抑制された。これでもってフランスの人々とりわけ庶民階級の社会福祉が向上するはずはない。オランド政権はまさに、社会問題の解消を身上とする社会党本来の姿勢を示すことができなかったのである。

注

▶1　Ducoudré ,B., Madec, P.,Péléraux, H., Plane, M., & Sanpognaro,, R., “Bilan préliminaire du quinquennat de François Hollande ”in OECE, *L’économie française 2017,* La Découverte, 2016, p.90.

▶2　Insee, *Tableaux de l’économie française 2018*, p.128.

▶3　Plane, M.,“ Analyse macroéconomique ”,in OFCE, *L’économie française 2017,* La Découverte, 2016, p.31.

▶4　Ducoudré B, “Emploi et chômage ”,in OFCE, *L’économie française 2018*, La Découverte, 2017, p.55.

▶5　*ibid.*

▶6　*ibid*, pp.50-51.

▶7　*ibid*, p.52.

▶8　*ibid*, p.53.

▶9　Cahuc, P., & Prost, C., “Améliorer l’assurance chômage pour limiter l’instabilité de l’emploi”,in *Conseil d’analyse économique*, no.24, septembre, 2015, p.2.

▶10　Cahuc, P., Carcillo, S., & Zimmermann, K. F., “L’emploi des jeunes peu qualifiés en France”, in *Conseil d’analyse économique,* avril, 2013, p.1.

▶11　*ibid*, pp.2-3.

▶12　Artus, P., Garcia-Peñalosa, C., & Mohnen, P., “Redresser la croissance potentielle de la France”, in *Conseil d’analyse économique,* septembre, 2014, p.8.

▶13　Cahuc, P., et.al., *op.cit.*, pp.9-10.

▼14 Insee, *Tableaux de l'économie française 2018*, p.60.
▼15 *ibid*.
▼16 *ibid*, p.63.
▼17 *ibid*, p.64.
▼18 Plane, M., "Analyse macro économique", in OFCE , *L'économie française 2017*, La Découverte, 2016, p.38.
▼19 *ibid*, pp.36-37.
▼20 *ibid*, p.38.
▼21 *ibid*, p.39.
▼22 Daniel, J.-M.,"Repenser l'éta-providence", in Daniel, J.-M., & Monlouis-Félicité, F., dir., *Sociétal 2015*, Institut de l'entreprise, Eyrolles, 2015, pp.7-8.

第3章　オランド政権の「社会的裏切り」

サルコジ政権の五年間は、フランスにとって悪夢であった。フランスの人々の誰もがその夢から覚めたかった。そこでオランドこそが、それを実現するように思えた。彼は、左派の保証する善良な人物として人々の眼に映ったからである。しかし、これは大きな誤りであった。[1] オランドは、フランスの人々と社会の期待を見事に裏切った。こうした彼の裏切りに対し、フランスの四〇名を超える政治学者、経済学者、並びに哲学者らが、それを総括する一冊の書物を著した。[2] 以下では、そこでの議論を中心に、オランド政権がいかにフランスを社会的に裏切ったかを検討することにしたい。

一．金融対策の裏切り

このおよそ三〇年間に、世界の誰の眼にも金融がすべての面を牛耳ってきたと映るに違いない。そして、このことを真っ先に認識してその変革を声高に謳った政治家がいる。それがフランスのオランドであった。彼は二〇一二年一月二二日に次のように語った。「私は貴方達に、誰が私の真の敵であるかを述べたい。それは、名も形も、そして党も持っていないし、また決して候補者も表さない。したがってそれは、選ばれることがない。しかし、それは支配している。この敵対者、それは金融の世界である。我々の眼の下に、金融は二〇年間、経済、社会、並びに我々の生活でさえコントロールした」[3]。

このオランドの発想自体は全く正しい。それは賞賛されねばならない。事実、この間に市場の力は我々の社会のすべての領域に侵入し、かつまたそれを拡大した。そして、このことを最もよく示したのが金融の場面であった。だからこそオランドは、その力の抑制を念頭に置きながら、金融とその市場に対する政策を前面に打ち出して大統領選のキャンペーンを行ったのである。

では、オランドは大統領に選出された後に、そうした金融抑制を真に実行したであろうか。結論先取り的に言えば、彼は結局市場の力に屈服した。オランドは、金融市場を転換させるリスクを意識し、最終的にその要求を受け入れたのである[4]。それはまた、オランドを頂点とするM・ヴァルス（Valls）とマクロンから成るトロイカ体制の基本的方向を示すものであった。これにより、金融はたんにフランスの政治のみならず、財政や貿易にまで影響力を行使した。言ってみれば、金融はすべてを内面化したのである。

フランスの社会党はそもそも、ドイツのオルド・リベラリズム[*1]（ordo-libéralisme）に依拠しながら

「社会」と「市場」をバランスさせることを試みた。これが社会民主主義の理念であったはずである。[5] ところがこの考えは、巨大な力を発揮する市場と全面的に対決するものでは全くなかった。ここに、社会民主主義の脆弱性の根拠を見ることができる。

オランド政権下の社会民主主義は、金融市場が課す制約を歪めることができると想定した。社会と市場は「ウィン・ウィン」の関係になる。彼らはこのことを願った。それは例えば、政府の債券発行による資金調達の方法に示された。ところがこれにより、フランスは金融メカニズムの巻き添えを食ってしまう。そして実は、このことはすでにミッテラン社会党政権時代の一九八〇年代にはっきりと現れていた。[6] ミッテランはフランに対する投機のアタックに怯え、当時の金融の自由化・市場化の動きに従ったのである。そこでは、金融機関の国有化の政策が放棄された。これはフランスにとって実に悲劇であった。

これに対してオランドは、それを喜劇に変えてしまった。彼は、選挙プログラムで告知したすべての金融界に対する闘いを弱めた。そこでは、信用銀行（商業銀行）と投資銀行の分離やストック・オプション*2の規制が拒否された。その逆に、金融取引税の停止が容認される。これによって、社会党本

＊1　オルド・リベラリズムはドイツで戦前より発展した考えで、市場経済とそれに介入する国家の役割を基礎に置く。それは、市場に秩序を与えるものの、市場原則に基づく競争経済を否定するものではない。この点について詳しくは、前掲拙著『欧州財政統合論』ミネルヴァ書房、二〇一四年、三三三〜三三四ページを参照されたい。

来の方針であったはずの金融の社会化への道は完全に遠のいたのである。

このように、オランドは選挙キャンペーンで行った宣言を完全に覆した。金融をコントロールするという有権者に対する約束は反故にされた。結局彼は、フランスの金融界に対して何もしなかった[7]と言うよりはむしろ、彼は金融界の要求に完全に屈服した。こうみなす方が正解であろう。これによりフランスで皮肉にも、金融資本主義の体制が、それに対抗するはずの社会民主主義の下で確立されたのである。

二、成長対策の裏切り

オランドは選挙キャンペーンで、「欧州はたんなる財政的合意以上にメリットを持つ」と謳った[8]。この財政的合意は、サルコジが二〇一一年一二月に「安定、コーディネーション、並びにガヴァナンスに関する協定」として成立させたものである。これに対してオランドは、それを正当化しないことを国民に約束した。彼は、「私は二〇一二年一二月九日の欧州協定を、成長と雇用を優遇するように再交渉する」と誓う。この約束は守られたであろうか。

オランドは、大統領選に勝利してまもなくの二〇一二年五月二三日に、確かに非公式の欧州会議で欧州協定の変更を提示した。これは、オランドと欧州のパートナーとの間で行われた最初の会談であった。しかし、当時の欧州委員会委員長Ｊ・Ｍ・バローゾ（Barroso）とドイツ首相Ａ・メルケル

（Merkel）は、オランドの再交渉を冷たく拒否した。メルケルは、欧州協定に関してフレキシブルになることにプライオリティを与えたものの、フランスの成長要求を斥ける。その代わりに彼女は構造的政策、すなわち労働市場の改革やその他のそれほどコストのかからない政策を唱えたのである。当時、ギリシャの危機的状況が一層悪化したことも、そうした彼女の主張を後押ししたと考えることができる。

最終的な交渉が近づく中で、フランスとドイツの関係は悪化するばかりであった。メルケルは、「成長」の言葉を協定に入れることに反対する姿勢を崩さなかった。そして何とフランスのエロー首相も、「規則のための規則」というドイツの考えを共有する。この状況でオランドは、もはや攻撃的になることはなかった。その結果、一応二〇一二年六月二九日の欧州理事会で「成長と雇用のための協定」が結ばれたものの、それは先の財政協定を変更するものでは全くない[9]。そこでは確かに、大きなインフラ・プロジェクトに対する借入れが欧州投資銀行によって保証された。しかし、これは欧州の経済復興の緊急性を示すものではない。

財政協定は結局、供給政策の遂行を再認識することに他ならない。それでもオランド政権は、この協定に何かしらの期待を寄せてそれを完全に受け入れた。それはまた、フランス固有の財政赤字によ

＊2　ストック・オプションは、予め決められた価格（行使価格）で自社株を買う権利の取引を表す。そこで同株の時価が行使価格を上回れば、取引者は権利を行使して利益をえる。

る発言力の低下を意識するものであった。それ以来フランス政府は、成長そのものを直ちに促進するのではなく、成長復帰の前提として、財政赤字のコントロールと労働市場の改革を優先したのである。オランドは選挙キャンペーン中に、しばしば国民の期待の言葉として「成長」を強調した。[10] 危機に対して彼は、成長を訴えたのである。それは人々の購買力、失業、並びに社会分裂に対処するものとみなされた。成長はまた、オランドにとって美しいものと信じられた。

しかし、その目論見は以上からわかるように、当初からすでに疑わしかった。成長と財政赤字の削減は、本来的に相容れないと考えられるからである。オランドの行った財政政策は先に示したように、基本的に緊縮政策であった。一部で改革されたものの、それは中流階級、生活保護階級、並びに子供を持つ家計を有利にするどころか逆に彼らに打撃を与えるものと化した。

「成長」はそもそも、オランドの経済政策を担うキー・タームであったはずではないか。それは、フランスの人々の期待を実現させる約束を表すものであった。成長のないままに、オランドの社会プロジェクトが力を発揮できる訳がない。国民の期待は、実にあっという間に失望に転化した。成長は蜃気楼にすぎなかった。[11] フランス政府は、成長から緊縮へと政策のヴェクトルの向きを次第に変えた。それはまた、オランドの経済・社会改革の性質を転換させた。緊縮政策を進めることで、成長の約束は反故にされたのである。

三．雇用対策の裏切り

先に見たように、オランドはフランス国民に対し、「責任のある協定」や「責任と連帯の協定」を提示した。それらは人々に対し、二つの異なる意思を同時に満足させることを目的とした。一つは、雇用者にとっての労働コストを低下させることであり、もう一つは雇用を増大させることである。雇用はその通りに増えたであろうか。

二〇一五年一二月に、「競争力と雇用のための課税の減免（ＣＩＣＥ）」の成果に関する報告書が公刊された[12]。それによると、企業はむしろ課税の減免分を貯蔵する傾向を示していることがわかる。彼らの四六％は、その分を再投資するよりは貯蓄したのである。企業にとって、この課税減免は思わぬ儲けとなった。それが一層の雇用を企業に促すことはなかった。一方、彼らはそうした利益の一部を賃金の増大に回したため、ＣＩＣＥが労働コストの低下にそのままつながることもなかった。

このようにして見ると、ＣＩＣＥが先に見た二つの目的を果たしたとは到底言えない。そればかりか、パリ・シアンス・ポリティークの景気研究機関であるＯＦＣＥの副総裁Ｅ・エイエ（Heyer）が指摘するように、「責任のある協定は、家計と公共機関の収入を企業に移転した」ことを意味する[13]。そうだとすればＣＩＣＥは、たんに企業に対する財政的な贈り物にすぎない。この協定はまさに、偽善の塊を示すに他ならない。現実に経済が民間ベースで動く以上、雇用の創出はあくまでも企業の事柄であり、その主導権は雇用主の経営者の手に握られている。そこで政府は、企業の大きな投資を確保するために彼らと交渉しなければならない[14]。もしそれができなければ、雇用増が保障されないのは言うまでもない。詰まるところオランド政権は、あたかもこのことさえ理解できなかったかのように、責任のある協定を国民に提示したのである。

さらに、もう一つの由々しきことがある。それは、オランド政権の下で雇用が創出されたどころか、逆にそれが破壊されたという点である。このことは、二〇一六年三月に労働相のM・エル・コームリ（El Khomri）が制定した「エル・コームリ法」で引き起こされた。

ここでエル・コームリ法の詳細を論じることは控えるが、その本質はフランスの労働市場の改革であると共に、雇用の改革とりわけ以前の「オーブリ（Aubry）法」で制定された「三五時間労働制」の改革であると言ってよい。要するに、同法により三五時間労働制のフレキシブルな対応が求められたのである。このことは何を意味するであろうか。

労働法はそもそも、資本対労働の社会的関係の中核に位置する。そしてこの社会的関係は、様々な階級の闘いの結合的な関係として現れる。こうした基本的な関係に対し、オランドの率いる社会党政権はいかなるプロジェクトを示したか。それは、一方で連帯関係の強化を謳う。このことは個人に対し、政治活動を共有する可能性を表す。他方でそれは、労働者に対して生存のための物質的条件を与える。このことは、彼らの固有の自由を行使する能力を認める[15]。

では、このプロジェクトの下で、オランド政権は労働者に真に有利となる労働法を制定したであろうか。実は欧州で、労働法は一九八〇年代の新自由主義の勝利以来、以上に見た社会的関係において資本家（経営者）側に有利となるような形を整えてきた。そこでは、労働法は社会的な公共秩序を逆転させるものとして現れる。これは、資本による組織的な権利に対抗することの放棄を意味する。労働法はこうして、労働者の権利と、その労働に当てられた社会保障を豊かにすることができない。新自由主義的国家は、この労働法によって社会的関係を転換させる。企業はそれによって法に対する自律性をえることができる。企業間の合意は、労働契約に優先されるのである。

このような、新自由主義下の市場を最重視する社会における資本寄りの労働法に対し、オランド政権は抵抗しなかった。と言うよりはむしろ、そうした労働法を率先して採用した。エル・コームリ法はまさに、それを具現するものであった。そこでは、労働時間のフレキシビリティが容認される。このフレキシビリティにより、労働時間の枠は消え去った。それは、期限を持たない労働時間となる[16]。一方、このフレキシビリティは労働の個別化を促す[17]。それは、賃金労働者を職業上の連帯から孤立させる。

他方で同法は、雇用を増大するためには解雇を容易にできるという指令を打ち出す。このことは、ほんとうに雇用を促進するであろうか。現実はその逆ではないか。それは、労働者の流出入を加速する以外にないのではないか。この点は、とくに若者についてあてはまる。そうした解雇のフレキシビリティは、労働者の間でそれこそ不安を高めるに違いない。そうでなくても大量失業の時代に突入してそこから脱け出せないフランスにおいて、労働は一層簡単に置換されてしまう。

このようにして見ると、オランドの社会党政権は結局、資本によるフランスの生産と社会に対する組織的な支配を食い止められなかった。否、彼らは逆にそうした支配を促進したとさえ言っていいかもしれない。オランド政権は、フランスの社会システムの新自由主義的転換を遅らせるどころか、その推進に一役買ってしまったのである。そして忘れてならないことは、このような動きに対して当時のマクロン経済相も大きく貢献した点であろう。

四．欧州対策の裏切り

オランドは大統領に就任した直後に、二〇〇五年以来頓挫した欧州建設を再開させることを宣言した。彼は次のように表明する。「欧州はユーロ圏から経済に力を再び与える。それは盲目的な緊縮を終らせる。銀行監督によって金融を規制する。グローバル化への切り札として大市場を利用しながらユーロを守る。欧州は大きなプロジェクトに投資する。それは新しい金融手段のおかげである。欧州は社会的かつ財政的な競争を終らせる。そして欧州は国境を守り、エネルギーの移行に従事する[18]」。

オランドは、この通りに欧州建設を進めることに努めたであろうか。その方針は、二〇一四年の夏の段階で脆くも崩れる。彼は、欧州が脅威に晒されていることを認識する一方で、スペインやイタリーなどの南欧友好国といっしょに緊縮政策に反対する姿勢を示さなかった[19]。それゆえギリシャの債務危機においても、オランドはドイツと妥協することで、ギリシャを真に支援するつもりはなかった。[*3]要するに彼は、危機的状況にある南欧諸国を、共同参加する集団として捉えようとしない。他方でオランドが、欧州復興プロジェクトに何か貢献したかと言えば全くそうではない。それどころか彼は、無視されたと言ってよい。メルケルと共同して欧州を再建することも、また緊縮主義に対するオールタナティヴな考えで欧州を連合することも叶わなかったのである。

こうしてフランスは、欧州の指令に対して何も抵抗しなかった。オランド政権は、欧州の熱い想いである財政規律とりわけ財政赤字の対GDP比三%という基準を達成することに従った。この限りでフランスはドイツにならったのである。振り返って見れば、フランス政府は歴代にわたりドイツ政府に対して欧州の経済的繁栄への復帰を強く求めてきた。彼らはドイツに対し、欧州内の資金移転という方策を受け入れるように迫った。[▼20]ところがドイツ政府は、そうした資金移転は、少なくとも経済財政に関して統一された連邦政府が設立されることで初めて機能するという考えを振りかざすに止めた。[*4]ドイツのこうした姿勢は、ギリシャ危機に際しても変わることがなかった。そしてフランスも結局はそれに順じたのである。

このように、オランド政権の下で、フランスとドイツが協力して欧州を抜本的に再建しながら経済

＊3　この点については前掲拙著『ギリシャ危機と揺らぐ欧州民主主義』一六二〜一六三ページを参照されたい。
＊4　この点については前掲拙著『欧州財政統合論』一八八〜一九三ページ、並びに『ギリシャ危機と揺らぐ欧州民主主義』一七九〜一八〇ページを参照されたい。

復興を図るという壮大なプロジェクトは達成されなかった。その責任をドイツのみに押し付けることができるであろうか。フランス側に問題はなかったであろうか。そもそもオランドに、連邦的な欧州を建設する強い思いがあったであろうか。これらの点こそが問われるのである。

オランドは実は、二〇一六年のイギリスのＥＵ離脱決定以来、ＥＵを建て直すための具体的な運動を推進しなかった。[21] 確かに彼は、ユーロ圏の中に、経済と財政のガヴァナンスを担う連邦省を形成するにように促した。フランスはかねてから、欧州に対して経済政府の設立を提案してきた。そこで、この連邦的に統一された経済政府と欧州委員会との関係が問題となる。ユーロ共同債、欧州財務省、並びに財政的かつ社会的な統一などは、すべての加盟国により批准されねばならない。この点でオランドの唱えるフランス案は、結局のところ口先だけのものに終る可能性が大きい。以上から判断すれば、オランドが当初掲げた欧州復興のためのプロジェクトは、五年間の政権中に達成される訳がない。そして当のオランド自身も、そうしたプロジェクトを放棄する構えを表したのである。

「社会的裏切り（social-traître）」という言葉がある。これは、労働者階級の名で話をして彼らの利害を守るふりをするものの、実際には彼らを権力にアクセスするために利用することを表す。[22] この「ひどい裏切り（coup de poignard dans le dos）」のロジックは、実はこれまでのフランス左派政権を支えてきたと言ってよい。例えば、あのミッテラン元大統領が、フランス共産党と連合して共同プログラムを提示したのも、当初から有権者を獲得するための策略にすぎなかった。そして三回目の社会党政権をつくったオランドも、この左派の裏切りという方向を、それこそ皮肉にも裏切らなかったのである。

オランドの率いる社会民主的左派は、労働者階級を守ると誓いながら労働コードを改革して賃金の上昇に一切貢献しなかった。彼らは、選挙の前には社会秩序の転換を約束しながら、選挙の後には社会秩序を尊重する。左派は一旦権力を握ると、形式的合法主義に従ったのである。彼らの意識はまさしく、フランスの社会を変えるという主意主義的（volantarist）な姿と、国家の必要に従うという現実主義的な姿を合わせ持つものであった。

フランスの社会民主主義は、それこそ何十年にもわたって労働者階級に支えられてきたはずである。しかしオランド政権は権力の掌握後に、労働市場の改革を断行して彼らに背を向けた[23]。そもそも社会党は、支配されている社会的グループすなわち労働者階級を守ることを筋としてきたのではないか。それはこれまで見事に失敗してきた。社会党の重鎮である元首相のL・ジョスパン（Jospin）は二〇〇二年の大統領選で、「国家は必ずしもすべてを行うことはできない」として、企業行動を放任する姿勢を示した。これは明らかに、労働者に対する裏切りを意味した。なぜならフランスの大企業グループは、現地化（海外進出）を進めて本国労働者の失業を促す空洞化をもたらしたからである。ジョスパンが本選に残れなかったのも、この発言のためであった。

一方オランドは、選挙キャンペーンでフランスの「共和主義者（républicains）」に語りかけた[24]。このカテゴリーが、フランス共和国に帰属するすべての人を含むからである。それは生活条件、出生地、信条、階級、人種、性、並びに年齢のすべての相違を打ち消す。しかしこの言葉はまた、社会党のライヴァルである右派が好んで用いるものであった。その点でオランド政権は、右派と基本的にどう異なるのかが問われるに違いない。もしもそれが明白に示されなければ、共和国民の中で左派を支援する人々の失望は高まるばかりであろう。フランスの伝統的な左派政党が、明確な信条に基づく社会変革のヴィジョンを打ち出せないとき、彼らの支持が消滅するのは目に見えている。

左派の役割とは何か。オランド政権の五年間ほど、この問いをフランス国民に発したときはない。現代フランスの代表的哲学者の一人であるG・ドゥルーズ（Deleuze）はかつて、左派はあのJ・P・サルトル（Sartre）にならいながら、「高貴な原則を持った精神」に支えられると語った。[25] 彼はそこで、左派になることは少数派になることであると唱える。オランドが左派を裏切ったのは、まさにこのことであった。彼は権力を握るのと引換えに、新自由主義的権威主義に屈服したのである。

ところで、こうした左派政権の右傾化による多数派志向の動きとその衰退は、フランスに限られない。それは、イギリスを筆頭に欧州の至る所で現れている。社会主義運動は歴史的に長い間、非常に少数の富裕者階級に対決する形で展開されてきた。それは、労働者階級の解放に向けた運動であった。オランド社会党政権の下で、それは実現されなかった。かつて欧州における左派の中核を形成したフランスにおいてさえそうであった。社会主義運動が欧州で引き継がれることはもはやないのか。それは左派を支持する有権者とりわけ庶民階級の失望と共にこのまま消え去ってしまうのか。あるいは伝統的な左派政党とは別の形の下で、そうした運動は再生されるのか。問われることは尽きない。我々は以下の章でこれらの点を検証することにしたい。

注

▶1　De Sutter, L., “ Introduction”, in De Sutter, L., dir., *Le livre des trahisons,* Presses Universitaires de France, 2016, p.8.

▶2　De Sutter, L., dir., *op. cit.*

▶3　Éwangé-Épée,F.B., “22 janvier 2012 –François Hollande désigne la finance comme son enemi”, in De Sutter, L., dir., *op.cit.*, p.37.

▶4　*ibid*, p.38.

▶5　*ibid*, pp.39-40.

▶6　*ibid*, pp.45-46.

▶7　Neyrat, F., “22 janvier 2012 –François Hollande prononce le discours du Bourget”, in De Sutter, L., dir., *op.cit.*, p.29.

▶8　Florin, J. L., “29 juin 2012 –François Hollande signe le pacte budgétaire européen”, in De Sutter, L., dir., *op. cit.*, pp.57-58.

▶9　*ibid*, pp.59-60.

▶10　Formis, B, “29 décembre 2013 –Pierre Moscovici voit sa réforme fiscale adoptée”, in De Sutter, L., dir., *op.cit.*, p.135.

▶11　*ibid*, pp.140-141

▶12　Böhm, A.,“1er janvier 2015 –Jean-Mark Ayrault fait voter le Crédit d’impôt pour la compétitivité et l’emploi”, in De Sutter, L., dir., *op. cit.,* pp.94-95.

▶13　*ibid,* p.96.

▶14　*Éwangé-Épée*, F. B., *op.cit.*, p.40.

▶15　Sénéchal, C., "12 mai 2016 —Manuel Valls fait adopter la loi El Khomri en première lecture ", in De Sutter, L., dir., *op. cit.,* pp.367-368.

▶16　Martin, J.-C., "17 février 2016 —Myriam El Khomri dévoile son projet de réforme du code du travail ", in De Sutter, L., dir., *op. cit.,* p.327.

▶17　Senéchal, C., *op. cit.,* p.371.

▶18　Moulier-Boutany, Y., "5 août 2014 —François Hollande plaide pour l'Europe",in De Sutter, L., dir., *op. cit.,* p.150.

▶19　*ibid,* p.145.

▶20　*ibid,* pp.151-155.

▶21　*ibid,* p.153.

▶22　Garcia, T., "28 mai 2015 —François Hollande contre les Républicains", in De Sutter, L., dir., *op. cit.*, p.203.

▶23　*ibid,* pp.206-207.

▶24　*ibid,* pp.208-209.

▶25　De Sutter, L. dir., *op.cit.*,pp.12-13.

第2部

フランス大統領選の社会的背景

第4章 大統領選キャンペーンと社会問題

オランドが大統領選に出馬しないことを明らかにして以来、次期の大統領を目指して様々な候補者が選挙キャンペーンを展開した。彼らの所属先は、伝統的な二大政党の共和党と社会党から新興の政治勢力までの多岐にわたっていた。そこで以下では主たる候補者として五名、すなわち共和党のフィヨン、社会党のB・アモン（Hamon）、国民戦線（FN）のル・ペン、前進のマクロン、並びに不服従のフランスのJ・L・メランション（Mélenchon）を取り上げ、各々のアピールする論点を明らかにしながら、彼らの選挙運動に見られる諸問題を検討することにしたい。

一．二大政党のキャンペーン

最初に、伝統的な二大政党である共和党と社会党の候補者を見ることにしたい。

フランスではミッテラン元大統領以来、右派の共和党（Les Répulicaines, ＬＲ）と左派の社会党（Parti Socialist, ＰＳ）の候補者がほぼ交互に大統領に選出されてきた。それは直近の例では、共和党代表のサルコジの後に社会党代表のオランドが大統領になったことに見られる。とりわけ先の章で検討したように、オランド政権による経済・社会政策が大失敗した結果、社会党の人気が著しく低下したことは、共和党に対して政権奪取の絶好のチャンスを与えると思われた。そのようなローテーションとも言える大統領選出が再び現れるであろうか。あるいは、二大政党から交互に大統領を選ぶシステムは終りを遂げるであろうか。以下ではこれらの点を、二大政党の大統領選キャンペーンを見ながら考えることにしたい。

(一) 共和党のキャンペーン

以上のような大統領のローテーションからすれば、左派のオランド大統領の後任は、右派の共和党から選ばれてよい。そこで最初に共和党の動きを追うことにしたい。

まず、同党の中で誰が候補者として選ばれるか。それが大きな問題となる。実は、ここに一つのサプライズが現れた。二〇一六年一一月に行われた予備選で、フィヨンが大方の予想を裏切って第一位の地位を占めたのである。[1] その投票結果は、フィヨンが四四・一％、Ａ・ジュペ（Juppé）が二八・六％、そしてサルコジが二〇・六％の得票率を示した。フィヨンはこれまで長い間、共和党の中で第四位に甘んじてきた。今回、彼はめざましく躍進した。第二位のジュペとの差は著しく、フィヨンは圧勝したと言ってよい。一方、元大統領のサルコジは、この選挙の最大の犠牲者であり、何とジュペ以下の第三位に終った。

このように、共和党党員はサルコジを排除することで、一〇年以上にわたるサルコジズムを一掃した。同時にフィヨンの勝利は、右派のイデオロギーを鮮明にした。それは、サルコジ路線と一線を画すことで、彼の失敗を総括するものであった。フィヨンは、国民戦線（FN）を支持する有権者を捕らえるために、むしろ極右派的テーマを掲げる。それは、まずもって保守的であり、カトリック主義であり、かつまた地方の右派に寄り添うものであった。伝統的なフランスの右派は、これまでのオランドの導いた左派的政策を断ち切って右派による改革を願う。フィヨンはこれに応えようとした。

フィヨンはそもそも、サルコジ政権下の首相であった人物である。彼のイデオロギー的戦略は三つの軸から成る。それらは、経済の自由化、安全保障の強化、並びに社会的課題に対する保守的な姿勢である。彼は、これらを強調することで右派の中心人物に据えられた。フィヨンはまた、自由主義の旗印を掲げることで企業の経営者の間で気に入れられた。そこでは、三五時間労働の終焉、企業に対する五〇〇億ユーロの負担軽減、並びに公務員の五〇万のポスト削減などが公約として謳われたのである。

このようにしてフィヨンは、二〇一六年一一月二七日の共和党候補選の本選においても勝利を収めた。[2] 彼はこれによって、共和党公認を正式に受け、いち早く選挙キャンペーンのティームをつくると共に基本方針を固める準備に入った。

フィヨンがまず焦点を当てたのは医療保障問題であった。それは、左派と極右派からの批判に応えるものとして提起される。彼はこの点について、大転換を引き起こすとした。ほんとうにそうなのか。そこには費用に関する問題が横たわっている。[3] ＦＮの党首ル・ペンは当初より、社会保障の廃止を訴えた。フィヨンはそれに対して、社会保障を守る姿勢を示す。しかし、そのための手段は、当時の厚生相のＭ・トゥレーヌ（Touraine）が批判したように、民間に委ねられる。フィヨンは、社会保障に責任を持つと誓う一方で、医療費負担の免除を考える。ただし、フランスの社会で医療費の負担が今後増すことは不可避である。そこで彼は、そのためのコストを民間機関によって補うことを意図する。そこにはまた、アクサ（Axa）のような民間グループの影響があることは否定できない。要するに、フィヨンの医療保障政策は、かつてＭ・サッチャー（Thatcher）元首相がイギリスで行った医療の民営化（自由化）政策を踏襲するものである。この基本的姿勢が、左派の有権者に受け入れられることはない。

フィヨンのキャンペーンはこうして、フランス社会に大転換をもたらすものとしてスタートを切る。ところが、それは船出からわずか二ヵ月ほどで大波を食らうことになる。二〇一七年二月初めに、フィヨンをめぐる金銭のスキャンダルが暴露されたのである。[4] それは、彼が自分の妻を何年間も議会のアシスタントとして雇用したことにすることで架空の報酬を請求したとするものであった。

このスキャンダルは、共和党に激震を与えた。彼らは、代わりの候補者を探すプランＢを考えざるをえなくなる。しかし、このプランBがすんなり認められることはなかった。フィヨンは、二〇一六年一一月の共和党の有権者による指名は正当性を持つと主張する。同時に、大統領選の予備選の三ヵ月前に候補者を変更することは、右派の政党に大惨事をもたらすに違いない。こうして彼は、「私かカオスか」の選択を党の執行部に迫る。結局彼らは、好むと好まざるを問わずフィヨンを候補者と認めざるをえない羽目に陥る。フランスの右派を代表する共和党は、キャンペーンの初めから大混乱の様相を呈した。

そうした中でフィヨン自身は、そのような雇用の違法性を理解していなかったと弁明する。しかし彼の行ったことは、一九九五年のE・バラデュール（Balladur）や二〇〇七年のS・ロワイヤル（Royal）の行為と同じであった。それはもはや、フランス人に受け入れられる訳はなかった。誠実を売り物にしたはずのフィヨンが、これによって策略に富む不潔な人物とみなされたことは疑いない。

共和党の指導者は、プランBがジュペに拒否されたことにより、最終的にフィヨンの支持を決定する。[5]しかし、このスキャンダルにより、フィヨンが大統領の候補者としての力を弱めたことは言うまでもなかった。同時に、この大事件によって、共和党自体が分裂したことを忘れてはならない。フィヨンもそのことに気づきながら新たなキャンペーン組織を発表したものの、反フィヨンを表したサルコジ派は、わずかしか協力しなかった。彼らの間で、意見の対立はむしろ深まった。結局はサルコジ、ジュペ、並びにフィヨンの三者の間で、うわべだけの取り繕いがなされたにすぎない。

一方、フィヨンはこの大嵐の中で、議論のイデオロギー的方向を根本的に変えざるをえなくなる。

それは、メディアと左派からの攻撃に備えるものとして現れる。彼は、よりフランスの人々に寄り添う姿勢を示すことで、そうした批判に対するディフェンス・ラインを設けたのである。[6] フィヨンは同時に、ジャーナリストは政治的な暗殺を試みているとして、彼らを激しく非難した。全く扇動的でなく感情的でもない静かな人物とみなされた彼の姿は、ここにきて真に壊れてしまう。コレージュ・ド・フランスの歴史学教授であるＰ・ロザンヴァロン（Rosanvallon）は、「大統領候補者が法とメディアにアグレッシヴになるのは前代未聞である。なぜなら、彼らは民主主義による人民第一のヴィジョンをつくるからである」として、フィヨンのメディアに対してとった姿勢を痛烈に批判した。

さらに注視すべき点は、当時のフランスで反フィヨンのデモが行われ、その中核となったのは何と共和党支持者であったという点であろう。ジュペはこの点を嘆いた。右派は、エリートとその判断に反対する人々といっしょに選挙キャンペーンを行わなければ勝てない。彼はこのように警鐘を鳴らしたのである。

しかし、フィヨンにそれに対する反省は全く見られなかった。むしろ彼は、あまりにひどい仕打ちを受けたことに対して粗暴な態度を示したにすぎない、と居直る。彼はまた、右派の中心部分には支えられていることを確信する。こうして彼は、人々の保護を強める策を唱え、家族とカトリックの価値を守るとする伝統的な保守派の姿勢を前面に打ち出す一方、経済的には自由主義的手段を採ることを誓う。

他方でフランスの人々は、フィヨンが大統領としてふさわしい人物かを改めて問い始めた。彼は結局、確信的で単純な戦略を持った人間ではない。さらに、彼は秘密や隠し事を持った人間ではないか。こうした疑いが噴出したのである。[7] このような中で、フィヨン自身はスキャンダルが発表された翌日に、「もし私が審理されれば候補者にならない」と宣言した。しかしフランス人の間ではすでに、フィヨンはたんに「裏で操る人」だけでなく「うそつき」とみなされた。彼は、サルコジがいつも行っていたことと同じことをしている。彼らはこう感じたのである。

このようにして見ると、フランスの右派を代表する共和党は、オランド政権の大失政を受けて、折角政権奪取の一大チャンスを与えられながら、墓穴を掘る事態を迎えたと言ってよい。このことによってフランスの有権者が、エリート群から成る政治家に対して不信感を一層募らせたことは疑いない。

一方、共和党の多くの党員も、スキャンダルの発覚から二ヵ月経ってさすがに諦めの気持を隠すことはできなかった。[8] 実際に、事態が重大であることも党内で認識された。世論調査でフィヨンの支持は、マクロンとル・ペンのそれに大きく引き離されていた。人々の中には、フィヨンは刑務所行きとさえ叫ぶ者もいたのである。

そうした中でフィヨン自身は、その姿勢を変えることがなかった。相変わらずオランドを厳しく非難しながら、メディアと法的機関を攻撃する姿は、右派の抱える病をそのまま映し出しているかのようであった。事実、フィヨンのキャンペーン・ティームの状態はますます悪化した。それは、彼に忠実な人によってしか動かすことはできなかった。それでも彼は、依然として右派の有権者がマクロンやル・ペンに向かうことはないとするオプティミズムに浸っていた。しかし実際には、共和党支持の反フィヨン派はもはや、彼のキャンペーンに乗ることはなかった。サルコジ派にいたっては、むしろフィヨンを敗北させる意向さえ表した。まさに、右派の大分裂が始まったのである。

(三) 社会党のキャンペーン

一方、二大政党のもう一つの軸となるべき社会党は、大統領選のキャンペーンをいかに展開したか。まず、オランド政権の経済相として国民の間で最も人気のある閣僚と言われたマクロンが、二〇一六年八月三〇日に辞職する。[9] このマクロンの政権離脱は、オランドの頑迷さと弱さを露呈した。それから二ヵ月も経たない一〇月二〇日に、今度はオランド自身が、社会党の大統領選候補になることを否定する。それは、彼が国民の間で全く不人気なことを自覚したゆえの決断であった。オランドは、第五共和政で立候補を断念した最初の大統領という刻印を押されたのである。

こうした中で、オランドに代わる候補としてヴァルス首相が名乗りを上げる。彼は、その用意ができていることをいち早く語った。首相が同一政党内で大統領に対抗することも、第五共和政で初めてのことであった。ヴァルスはまず、社会党内の左派と右派の分断をストップさせることを試みる。[10] それは、和解をつうじた社会党の再組織化を意味する。この作業は、これまでにもミッテラン元大統領やジョスパン元首相、さらにはそれこそオランドによっても行われてきた。それは言わば社会党の常套手段であった。

ヴァルスはそもそも、社会党の超右派に属する。彼はこれまで、つねに企業寄りの姿勢を表すと共に、秩序と安全保障の考えを声高に振りかざしてきた。ところが彼は、二〇一七年一月に行われる社会党の予備選で過半数をとるために、そうした方向を転換させる。ヴァルスはここにきて、国民の教育を受ける権利、人々に役立つグローバル化、さらには欧州の社会的投資の必要などを謳う。この人々と社会を重視する姿勢はまた、これまでの彼に対する左派からの批判に応じるものであった。

ヴァルスの戦略は功を奏するであろうか。社会党内の右派と左派の和解という作業はデリケートと言われる。左派はあくまでも社会党の本来の姿を純粋に守ろうとするからである。実際にその代表的人物であるＡ・オーブリ（Aubry）は、ヴァルスの立候補表明と同時に、彼が社会党の心を表すかどうかを知らねばならないとして彼に反対する立場を明らかにした。このことは、社会党の大統領候補が難行することを暗示した。オランドはその中で、ヴァルス首相を二〇一六年一二月六日に解任する。これによって、いよいよ社会党の立候補選びの闘いがスタートを切った。

まず、ヴァルスに対する左派の批判は、予想以上に強いものであったことがわかる[11]。例えば移民問題について、ヴァルスはドイツのメルケル首相が採る開放政策に反対し、欧州は移民を減少させるべきと唱える。この発言は、社会党左派の大半から明らかに批判された。また、ライシテ（laïcité）と称されるフランス独特の政教分離の概念についても、ヴァルスは左派があまりに非妥協的で硬直的であるとみなす。しかし、他の左派の候補はいずれもフランスの政教分離の原則を尊重すべきとして彼を批判した。

ヴァルスのライヴァルである左派の候補はアモン、A・モンテブルグ（Montebourg）、並びにV・ペイヨン（Peillon）の三名である。彼らはいずれも、左派の有権者の精神に立って活動するという一致した目的を持つ。中でもアモン元教育相は、次の大統領は左派の人間であるべきことを表明する。他方でヴァルスは、こうした左派の猛烈な攻撃に対し、最良の武器で応じた。それは、政権の責任を経験したことである。彼は、大統領になるためのエネルギーと志を、首相の経験を通して蓄えたことを強調する。

このように、社会党もやはり先に見た共和党の場合とは異なる次元で、すなわちイデオロギーの面で大きく分裂する様相を呈す。それを解消することは、ヴァルスが頭で描いたほど容易ではない。このことは、社会党の予備選の結果に端的に現れた。アモンがトップ（三六・三五％の得票）でヴァルスは第二位（三一・一一％）に甘んじたのである。[12]

アモンとヴァルスの衝突はまさに、社会党内の左派と右派の対決を意味する。それはまた、社会党の分断を如実に示すものであった。

ただ、この予備選の結果に関して注意すべき点がもう一つある。それは、社会党の有権者が左派の政策ラインを支持し、オランド＝ヴァルスの方向をはっきりと否定したことである。実際にアモン以外の二人の左派候補であるモンテブルグとペイヨンは各々一七・五％と六・八五％の票を獲得しており、これらの三名の得票を合わせると、それは実に六〇％を超えるほどである。これによって左派は、右派に明確に勝利した。それは同時に、オランドの五年間の政策に対する失望の念を強く表すものであった。

他方でヴァルスは、自らの敗北に激しく落胆したものの、アモンの政策は非現実的であるとして彼に反対する立場を表す。しかし彼は同時に、社会党の信頼を取り戻すため、党の結束を訴えた。この中でアモンは、本選においてもモンテブルグの支持をえることで優位に立った。いずれも反オランドのキャンペーンを展開したからである。アモンは、有権者が確信を持って左派に投票したことを語りながら左派の一層の再建を謳う。彼のプロジェクトの中心に社会問題と環境問題が据えられたのもそのためであった。

アモンはこうして本選でも勝利し、社会党の大統領候補者となる。アモンが予想どおりの票（五八・七一％）を取得し、ヴァルスの得票（四一・二九％）を大きく上回った。[13] この結果は、その数ヵ月前には思いもつかないものであった。ここで有権者のメッセージは明白である。彼らは、ヴァルスの政策に消耗してアモンの左派の純潔さを好んだ。こう言ってよい。では、それでもって社会党がまとまったかと言えば全くそうではなかった。否、むしろ彼らはカオスの領域に踏み入れる。社会党内に、オランドらの中道左派は根強く残っている。アモンは彼らを一掃することができない。逆に彼の勝利は、中道左派に対して他の道を用意する結果を生んだ。彼らの選択にとって、改革主義者として突如現れたマクロンに向かう余地が与えられたのである。

以上、我々はフランスの二大政党である共和党と社会党の大統領候補者の決定について検討を重ねてきた。それらを振り返れば直ちに分かるように、両党はいずれも大統領候補選をめぐって大混乱の姿を露呈した。彼らの激しく分裂する様が、フランスの有権者に示されたのである。それはまた、党としての基本方針の不統一を如実に表していた。これまで両党が交互に大統領を選出してきたことの政治的な安易さと欠陥が明らかにされた。もはや、二大政党制としての政治体制は成り立たないのではないか。この点はフランスに限られたものではない。イギリスのEUレファレンダムでBrexit派が勝利したことも、やはり同国の二大政党時代の終りを告げていた。[*1]

こうした中で、フランスの人々は二大政党に取って代わるものを求め始める。このことが、様々な新しい政治勢力を生む大きな要因になった。有権者の意向が変化していることに真に気づき、自ら変革を試みる意図を持たないのは結局二大政党ばかりではないか。そう思われても仕方がない。では、そうした新勢力は大統領選をめぐっていかなる運動を展開したか。次にこの点を見ることにしよう。

二．新興政治勢力のキャンペーン

ここで取り上げるフランス政治の新興勢力は三つある。それらは第一にル・ペンの率いる「国民戦線（FN）」、第二にマクロンの率いる「前進（En marche）」、そして第三にメランションの率いる「不服従のフランス（La France insoumise）」である。

(二) ル・ペンのＦＮのキャンペーン

最初に、ル・ペンのＦＮの運動を見ておこう。ＦＮがフランスの政治において、すでに一つの確固とした地歩を築いてきたことは周知の事実である。ただ、ここで敢えてＦＮを新興勢力として捉えるのは、今回の大統領選においてその力が、かつてないほど急激に伸びたからに他ならない。実際に、ル・ペンが大統領選で勝利する可能性さえ論じられたのである。なぜ彼らはそれほど勢いを増したのか。この点について詳しくは後の章（第六章）で検討するとして、ここではひとまず、ＦＮの主張点を明らかにすることにしたい。

ＦＮが選挙キャンペーンで強く訴えたことは二つある。一つは、現行の政治と経済を支配しているシステム（体制）に反対することである。ル・ペンは二〇一七年二月末の段階で、明確に「反システム」論を唱えた。[14] 彼女は「正義は権限であって……権力ではない。行政に携わる人々は、人民の意志に真っ向から反対するためにいるのではない」と語る。ル・ペンは講演の際に、しばしば「人民」という言葉を選択する。それは、彼女がフランスの歴史の中できちんと位置付けられてきたポピュリズム（人民第一主義）を強く意識しているためである。

＊１　この点については前掲拙著『BREXIT「民衆の反逆」から見る英国のEU離脱』二三一～二三五ページを参照されたい。

他方で彼女は、とくにマクロンを批判対象としながら反システム論を展開する。マクロンは、現行のシステムを維持する権力の特権階級のためにこのシステムを残存させる。同時に、カネとメディアが彼を支える。ル・ペンはこのように論じ、マクロンとメディアに対して鋭く対決する立場を明らかにした。

一方、ＦＮにおけるもう一つの主張点は反ユーロである。二〇一七年二月初めにＦＮの選挙プロジェクトのコーディネーターは、ＦＮのプライオリティはユーロからの離脱であることを宣言する。[15]しかも当時のある世論調査は、ル・ペンが予備選でトップになることを示した。これは当然に、すべての投資家に大きな不安を与えた。フランスの国家債務はドイツのそれよりもリスクが大きいと判断されたのである。さらに、もしフランスがユーロ圏を離れれば、それは他の南欧諸国に伝幡し、この通貨圏はあっという間に崩壊してしまう。欧州はBrexit後に、改めて脆弱なゾーンとみなされた。事実、外国とりわけアジアの投資家は、世界で最も心配な地域が欧州であることを認めていた。Brexitに続いてFrexit（フランスのＥＵ離脱）が起こるのではないか。この不安はまず、市場筋から発せられたのである。

Frexitが起これば、フランスの、ひいては世界の金融界に激震が走ることは言うまでもない。それゆえフランスの銀行は、米国やアジアを中心とする世界の大きな金融機関に対し、フランスの政治状況を評価する必要を迫られた。[16]この事態は、今まで例のないものである。そこで、もしル・ペンが勝利すれば、ユーロ離脱はいかなる形で現れるか、またユーロからフランにいかに転じるかという問いが発せられた。

こうした状況の中で、フランス銀行総裁のF・ヴィルロワ・ドガロー（Villeroy de Galhau）は、ユーロでなければフランスの公的債務のコストは引き上げられることから、プランBはないことを唱える。また、フランスの大銀行であるBNPパリバやクレディ・アグリコールはFNとの接触を避ける。彼らは、ル・ペンの勝利を予想したくない。さらに、最も心配する顧客の中には、すでに彼らのユーロ建て資産をフランス外に移す動きも見られた。こうした資本逃避が、かつてのギリシャで見られたようにパニック化することも当然ありえる。

では、仮にフランスがユーロ圏を離脱してフランに復帰すればどうなるか。当時、専門家は一様に、新通貨が直ちに切り下げられると同時に資本逃避が加速し、銀行取付け騒ぎは二〇一五年のギリシャ危機のときのように頂点に達するとみなす[*2]。イギリスのシティの金融グループは、二〇一七年三月半ばに、ル・ペンの勝利によってフランスの銀行の株価は四分の一に低下すると予測した。FrexitはBrexitよりもはるかに重要な出来事になる。彼らはこう捉えた。なぜなら、フランスの債務はユーロ建てであるため、新フランの切下げでその債務は一五〜三〇％上昇し、返済困難の問題が生じると考えられたからである。他方で、Frexitのドミノ効果が現れればどうなるか。それは、ユーロ圏

＊2　ギリシャ危機での銀行取り付け騒ぎについて詳しくは、前掲拙著『ギリシャ危機と揺らぐ欧州民主主義』一八一〜一八三ページを参照されたい。

のすべての銀行を危険に晒す。外国投資家は、Frexitのリスクを保護する戦略を求めたものの、それは不確かなものにすぎない。

こうした事態に、ＦＮはどう対応するつもりなのか。ＦＮの経済ストラテジストであるＢ・モノ（Monot）は、銀行と交渉しながら通貨と金融の安定に非常に注意深く対処すると唱える。[17]一方、ＦＮは想像する以上にソフィストケートされた政治機関であり、それほど心配することはないとする見解が、むしろアングロ・サクソンの側から示された。イギリスのリスク評価機関は、ＦＮのユーロに対する考えでは、ユーロが現実の金融取引にはそのまま続いて使われるという見通しを表す。ＦＮのプロジェクトは、アングロ・サクソンの金融機関にとってそれほど厳しいものではないとみなされたのである。

他方で、イギリスのメディアの目は、ル・ペンの約束するFrexitとフラン復帰に注がれた。[18]Brexitの予想がはずれた以上、今度は失敗が許されない。彼らがＥＵとの関係でＦＮに強い関心を寄せたのは、それゆえ当然であった。ル・ペン大統領の誕生は、確実にＥＵ崩壊につながるからである。もっともプロBrexitのメディアは、ル・ペンの成功はBrexitを正当化するとして、それを歓迎した。しかし、Brexitを先導したＵＫＩＰのＮ・ファラージュ（Farage）はＦＮの勝利を謳うものの、彼らと協同することを拒絶した。それは、ＦＮの反ユダヤ主義のためである。一方、ル・ペン自身は、Brexitの交渉でイギリスと連合することを約束した。

このようにして見ると、ＦＮのキャンペーンは、対外的側面において不安材料を抱えていた。そして、このことに追い打ちをかけたのがＦＮとロシアとの関係であった。大統領選の予備選が開始されて四週間後に、ロシアのＶ・プーチン（Putin）大統領は、ル・ペンと初めて公式に会合した。[19] プーチンは「私は貴方が欧州で一つの政治的なスペクトルを表していることを知っている」として、彼女を完全に一人のパートナーとして扱った。彼は、ル・ペンのキャンペーンに対し、国際舞台で望まれる踏み台を提供したのである。

ル・ペンのモスクワ訪問は二〇一一年以来、今回で四回を数える。その際に彼女はウクライナ問題について、我々は脅威や懲罰の外交を信じないとしながら、ロシアと考えを共有することをくり返し唱えた。そして彼女は、ロシアに対する欧州の制裁を取り除くことを確約した。こうしてル・ペンは、ロシアで厚遇された。外相のＳ・ラヴロフ（Lavrov）は、Ｄ・トランプ（Trump）とル・ペンは米国とフランスの社会を動かすキーになるとさえ語る。さらにプーチンが、二〇一四年に民間のロシアの銀行をつうじて九〇〇万ユーロをＦＮに貸し付けたことも明らかにされた。ロシアのメディア（タス通信）は、モスクワはル・ペンを助けると謳ったのである。

以上のように、ル・ペンがプーチンと友好関係を築き、ロシアがＦＮを支援することを暴露されたことが、少なくとも安全保障の面でフランスの人々に大きな不安感を与えたことは否定できない。そうした恐れは、ル・ペンの反イスラム論と反ユダヤ論に対するものにさらに付け加えられたと言ってよい。

それでは、ル・ペンの率いるＦＮのキャンペーンに対し、フランスの人々はどのような感情を抱いているか。最後にこの点を押えておきたい。

フランス人の一部は確かに、ル・ペンに投票する意思をはっきりと示している。それは、これまで全く見られなかったほどの規模で現れている。実際に一九八〇年代から二〇〇〇年代初めまで、フランス人の七〇％はＦＮが民主主義にとって危険であるとみなした[20]。ところが、この非常にネガティヴな人々の判断は、その後の一〇年間に逆転する。二〇一三年にル・ペンの勢いが急上昇したことにより、ＦＮに対するフランス人の危険度の意識は四七％にまで低下した。

しかし、それからの五年間でＦＮが、正常であり悪魔集団でないことを訴えたにも拘らず、フランス人の多くは依然として、ＦＮが民主主義にとって危険であると考えていることがわかる。今日、五八％の人がそうであり、むしろその割合は二〇一三年に比べて一〇ポイント以上増えたのである。このＦＮに対する不安は社会層で見ると、女性、六五歳以上の高齢者、カードルと呼ばれる社会の中枢メンバー、金融専門家、並びに大卒者の間でより大きいと言われる。

二〇一七年の二月末に行われた直接的な聞き取り調査によれば、全体で三割強がＦＮに投票する見込みである。一方、五割弱の人は、ＦＮの大統領がナショナリストで外国人嫌悪であると考えている[21]。つまり、ＦＮの指導者に対するイメージは、基本的にはあまり変わっていない。ル・ペンの父親がＦＮを創立したとき、フランス人の四分の三は彼らの主義に反対であった。しかし、娘がそれを引き継いで後に、その割合は六割に減少した。逆に三割強の人は、彼らの主張に完全に賛同する姿勢を明白に示した。これらの支持者は明らかに、いわゆる「庶民階級（les classes populaires）」に属する。

その中には労働者、従業員、並びに共和党支持者などが含まれる。後の章でFNと庶民階級との関係について詳しく検討するとして、ここではひとまず、そうした新しい現象を指摘するに止めたい。

これらのFN支持者は、次のような考えをFNと共有する。それらは第一に、二重国籍を持つイスラム人のディハード（聖戦派）はフランス国籍を失うべき、第二に、軍事サーヴィスを促進すべき、第三に、司法は犯罪者に厳しくすべき、第四に、フランスの伝統的価値を十分に守るべき、第五に、警察はより大きな力を持つべき、第六に、フランスで移民を制限すべき、そして第七に、ユーロを離脱してフランに復帰すべきという主張である。このようにしてFNの支持者、とりわけ庶民階級の人々は、FNがもはや危険ではないと判断する。

では、フランス全体で見たとき、FNとりわけル・ペンのイメージはどうか。**表４-１**は、ル・ペンに対する人々のイメージを示している。見られるように、フランス人は、ル・ペンの意志の強さや決断力を高く評価しているものの、その人物としての評価はかなり低い。フランス人が一国を代表する大統領の人物につい

表 4-1　M・ル・ペンのイメージ（%）

質問項目	よい	悪い	どちらでもない
意志の強さ	80	15	5
決定力	69	25	6
フランスの日常的問題の理解力	49	45	6
フランスの諸問題解決の新たなアイデア	36	56	8
感じのよさと真心のある温かさ	35	60	5
誠実さと信頼の影響力	28	64	8
フランスのよい大統領になる	24	65	11

（出所）Courtois, G., "Un tiers des Français en accord avec le FN", *Le Monde*, 8, mars, 2017 より作成。

てとりわけ鋭敏になることを踏まえると、ル・ペンの大統領になる可能性は低いと言わねばならない。しかしここで注目すべきは、フランスの日常的問題の理解をめぐる彼女に対する評価である。人々の五割近くが、その点についてル・ペンによいイメージを抱いている。そしてこうした評価が、庶民階級の間で一層高いことは間違いない。我々の留意する必要があるのは、この点にこそある。

(三) マクロンの「前進」のキャンペーン

当時、フランスで新しい二つのイデオロギー運動が起こっていた。[22] それらは同時に生まれる一方、根本的に正反対のものであった。一つは市民団体「夜を徹した抗議（Nuit debout）」の運動であり、もう一つはマクロンの率いる「前進」の運動である。前者がオランド政権下の労働法プロジェクトに反対したのに対し、後者はエル・コームリ法にフランスの経済・社会の望ましい方向を見る。そして両者の決定的な違いは、その政治的方向に現れた。そうした市民団体が国家権力から遠のくことを望んだのに対し、「前進」はまさに政界で大きな役割を演じることを予定したのである。

こうしてマクロンが大統領選の予備選で台風の目になることは、二〇一七年の一月に入って次第に明らかになった。彼は二〇一六年一二月一〇日に、一万二千人以上の仲間をまとめ、前進の創立の下に、大統領選の法制的準備を始める。[23] この動きに一番衝撃を受けたのはやはり社会党であった。マクロンが社会党から離れて候補者になったことは、同党内で様々な反響を生んだ。中には、彼を全く問題にしない人物もいる。その代表は、三五時間労働制を提唱したオーブリである。彼女は、マクロンがその労働制に反対したこともあり、彼が候補者になることを嘲笑さえした。しかし、そうした感情的対立とは別に、冷静な判断を下す党員もいる。彼らは、マクロンの前進は「つかの間の情熱（un feu de paille）」ではないことを認め、「何かしらが社会の中で壊れつつある」として、彼の進出に危機感を抱いたのである。

このようにして、三九歳の候補者であるマクロンは、社会党に対する一つの強迫現象となる。ただし、当初は必ずしもすべての人が、前進の会合や世論調査におけるマクロン人気について必配していた訳ではなかった。そこでは、世論は選挙に代わるものではないとみなされた。社会党のヴァルス支持者は、「マクロンは当面は無重力状態にいる。しかし、予備選が終れば彼は再び地上に落下する」▼24と唱える。

しかし他方でマクロンが、ル・ペンとフィヨンに次ぐ第三番目の候補者になると思われたのも事実である。フランスの人々が変化を求めており、それを具現するのがマクロンと考えられたからである。実際に社会党議員の中には、精神的な狼狽を表す者もいた。彼らは、「マクロンは社会党タイタニック号に対する氷山になる」と恐れた。オランドの側近も、マクロンが我々の前に立ちはだかることを認める。また、社会党の重鎮の中でさえ、マクロンのプログラムが未熟であっても、前進を支持する意向を表す人物も現れた。その一人は、かつての社会党の大統領候補者であったロワイヤルである。彼女は、「エマニュエルは将来に向けて見る」としてマクロンを評価した。

前進はこうして、大統領選に向け三つの基準を示しながらキャンペーンを開始する。それらの基準は、第一に革新、第二に市民社会、そして第三に同等（parité）である。彼らの勢いは、その後急激に増した。すでに二〇一七年二月の段階で世論調査は、マクロンがル・ペンに次ぐ第二位の候補者になることを示す[25]。これによってフランスの右派と左派は、マクロンに集中砲火を浴びせる。その批判の焦点は、彼のプログラムの欠如に当てられた。彼は、唯一イメージで選挙を行っている。前進は、ペテン師とさえ非難されたのである。

これに対し、前進のスポークスマンであるＢ・グリヴォー（Griveaux）は、我々のプログラムの基本的要素は二〇一六年の秋からすでに用意されたと反論する。例えば、三五時間労働制の修正がその一つである。さらに、マクロンは大前提として「国民との契約」を前面に打ち出す。彼はすべてのテーマについて、統治するというよりはホスト役を務めると宣言した。これにより、労働の権利に関しても、労働組合に代表される社会的パートナーとの協議が約束された。マクロンの側近は、彼が垂直的（ヒエラルキー的）な権力の考えを持っていないことを力説する。この点は、かつてのＣ・ドゴール（De Gaule）大統領と同じである。マクロンはあくまでも、フランスの人々に対して責任をとることを願う。前進はこのように唱えた。マクロンのこうした基本的姿勢は確かに、人々に寄り添うイメージを与える。しかし他方で、その戦略は、マクロンの方向を曖昧なままにする恐れを表していたのである。

ところで、マクロンの議論の中には経済のテーマがしばしば据えられていた[26]。彼のアイデアにはつねに市場のロジックが見られる。それは、公営企業の民営化や労働市場の弾力化、あるいは教育と環境の領域の商業化などに現れた。この考えはまた、ＥＵの戦略に類似する。同時にそれは、イギリスの元首相サッチャーの行った自由化のモデルに基づく。そこでは、労働組合の力が弱められると共に、市場の力こそが徳とみなされる。これにより、企業に対する課税は低められて彼らの競争力が高まる。マクロンは、フランスがそうしたサッチャーの行った改革を実施しなかったことを問題にする。フランスはグローバル化に入り込むというよりは、それに対して自らを閉じてしまった。このことが、フランスの経済成長を弱めて失業率を上昇させた。彼はこう認識する。

　マクロンはこのような基本的な考えの下に、二〇一七年二月二四日に、レ・ゼコー（Les Échos）紙とのインタヴィウでその経済プロジェクトを表明した[27]。彼はまず、他の大部分の候補者の意向とは逆に、フランスの欧州に対する約束、すなわち公的赤字をＧＤＰの三％に留めることを尊重する。具体的に、二〇一七年におけるその比率は二・九％と想定された。また成長率は二〇一七年に一・四％、そして五年後の二〇二二年に一・八％に引き上げられることが見込まれる。マクロンはこのベースの下に、二〇一七年夏まで追加的な対策を取らないことを約束する。そこでは、補足的な緊縮政策はないとみなされたのである。

　マクロンの経済プロジェクトは、そうした基本的視点に立ちながら、二つの柱を持つ。一つの柱は公共投資計画である。これは五〇〇億ユーロに上るもので、民間投資への財政的支えとなる。もう一つの柱は、公共支出増大のコントロールである。前進の経済プログラムを考えたＪ・ピザニ・フェリー（Pisani-Ferry）は、これらの二つの柱は、「根本的には供給に基づく戦略であるものの、それは同時に需要の効果にも基づく」と唱える。言ってみれば、そうしたプログラムは、供給派の考えと需要派の考えをドッキングさせたものである。こうした二兎を追うプロジェクトはうまく機能するであろうか。この点が問われるに違いない。

そこで、前進の経済プロジェクトの中味を、とくに財政政策に焦点を当てながらもう少し具体的に見ておこう。[28]まず、一つの柱である公共投資プランで示された五〇〇億ユーロに関し、その内の一五〇億ユーロは若者の職業教育と雇用政策に当てられ、他の一五〇億ユーロはエコロジー技術に使われる。一方、課税についてはどうか。企業に対する課税は三三・三%とされ、その中で中小企業に対しては、五年間に二五%に引き下げられる。ただし、その減少の維持については語られていない。また、資本収益に対する課税も改革される。それは、資本収益のすべてに対して三〇%と見積られた。ここで、投資を優遇する対策と富に対する連帯税との対立という問題がつねに生じることを念頭に入れなければならない。

他方で、もう一つの柱である公共支出削減の重みは一層増す。それは、五年間でGDPの三ポイントまで低下する。金額では六〇〇億ユーロの支出が減少する。その内訳は、社会的領域で二五〇億ユーロ、地方自治体で一〇〇億ユーロ、そして国家に関して二五〇億ユーロの減少である。また、公務員の一二万人削減が見込まれる。それは、フィヨンの五〇万のポスト減少よりはかなり低い程度である。ただし、病院での公務員の削減はない。

ところで、社会的領域での二五〇億ユーロ削減のうち、一五〇億ユーロは医療保障に関して、また一〇〇億ユーロは失業保険に関して減少される。こうした減少は、構造改革に従事しながら行われる。しかし、このプランにはリスクがある。それは労働組合による反対である。それでなくても、このような社会的支出の削減は、マクロンがキャンペーンで掲げた、人々に寄り添って人民と契約するという姿勢と齟齬《そご》を来たす恐れがある。彼の方針のヴェクトルはどこに向いているのか。この点が問われるに違いない。

さらに、中央国家と地方自治体との関係も変化を迫られる。マクロンは、五年間で地方自治体による一〇〇億ユーロの経費削減を打ち出す。同時に、地方行政における民間の役割も強調される。要するに、そこには、中央政府から地方自治体への資金移転のあり方を変更するねらいがある。これによって、地域間の経済格差は解消されるであろうか。この点も問題になる。

以上、マクロンの経済プロジェクトを財政問題に即して要約した。そこでわかる点は、このプロジェクトが、すべてをバランスさせながら分権化を図るものという点であろう。経済学的に見れば、それは供給派経済学とケインズ経済学を混ぜ合わせている。マクロンのプロジェクトはまさに、玉虫色的な様相を示す。このように総括できるのではないか。

(三) メランションの「不服従のフランス」のキャンペーン

最後に、前進と並んで、今回急激に勢力を伸ばした不服従のフランスについて、その運動を追うことにしたい。

まず、メランションの経済プログラムとそれを支える基本的な考えを見ておこう。彼は二〇一七年二月一九日に、そのプログラムを開示する。[29] 第一に前提とされていることは、メランションが欧州の課す財政規律を不合理とみなす点である。彼は大統領になれば、二七〇〇億ユーロもの支出を社会保障に充てることを約束する。この支出は後に経済活動をつくり出して新たな収入を生む。これによって経済の機能は復興する。この考えは、基本的にケインズ主義を表す。事実、メランションは「我々はケインズ主義を再開する。それは共産主義ではない。それは連帯的かつ論理的である」と語る。彼はこうして、政治的、経済的、並びに社会的な連帯をフランスの人々に呼びかけたのである。

このようなメランションの基本的方向は、彼の運動を支えるケインジアンによって定められた。言うまでもなく、ケインジアンとリベラリストの間には、国家の役割に関して根本的な相違が見られる。ケインジアンにとって、投資を選択するのは国家である。それは、結果として公共支出を増大する。メランションを取り巻くケインジアンは、五年間で公共支出の対ＧＤＰ比が六〇％弱に達する方針を打ち出す。これに対してリベラリストは、経済活動を国家から解放させ、それを民間に移転させることを基本とする。イギリスの元首相サッチャーと米国の元大統領Ｒ・レーガン（Reagan）がそれを強調したことはよく知られている。そして今日、ほとんどの資本主義国で、そうした方向が是認されている。この点でメランションの姿勢は、それに反旗を翻したものと言ってよい。それはまた、フランスの戦後の経済を築いた伝統的な運営方法を復活したものであった。

ところで、メランションの経済プロジェクトはもう一つの軸を持つ。それは「財政革命（révolution fiscal）」と呼ばれる。[30] そこでは新たな課税が想定される。その課税は三三〇億ユーロに上り、全体として義務的な社会的負担はＧＤＰの四四・七％から五年後の二〇二二年に四九・一％に上昇する。そして重要なことは、そうした新課税が、より高い所得に適用される累進税を示すという点であろう。メランションは、月収四、〇〇〇ユーロまでの所得者のすべてに対し、今日よりも税率を低めることを公約する。こうした累進税の強化という主張は、かつてオランドが二〇一二年の選挙キャンペーンで行ったことにつうじている。また最近では、イギリスの二〇一七年の総選挙で労働党党首のＪ・コービン（Corbyn）が唱えたことと路線を一にする。*3

さらにメランションは、もう一つの財政収入の道を開く。それは、保護主義に基づく関税の設定による。ただし、彼の唱える保護主義は、伝統的なそれとは異なる点に注意すべきである。それは孤立的なものではなく、あくまでも「連帯的な保護主義」とみなされる。このようにして、累進税と

*3　この点については、前掲拙著『BREXIT「民衆の反逆」から見る英国のＥＵ離脱』三二四〜三二七ページを参照されたい。

関税の強化により、フランスの公的収入は二、〇〇〇億ユーロ弱増大する。それは、彼の約束する二、七〇〇億ユーロの支出の大半を占める。そして残りは借入れによって調達される。以上が、メランションの説く「財政革命」の骨子である。

見られるように、メランションのプロジェクトはまさしく、国家主導で人々に寄り添う政策を推進する。そのためには、公共支出を拡大する必要がある。それは、欧州の定める財政規律に抵触する。それゆえ彼は、財政規律が変更されない限りは反欧州の立場を採る。このように、フランスの社会的公正を高める点で、メランションの姿勢は他の候補者と比べてより確かな特長を持つ。

問題となるのは、そうした方向の実現可能性であろう。左派の候補者は、オランド政権の行った公約の反故を二度とくり返してはならない。フランスの左派を支持する有権者はこれまで、期待を散々裏切られてきた。メランションは、この点を強く意識しなければならない。そこで、彼のプロジェクトに関して一つだけ気になる点がある。それは、政権の五年間に公的赤字の対ＧＤＰ比を三・三％から二・五％に、そして公的債務の対ＧＤＰ比を九五・八％から八七％に低下させると謳われている点である。[31] こうした目標の設定は、メランションの主張する公共支出の増大、さらには欧州の財政規律の変更という方向とどのように整合するであろうか。もしも両者を満足させるというのであれば、それはマクロンのプログラムと変わりがない。

さらに、もう一つの問題はやはり欧州問題にある。メランションは、欧州条約の再交渉を約束する。それは、財政規律の変更から欧州中央銀行（ＥＣＢ）による各国の債務証券の購入にまで及ぶ。この交渉は、マクロンの欧州改革の方向と全く異なる。それは、欧州の抜本的改革を示す点で正しい。しかし、もしもその交渉が失敗したとき、フランスはどうすればよいか。果たしてユーロ圏を離脱することになるのか。実は、リールＩ大学の経済学教授であるＡ・ドレーグ（Delaigue）が指摘するように、メランションは、その後の移行を管理する方法をきちんと示していないのである。

三、大統領候補者の議論をめぐる諸問題

以上我々は、フランス大統領候補者の予備選をめぐるキャンペーンについて、伝統的勢力（二大政党）と新興勢力の各々の候補者によるものを個別に検討した。そこで最後に、総合的な観点から、彼らのキャンペーンに潜む諸問題を探ることにしたい。

(一) 候補者の数値目標をめぐる問題

今回の大統領選キャンペーンでの争点は明らかに、フランスの失業や貧困に代表される深刻な社会問題をいかに解消するかという点にあった。この点は、右派と左派を問わずに意識された。そこで各候補者は、社会を改善するための数値目標を掲げて有権者にアピールした。例えばフィヨンは、公共支出の増大などに極めて高い数値目標を示す。この点は、前回の大統領選でオランドが、富裕者に対

する所得税の異常な高さ（七五％）を公約したのと同じである。問題は、そうした数値そのものの現実味と、その目標達成に対する信頼度であろう。統計数値は、公共の議論で真に有効な武器になるかが問われるに違いない。なぜなら、オランド政権で典型的に裏切られたように、有権者は政治家の数値目標にうんざりしているからである。実際にこれまで、そうした約束がどれほど反故にされたか計り知れない。

　フランスの統計・経済研究所総裁のJ・L・タヴェルニエ（Tavernier）が指摘するように、グローバル金融危機と失業増大の十年間に、数値目標の信頼は喪失した。[32] しかしそれにも拘らず、右派も左派も依然として数値に拘《こだわ》る。フィヨンと同じく左派のアモンも、普遍的所得としてすべての人に七五〇ユーロを与えると公約する。しかし、そのコストは約四、〇〇〇億ユーロにも上る。その資金はどこから調達するか。この点の具体策がなければ、そうした数値は全く現実的でない。

　事実、そのような政治家の数値目標の約束に対し、フランスの有権者もその信頼度を疑っている。この点はすでに、二〇一五年の段階で現れていた。そこで示された統計的数値が現実をよく反映していると考えるフランス人は、全体の四五％に満たない。失業率に関しては、その割合は三七％を超えない。オランド政権の下で、失業の数値が政治的に利用されたと思われたからである。

　さらに、社会的支出の数値にも疑問が投げかけられた。フランスはよく知られているように、社会的支出のチャンピオンであり続けてきた。それは、公共支出に劇的に表される。では、それによってフランスの社会問題は解消されたのか。この点こそが問われねばならない。人々の日常生活の困難さを、統計的指標で知ることはもはやできないのではないか。それにも拘らず、そうした指標が政治的な議論を導くのであれば、それは明らかに民主主義を危機に晒す。そこではまさに、数値が共通の言語と化す。

この点を最もよく表している一つの例が、欧州の定めた財政規律の数値であろう。フランスの著名な景気研究センターであるＯＦＣＥの総裁Ｘ・ラゴ（Ragot）は、「公的赤字の三％目標は国家に対し、純粋に比較可能なヴィジョンを与えた。そしてこのことは、税制の問題に対する公共の議論を減少させた」と語る。[33] 三％という数値の理論的根拠は、くり返しになるが何もない。しかし、それが一旦協定として定められると、三％の数値自体が不問に付される。その変更を求める政治プロジェクトは消されてしまう。実際に今回の大多数の候補者は、右派、左派、あるいは新興勢力を含めて公的赤字の三％目標を掲げる。これでもって有権者を真に説得できるであろうか。一般市民は、そうした数値を度外視した明確な社会的ヴィジョンを持つプロジェクトを期待しているに違いない。政治を数値で表すアプローチの欠陥が、この財政規律をめぐる議論にまさしく現れているのである。」と語る。[33]

（二）候補者の合同討論をめぐる問題

一ヵ月以上にわたる予備選のキャンペーンがスタートして以来、候補者による二回のＴＶ討論が行われた。その第一回目は二〇一七年三月二〇日で、第二回目が四月四日であった。そこではいかなる議論が行われたか。

まず第一回目の討論を見てみよう。それは、経済問題、社会問題、並びに国際問題の三つのテーマに分けながら論じられた。その中でとくに意見の相違がはっきりと現れたのは、社会問題の中の労働時間問題であった[34]。このことはまた、右派と左派の伝統的な分断を如実に表していた。

右派を代表するフィヨンは、失業率を現行の一〇％弱から一挙に五％に下げる一方、労働時間に関しては逆にその増大を促すと宣言する。彼は、労働時間の法的規制は四八時間であり、その増大こそが企業に対して一層のフレキシビリティと競争力を与え、最終的に人々に対して雇用をもたらすと唱える。この点でフランスの労働時間は、世界の経済大国と比べてあまりに少ない。労働時間を増すことで富も増える。彼のこうした主張は、共和党内の予備選以来全く変わっていない。

このフィヨン発言に対し、真っ向から反対したのは左派のメランションとアモンであった。彼らは、より少ない労働時間こそが多くの人に労働を提供すると訴える。この点についてメランションは次のように語る。「労働時間は今世紀初め以来半分に減少した。しかしそれは、富よりもまだ三〇倍も多い。むしろ論理は次のようである。すなわち《労働時間を共有しよう[35]》」。

一方、アモンも労働時間の短縮の正当性を唱える。その際に彼は、その根拠として情報革命や人工頭脳（ＡＩ）の活用を挙げる。「我々は、情報革命の労働に対するインパクトを支援しよう。……人間味を必要とするすべては、必要な人間の労働をより少なくすることによってなされる。それはテクノロジーのおかげである[36]」。このアモンの発言は、ＡＩが人間の労働の一部に取って代わることを是認する点で大きな問題を残す。ＡＩが人間の労働を奪うことによって、単純労働を担う労働者階級の人々は大きな不安を感じるに違いない。彼らに最も寄り添わなければならないはずの社会党の候補者がそうした発言を行うこと自体に、社会党と労働者の間の深い溝を見ることができる。

以上のような労働時間の問題に関する右派と左派の対立に対し、マクロンは中立的な姿勢を保つ。彼は、三五時間労働は法的な労働時間として維持されるべきとしながら、企業ごとの交渉の可能性に言及する。この点でマクロンは、オランド政権で制定されたエル・コームリ法を認める。この点はまた、マクロンの右派でもなく左派でもない姿勢をよく表している。

ところで、第一回目のＴＶ討論でもう一つの対立する議論が見られた。それは、マクロンとル・ペンの考えの衝突であった[37]。マクロンはこの討論で、とくにル・ペンに対するアタックに集中した。彼は、ル・ペンはフランス社会を分断し、共和国に対する敵をつくるとして彼女を非難する。実際に、現在フランスには四百万人以上のイスラム教徒がおり、彼らの大多数は絶対に反共和国主義ではない。マクロンはこう主張しながら、ル・ペンの反イスラム論に対立する立場を明らかにする。

これに対してル・ペンは、すでに本選でマクロンと対決することを意識している。そこで彼女は、マクロンをグローバリズムの賞賛者の枠に入れながら、彼のエリートとしての特権を利用するシステム（体制）側の人間として痛烈に批判する。ル・ペンは当初より反システム論を展開してきた。彼女はそこで、「体制としてのシステム、それは、ある人々のグループが彼らの固有の利害を、人民を抜きにして、あるいは人民に反して守ることである」と規定し、システムそのものを否定したのである[38]。

その点でマクロンは、ＥＮＡ（国立行政院）を経てロスチャイルド銀行で働いたことがあるため、彼女の格好の攻撃対象となった。

大統領候補者によるＴＶ討論は四月に入って再び行われたものの、それはほとんど内容のない形式的なものという印象を与えた。各候補者の話はほんのわずかであり、各々の提案を深く掘り下げることはなかった。彼らのプログラムそのものが問題とされることはなかったのである。▼39

フィヨンはすでに無気力であった。それは、世論調査で彼のポジションが下がる一方であることをそのまま映し出していた。彼の戦力は、マクロンに対する支持の差を取り戻すことに置かれたものの、それはもはや効を奏すものではなかった。

これに対してル・ペンは、フィヨンに失望した右派の支持層を勝ちとる意欲を強く表す。それは、本選でマクロンと対決する上で決定的に重要と考えられたからである。そこで彼女は、より自由主義的でより企業寄りの姿勢を打ち出す。また彼女は、自立的な社会制度を廃止すると宣言した。ル・ペン派は、こうした議論が本選での基盤をつくると想定したのである。果たしてそうであろうか。彼女が自由主義的色彩をより濃く示し、独自の社会モデル建設を放棄すれば、有権者が、ル・ペンとマクロンの間の明確な相違を見出しにくくなるのは間違いない。結局ル・ペンは、ＦＮ固有の政策を打ち出すことに失敗した。この点は、マクロンに対してのみ言えることではない。彼女の主張は、例えば移民や安全保障についてはフィヨン、また反エリート・反グローバル化についてはメランション、の各々の考えに準じるものであった。▼40 そうだとすれば、労働者を中心とする底辺の庶民が、ル・ペンへの信頼度を低めることは疑いないであろう。

一方、このル・ペンをとくに攻撃の対象としたのがメランションである。彼は、欧州問題と政教分離の問題についてル・ペンを批判する。同時に彼は、危機をもたらす元凶としての金融界と対決する姿勢を露にした。

他方で、伝統的左派のアモンは、大胆な攻撃を開始する。彼は、フィヨンに対し、公共サーヴィスと公務員の防衛という点でアタックした。さらに彼は、メランションに対しても、その欧州プロジェクトは現実的なパースペクティヴを欠くとして批判を加えた。しかし実際には、そうした攻撃にも拘らず、世論調査でのアモンの支持は、主たる五人の候補者の中で最低のままであった。このことは、社会党に大きな失望と屈辱を与えた。

これらの候補者の中で、すでに当時から本命視されたのがマクロンであった。それは、世論調査でも明らかであった。そこで彼は、むしろ慎重で静かな議論に終始した。本選での対決に備え、ル・ペンへの攻撃も極度に抑えられた。唯一、ル・ペンのユーロ離脱論に対し、それがナショナリズムに基づくとする批判がなされただけであった。それよりも彼は、自立的な社会制度の廃止、企業の社会的負担の低下、並びに公務員の削減などを謳いながらジュペ派に近づく姿勢を表した。このようなマクロンの言動は、当初より基本的に変わらない。彼はまさに八方美人として振舞い、言わばアクロバティックのようなポジションを目指す。問題となるのは、そうした彼の姿勢を、フランスの有権者がどこまで受け入れるかという点であろう。

以上、我々は主たる五人の候補者の主張点を、ＴＶ討論をつうじて検討した。確かにそれは、現地の報道でも明らかにされたように、政策論争を深めるものではなかった。それは、予備選と本選での勝利を目標とする一種の政治ゲームの様相を呈した。それによって、各候補者の考えが十分に有権者に伝わったか、あるいはまた、それらの違いを有権者が理解できたかは全く明らかでない。とくに労働者階級を中心とする庶民階級の人々にとって、最大の関心は、彼らが大統領になっていかなる社会モデルをつくるのかという点にあったはずである。この点が、最有力候補者であるマクロンと彼のライヴァルであるル・ペンの考えに明確に表されなかったこと、否むしろ、社会モデルに対して彼らがネガティヴな姿勢を示したことは、そうした階級の人々を失望させたに違いない。フランスはこれまで、欧州の隣国に対して社会的保護をベースとする社会モデル＝フランス・モデルの優越性を誇ってきた[41]。しかし、それは今や崩れ去ろうとしている。

実際に、労働者階級の人々は、このようなＴＶでの合同討論が始まる前からすでに、フランスの政治と政治家に強い不信感を抱いていたことがわかる。この点は、ル・モンド紙による二〇一七年二月末のルポルタージュからも知ることができる[42]。そこでは次のような声が聞かれた。社会党はこれまで、厳しく働いている労働者に対してよく応じようとしなかった。彼らは我々を裏切った。では、変革を訴えるマクロンに期待できるか。結局、彼もオランドと同じではないか。こうした思いが、労働者の側に確実にある。一般にフランスの工場労働者の八割は投票すると言われる。しかし、今回は「ノー」という答が返ってきた。労働組合でさえ、もはや政治を語らなくなってしまった。明らかに労働者階級は失望している。フランスを動かしてきたシステムは、彼らを死の淵に追いやったのである。この点を我々は銘記しなければならない。

　そこで求められることは、思い切ったシステムの改変以外にない。それは人々とりわけ労働者を中心とする庶民に寄り添うモデルの構築であろう。そのためには、これまでの緊縮を軸とする財政政策を変えねばならない。ところが今回の大統領選で、この点を明快に述べた候補者は一人もいなかった。すべて、オランド政権の財政緊縮政策に従ったのである。[43] 経済・金融相のM・サパン（Sapin）は、オランド政権下の公的赤字の減少と、欧州の財政規律の遵守を正当化する。サパンは、次の政権は、これに従う必要はないとしながらも、彼の発言は、あたかも財政政策の遺言として候補者に伝わったに違いない。そして大事なことは、その遺言を完全に無視するだけの財政ヴィジョンを描く候補者がいないという点である。問題はこの点に尽きる。

注

▼1 Goar, M., & Lemarié, A., "François Fillon réalise son «réve»", *Le Monde*, 22, novembre, 2016.

▼2 Lemarié, A., "Le parti LR doit se mettre en ordre de bataille", *Le Monde*, 29, novembre, 2016.

▼3 Béguin, F., "Sécurité sociale : François Fillon crée un malaise", *Le Monde*, 2, décembre, 2016.

▼4 Le Monde, Éditorial, " Fillon passage en force", *Le Monde*, 8, février, 2017.

▼5 Goar, M., "Ravalement de façade pour sauver Fillon", *Le Monde*, 8, mars, 2017.

▼6 Lemarié, A., "Le populisme enguise de défence" , *Le Monde*, 8, mars, 2017.

▼7 Baqué, R., & Chemin, A., "Les clairs-obscurs de François Fillon", *Le Monde*, 9, mars, 2017.

▼8 Goar, M., & Lemarié, A., "La droite désespère de la campagne Fillon", *Le Monde*, 28, mars,2017.

▼9 Bacqué, R., Bonnefous, B., & Chemin, A., "Les coulisses d'un retrait", *Le Monde*, 3, décembre, 2016.

▼10 Bonnefous, B., "Valls entre dans la primaire par la gauche", *Le Monde*, 7, décembre, 2016.

▼11 Bonnefous, B., "Primaires à gauche : Valls, cible du deuxième débat ", *Le Monde*, 17, janvier, 2017.

▼12 Bonnefous, B., De Royer, S., "Un parti socialiste plus écarté que jamais", *Le Monde*, 24, janvier, 2017.

▼13 Chapus, N., "Casting inattendu pour une présidentielle à risques ", *Le Monde*, 31, janvier, 2017.

▼14 Faye, O., "Cernée par les affaires, Marine Le Pen fait monter la tension", *Le Monde*, 28, février, 2017.

▼15 Chaperon, I., "Le «risque Marine Le Pen» obsède les marchés ", *Le Monde*, 10,février, 2017.

▼16 Chocron, V., "Face à un «Frexit» les banques n'ont pas de plan B ", *Le Monde*, 21, mars, 2017.

▼17 Chaperon, I., "Quand les investisseurs internationaux sondent le Front national", *Le Monde*, 21, mars,

2017.

▶18 Bernard, P., “Le pays du Brexit se passionne pour un éventuel « frexit» ”, *Le Monde,* 5, avril, 2017.

▶19 Mandraud, I., “Vladimir Putin adoube Marine Le Pen ”, *Le Monde,* 27, mars, 2017.

▶20 Coutois, G., “Un tiers des Français en accord avec le FN ”, *Le Monde*, 8, mars, 2017.

▶21 *ibid.*

▶22 Porcher, T.,& Farah,F., *Introduction,inquiète à la Macron-Économie*, Les petits matins,2016,p.13.

▶23 Pietralunga, C., “Macron en trouble-fête de la présidentielle”, *Le Monde*, 17, janvier, 2017.

▶24 *ibid.*

▶25 Pietralonga, C, “Macron au défi d’exposer son programme”, *Le Monde*, 10, février, 2017.

▶26 Porcher,T., & Farah, F., *op.cit.*, pp.15-17.

▶27 Roger, P.,Les choix économiques d’Emmanuel Macron”, *Le Monde*, 25, février, 2017.

▶28 *ibid.*

▶29 Bouve- Méry, A., & Roger, P. “Mélenchon trace sa route en solitaire“, *Le Monde,* 21, février, 2017.

▶30 *ibid.*

▶31 “Charrel, M., ”Le Programme en Circuit fermé de la France insoumise”, *Le Monde,* 21, février, 2017.

▶32 Segond, V., “Statistiques : la grande défiance”, *Le Monde*, 24, janvier, 2017.

▶33 *ibid.*

▶34 “Belouezzane,S., ”Le temps de travail, marqueur de campagne”, *Le Monde*, 22, mars, 2017.

▶35 *ibid.*

▶36 *ibid.*

▼37 Service Politique, "Cinq voix pour une confront action sans débat", *Le Monde*, 22, mars, 2017.

▼38 Des moulières, R.B., Faye, 0, Goar, M., & Pietralunga, C, "L' «anti système» une rhétorique dominante", *Le Monde*, 6, février, 2017.

▼39 Desmoulières, R.B., Bonnefous, B., Faye, 0., Goar, M., Lemarié, A., & Pietralunga, C., "Présidentielle : un débat pour la forme", *Le Monde*, 6, avril, 2017.

▼40 Marchi, M., "La «longue marche» du Front National de Marine Le Pen", in Brizzi, R., & Lazar, M., dir., *La France d'Emmanuel Macron*, Press universitaires de Rennes, 2018 p.140.

▼41 Pech, T., "Le modèl économique et social", in Brizzi, R., & Lazar, M., dir., *op. cit.*, p.217.

▼42 Aubenas, F. , "Plongée dans la Macronie", *Le Monde*, 25, mars, 2017.

▼43 Roger, P., "Le gouvernement livre son testament budgétaire", *Le Monde*, 13, avril, 2017.

第5章

本選候補者（マクロンとル・ペン）決定の社会的背景

フランスの大統領選の予備選で勝利したのは、何とマクロンとル・ペンであった。二大政党の候補者は、歴史上初めて本選に進むことができなかった。一体、どうしてマクロンとル・ペンが本選の候補者として選出されたのか。その背景には何があるのか。これらの問いが発せられるのは当然であろう。以下では、そうした問題をとくに社会的背景に着目しながら考察することにしたい。

一・予備選の予想

予備選で誰が勝利するか。この予想について世論調査に限らず、より一般的な観点からフランスで盛んに論じられた。そこで一様に認められた点は、共和党と社会党から成る二大政党の候補者に関して、いずれも勝利することが困難であるという点であった。

まず、共和党について見てみよう。政治学者のＰ・ビュイソン（Buisson）は、レ・クスプレス（L' Express）誌とのインタヴィウで、右派の問題は、保守党の支持者と庶民の有権者との連合をつくり出せない点にあることを指摘する。[1] 実は、この傾向はフィヨン以前から見られた。一九八一年の予備選で右派の候補者が四九％強の票を集めたのに対し、二〇一二年の選挙でそれは二九％にすぎなかった。この二〇ポイントの支持率下落は何を意味するか。それはビュイソンの説くとおり、庶民階級が右派から離れたことによる。その分はＦＮに取られたのである。

そうした中で、今回の候補者であるフィヨンには、さらに大きな困難が付け加わった。彼の偽装雇用については前章で見た通りである。しかし、それればかりでない。予備選が近づくにつれ、共和党内の有力政治家であるジュペとサルコジにもフィヨンは見放された。とくにサルコジは、フィヨンを本選進出に向かわせることさえ拒否したのである。[2] このように、庶民階級からも、さらには党内からも十分な支持をえられないとすれば、もはやフィヨンの勝利は臨めない。

他方で社会党はどうか。ここには、一層深刻な問題があると言わねばならない。そもそもフランスの左派を代表する社会党は実に皮肉にも、ミッテランが初めて大統領になって以来、根本的な問題を抱えることになる。それは端的に言えば、イデオロギーとしての社会主義のイメージを消し去ることにより、最大の支持基盤であるはずの労働者階級と社会党が遊離したことである。この点は、イギリス労働党のＴ・ブレア（Blair）が政権を握った経緯と酷似している。だからこそ、有力な社会党議員のＰ・モーロワ（Mauroy）が二〇〇〇年代初めに、次のように語って党に警鐘を鳴らした。[3]「労働者、すなわち工場労働者の言葉を用いる必要がある。……それは大げさで野卑な言葉ではない。労働者階級はつねに存在している」。

では、このモーロワ発言に現在の社会党が共鳴するかと言えばそうではない。むしろ、この発言を再び用いたのは、社会党から離れたメランションであった。逆に社会党は、オランド政権の下で、労働者階級の利害に反する政策を施してきたのである。メランションはすでに見たように、確かに労働者に寄り添う姿勢をキャンペーンで示した。彼は当然社会党の支持をえることはできない。しかし、パリ・シアンス・ポリティークの歴史研究センター長であるM・ラザール（Lazard）は、「メランションは巨大な魅力を発揮できるし、また大統領選でも非常によいスコアをえることができる」と予想する。[4]

なぜそうなのか。理由は簡単である。フランスの庶民階級を代表する労働者は、こぞって生活困難に見舞われており、彼らの中で、社会党の支持からメランションの不服従のフランスの支持に転換する人が多く現れているからである。このことを如実に示すものとして、ラ・ロシェル（La Rochelle）という港町のケースが挙げられる。この町は、フランス社会主義のシンボルとなった町である。しかし、それは今日全く疑わしい。オランド政権の五年間は、そこでの人々を大いに失望させた。[5]町にはつねに貧者がおり、道路ではホームレスが凍死している。この窮状を真っ先に打開すべき政党は社会党であったはずである。それが裏切られたとすれば、彼らの間で社会党に対する信頼はもはやない。

こうした中で、オランド政権の元顧問であったA・モレル（Morrelle）は、社会党が惨めな状態にある最大の責任がオランドにあることを率直に認める。[6] 彼に言わせれば、左派の社会党は欧州主義の中でと同時に自由主義の中で敗北した。そして、この敗北の原点をミッテラン政権に見出すことができる。事実ミッテランは、「我々はもはや社会主義ではなく欧州を抱く」「欧州は我々の将来であり社会主義は我々の過去のものである」と述べた。これによって、社会主義は社会党を支えるイデオロギーから外される。フランスの庶民階級はこうして、欧州建設のツケを払わされる羽目に陥った。欧州は、彼らの側では機能しなかったのである。

社会党は、間違いなく死滅の淵にいる。レ・クスプレス誌は二〇一七年一月に、左派の衰退に関する特集を組む。その中でＪ・Ｐ・ル・ゴフ（Le Goff）の著書『死に瀕する左派（*La Gauche à l'agonie*）』の書評が掲載された。[7] そこでは、社会学者のル・ゴフの言説を通して、現在の社会党の抱える問題が浮彫りにされる。最大の論点は、社会問題が今日の左派のアイデンティティを構成しないという点である。[8] それは、グローバルな自由貿易や大量失業の中で依然として最重要な問題の一つであるにも拘らず、左派の視界から消えてしまった。彼らは現実に、人々とりわけ庶民階級の社会に対する不安や恐れを理解できないのである。

その中で、この問題に唯一最も注目したのは、若者の左派を中心とするグループ「夜を徹した抗議」の運動であった。彼らは、伝統的な政党政治に対するオールタナティヴな解決を求めたのである。しかし、これに対して左派政権は、その過激さを非難するのみで政治的な勇断を欠いた。それはまた、社会党が反社会であり反若者ではないかという不安を支持者に与えた。社会運動は長い間、社会変化のアヴァン・ギャルド（時代の先端）とみなされてきた。その思いは、現在の社会党の中にはもはやない。

これでもって、社会党の候補者は予備選で勝てるのか。答えは言うまでもなく「ノー」であろう。確かにアモンは、社会党左派から選出された。その意味で社会党は、かろうじて左派としてのメンツを保った。しかしアモンの唱える普遍的所得論が資金面で保障されない限りは、それは幻想に終る。一般の人々とりわけ庶民階級がそれに気づかない訳はない。彼らは、オランド政権で謳われた偽りの約束に辟易していたのである。

以上に見たように、共和党と社会党のいずれの候補者も、予備選で勝利すると予想するのは難しい。この事態が、すでに見た新興政治勢力に一大チャンスを与えたことは言を俟たない。そして、このチャンスを最大限に生かせる候補者として俄かに浮上したのがマクロンであった。二〇一七年一月末の世論調査で、彼はすでに二一％の票を集める。それはフィヨンに匹敵した。マクロンは明白にトップの候補者集団に入り込んだのである。▼9 実際にマクロン陣営は、精力的に運動を展開した。彼らの会合に集結した人々のプロフィールは実に多様であり、それはかつての（一九八〇年）ミッテランの人気を彷彿させるものであった。

マクロンが世論調査で勝利した一つのキー・ワードは「変革（renouvellement）」である。フランスの人々は連合を望んでいる。疎外されており少数である人々に向けて、政治は開放される必要がある。「右派でもなく左派でもない」マクロンは、ル・ペンと同じく、こうしたフランスの社会分裂に新たな戦術ラインを見出したのである。

　では、マクロンが労働者を中心とする庶民階級に真に受け入れられたかと言えば、それは決して確かでない。彼は、生れ故郷のアミアン（Amiens）で選挙運動を開始する。[10] そこは、伝統的に労働者が多い町であった。彼らはマクロンを歓迎したであろうか。若くしてパリに移り、見事なエリート・コースを歩んだ彼にとって、故郷はすでに遠い存在となっていた。フランスの周辺部の象徴とされたアミアンで、社会から脱落した多くの人々は、むしろル・ペンを好む傾向さえ示したのである。

　以上のような予想が飛び交う中で、予備選直前の世論調査はいかなる結果を示したであろうか。もちろん、世論調査を全面的に信用する訳にはいかない。我々はこの点を、イギリスのEUレファレンダムで嫌というほど経験している。[*1] 例えば、電話で一般の有権者がFNを支持すると大胆に言うとは考えられない。ただ、今回の予備選に対する有権者の反応に関して、一つはっきり言えることは、彼らの間で投票を棄権する割合がかなり高いという点である。それは、二〇一七年四月半ばに行われた調査で応答者の二五～三五％にも上る。[11] この値は、二〇〇七年の一六・二％や二〇一二年の二〇・五％を大きく上回る。

　有権者による投票の選択要因は三つあると言われる。それらは、情熱、不安、並びに期待である。そうだとすれば、今回の高い棄権率の予想は、人々の間で投票に対する情熱がもはや失せていることを如実に示すのではないか。しかし他方で、ル・ペンの勝利に対する不安は彼らの間に間違いなくある。同時に、予備選直前のすべての調査によれば、有権者の三分の一は候補者の選択に依然としてためらっていることがわかる。

フィヨン派は、右派の支持者が戻ってくることを期待する。しかし、それを確実視することは難しい。一方、ル・ペンの得票率は二三～二五％と予想される。これは、以前の欧州議会でＦＮがえた比率と同じである。それは過小評価であろうか。その判断が問われる。他方でマクロンの側には、一つの大きな問題がある。それは、支持者のうちで確実にマクロンに投票する割合がたった三分の二にすぎないという点である。この点は、フィヨンとル・ペンに賛同する有権者の七五～八〇％が彼らに投票する点と全く異なる。それはまた、マクロンの政治姿勢をそのまま反映している。彼の中道のポジションが、明確な支持者を十分に獲得できなくさせているのである。

一方、左派はどうか。二〇一七年一月の段階で、社会党のアモンの支持率はメランションのそれを上回っていた。ところが、その後アモンの支持率は一〇％以下に崩落する。これと逆に、メランションはそのキャンペーンに成功して支持率を大いに伸ばした。それは実に一七％にまで上昇したのである。このメランションの台頭も、今回の予備選の一つの大きな特徴であった。

表５-１は、二〇一七年四月九～十日に行われた、有権者の投票意思に関する調査結果を示している。見られるように、マクロンとル・ペンの支持率が全く同じである。そして、両者の支持率は、い

＊1　この点について詳しくは、前掲拙著『BREXIT「民衆の反逆」から見る英国のＥＵ離脱』第二章第二節、並びに第三章第五節を参照されたい。

ずれも圧倒的な高さではない。フィヨンとメランションの支持率も、それに近づく値を表している。つまり、今回の予備選における有権者の候補者選びは、アモンを除く四人にほぼ等しく分散している。これによってわかることは、第一に、二大政党の候補者（フィヨンとアモン）の支持率が合わせて三割弱にすぎないこと、第二に、純粋な左派（メランションとアモン）の支持率が四分の一ていどあること、第三に、これに対して純粋な右派（フィヨンとル・ペン）の支持率が四割を上回っていること、第四に、中道（マクロン）の支持率が四分の一に満たないこと、そして第五に、ラディカルな左派（メランション）の支持率が急上昇したことである。予備選の結果はどうであったか。次にこの点を見ることにしよう。

表 5-1　大統領選予備選での投票意思調査

候補者	支持率（%）
E・マクロン	23
M・ル・ペン	23
F・フィヨン	19
J・-L・メランション	17
B・アモン	10

（出所）Dupont, T., " Sondage: la grande incertitude ", *L'Express*, 12, avril, 2017, p.53 より作成。

二．予備選の結果

表５－２は、主たる五人の候補者の得票数と得票率を示したものである。見られるように、本選進出が決定したのはマクロンとル・ペンであった。ただし、ここで改めて気づくことは、マクロン、ル・ペン、フィヨン、並びにメランションの上位四名の得票率がほぼ拮抗している点であろう。予備

選は予想された以上に接戦の様相を呈したのである。

この予備選の結果は何を意味しているであろうか。まず、フランスの二大政党は予想どおりに敗北した。この敗北は、フランスの政治史における大事件として記録されるに違いない。同表によれば、共和党と社会党の得票率が合わせて二六％強であるのに対し、新興勢力（マクロン、ル・ペン、並びにメランションの率いるもの）のそれは合計で六五％弱にも上る。後者は、二大政党に四〇ポイントもの差をつけて圧勝したのである。フランスの政治状況は、明らかに深く転換したと言わねばならない。

さらに、ここでもう一つぜひとも注視すべき点がある。それは、棄権率が全体で二二％を上回り、一九七四年以降最大に達した点である。[12] その内訳を見ると、職業別では従業員と工場労働者の棄権率（二九％）が、自由業や上級カードルの人々のそれ（二一％）に比べてはるかに高い。また所得別では、月収一、二〇〇ユーロ以下の人々の棄権率（三〇％）は、三、〇〇〇ユーロ以上の月収をえる人々の棄権率（一六％）の倍近くに達している。[13] このようにして見ると、今回のフランス大統領選で表された棄権率の異常な高さは、現代の社会分裂状況を直接映し出して

表 5-2　大統領選予備選の結果

候補者	得票数（1000）	得票率（%）
E・マクロン	8,529	23.9
M・ル・ペン	7,659	21.4
F・フィヨン	7,127	19.9
J・-L・メランション	7,012	19.6
B・アモン	2,269	6.4

（出所）Chapuis, N.,, "Macron et Le Pen imposent leur duel", *Le Monde*, 25, avril, 2017 より作成。原資料は Ministere de l'intérieur の発表（97%開票）による。

いると言っても過言ではない。社会的に恵まれていない人々、すなわち生活困難な庶民階級にとって、大統領選は彼らの関心の対象にはならない。このことが、フランスの人々の間における棄権率の差となって現れているのである。

一方、この結果に対してフランスの伝統的な右派と左派がいずれも大きなショックを受けたことは疑いない。[14]一九五八年に第五共和政が開始されて以来、共和党の候補者が本選に進出しないことはこれまでなかった。この責任をフィヨンにのみ押し付けることができるであろうか。確かに彼は、人物として大統領にふさわしいかが問われた。しかし、それだけで共和党が敗北したとは思えない。事実、フィヨンはル・ペンに迫るほどの票を獲得した。むしろ、彼らの衰退の原因はより根本的なところにあるのではないか。それは、党内の方針の不一致、言い換えれば分裂である。今回、共和党の中で、これまでのサルコジ－フィヨンの政策ラインに異を唱える派、具体的にはジュペ派がはっきりと表に現れた。彼らがフィヨンを否定したことは言うまでもない。では、それに代わるべきオールタナティヴな政策で党がまとまったかと言えばそうではなかった。これでもって、右派を支持する有権者の信頼をえられるはずはない。

他方で社会党は、共和党以上の大打撃を被った。今回の選挙結果は、同党にとってまさしく悲劇そのものであった。しかし、それは驚くべきことではない。社会党の敗北は目に見えていたからである。その責任もやはり、共和党の場合と同じくアモン一人に帰せられるものでは決してない。イデオロギーにしても政策にしても、社会党はもはや一枚岩ではない。党内の右派と左派の対立は根強く残っている。さらに、オランドの不人気さは群を抜いて高かった。これで左派の支持者が、社会党にこぞって投票する訳はない。同党は結局、社会自由派（マクロン）とラディカル左派（メランション）に一掃されたのである。

以上のような二大政党の弱体化と正反対に、新興政治勢力はその力を大きく伸ばした。この点も予想どおりであった。ただ、一政治グループにすぎない前進を率いるマクロンが、予備選でトップに踊り出たことは、やはり人々に大きな驚きを与えた。彼はすでに見たように、当初から右派と左派の亀裂を解消することを念頭に置いて全方位的なキャンペーンを展開した。このことが、有権者の幅広い支持につながったことは疑いない。同時にマクロンが、他の候補者と異なり、唯一プロ（親）欧州の姿勢を示したことも、欧州建設に好意的なフランスの人々を引きつけたに違いない。

一方、ル・ペンが本選に進出したことは想定内の出来事であった。先に示したように、彼女は予備選のトップになるとさえ思われていたからである。それゆえ今回の結果は、むしろ予想に反した。ル・ペン票は期待したほど多くはなかった。その一つの大きな要因は、彼女が初めからユーロ離脱を強調し、そのためのレファレンダムを行うと宣言したために、人々の不安を煽ったことにある。この点で、ル・ペンとマクロンは実に対照的であった。それでも、予備選の結果はFNにとって最大の勝利をもたらした。党首のル・ペンは、予備選で二〇％のラインを超えた得票率と七六〇万人を上回る有権者の支持をえたのである。このことの意味が当然問われねばならない。

三、メランション支持の拡大

以上のように、フランスの新興政治勢力を代表するマクロンとル・ペンが最終的に本選進出を決めた。彼らがなぜ勝利したかについては後に詳しく見ることとして、ここでは、もう一つの新興勢力である不服従のフランスを率いるメランションにスポットを当てたい。彼は、あわよくば本選に進むほどに支持を強めたからである。それは明らかに、想定した以上のものであった。どうしてメランションは有権者の間で、これほどまでに人気を高めたのか。この点をぜひ考える必要がある。

メランション支持の高まりは確実に、今回の大統領選でむしろル・ペンのそれ以上の驚きの現象であった。彼の得票率は二〇％弱で七〇〇万人もの票を集めることができた。それは、二〇一二年の選挙のときの倍近い。メランションは自らを《人民の候補》と呼ぶ。それによって彼は、極右派のル・ペンに対する左派の人々の怒りを集約させた[15]。彼は、社会党の支持をえられなかったにも拘らず、トップ・グループに入ることに成功し、本選でも勝利が期待されるほどに力を伸ばしたのである。どうしてであろうか。

そこには、二つの要因があると考えられる。一つは、メランション自身の戦略の転換である。前回（二〇一二年）の大統領選で、彼は絶叫しながらラディカル左派の権化たる姿を前面に打ち出した。しかし、今回の彼のキャンペーンは実に静かなものであった。メランションは、敵対者を激しく攻撃することで有権者に不安を募らせることがなかった。同時に、不服従のフランスは既成政党から完全に距離を置いた。これらのことが、何百万人ものフランス人の信頼を勝ちえたことは否定できない。

もう一つの要因は、左派の人々の不満・失望と怒りである。オランド政権の五年間で約束の反故がくり返された。これによってフラストレーションがたまり、彼らは一丸となってメランションの支持に回ったと考えられる。実際に彼自身も、そうした人々にアピールする準備を早い段階（二〇一四年）から始めた[16]。彼の第一のねらいは、左派を集合することではなく人民（peuple）を連合させることにある[17]。それゆえ彼は、「人民の力」というスローガンを掲げた。メランションは人民第一主義（peuplecratie）を唱え、これを民主主義に取って代わるものとみなす。この限りで彼は、ポピュリストと呼ばれることを甘んじて受け入れる。むしろ彼は、その用語をこれまで嫌悪してきた左派を逆に批判する。

こうしてメランションは、「人民の時代（l'ère du peuple）」を目指す。現行の社会に見られる亀裂は、左派と右派の間にあるのではない。そうではなく、その亀裂は人民と寡頭支配者との間にこそある。彼はこのように唱えながら、現在の社会に対する疑いが深まる中で、再び人民が支配権を握るべきであると訴えた。こうした彼の姿勢は、ル・ペンと並んで人々の熱狂的な支持を生んだ。メランションの登場によって、既成の左派を代表するアモンの存在感は失われたのである。

このようにして不服従のフランスは過去の路線から離れた。メランションはもはや、極左派ではない。彼は、フランス人民の「統合者（fédérateur）」とみなされた。彼は、今日のフランスのシステム

（体制）は、ヴェルサイユ時代と同じであると捉える。そのシステムの支配者は、人民が空腹のときに宮殿で楽しんでいた。それは限界に至った。メランションは、それを打破するシンボルになることを約束したのである。

一方、ここでもう一つの注目すべき事実がある。それは、フランスの多くの若者がメランションを支持したという点である。この点はかつて、ギリシャでA・ツィプラス（Tsipras）が、米国でB・サンダース（Sanders）が、またイギリスでJ・コービン（Corbyn）が各々若者の間で高い人気を誇ったことと類似している。

事実、フランスの若い世代は今日、メランションに自身の姿を投影させている。彼らは、メランションが情熱と誠実さをもってオールタナティヴな社会を具現できるとみなす[18]。そしてメランションも、新しい世代の出現を望んだ。こうして彼は、フランスの若者の間で確固とした地歩を築いた。世論調査によれば、一八〜二四歳の若者の二七〜三〇％は予備選でメランションに投票したと言われる[19]。彼はまさに、若者の有権者の間で第一位の地位を獲得した。「今こそ若者は、国家権力の目標になることを実現するときである」。メランションはこのように唱えて、若者の期待に応えることを誓った。

さらに注目すべき点は、メランションをとくに支持する地域についてである。それは、南仏のマルセイユに代表される。そこでは、かなりの住民が彼の考えを共有する。マルセイユはまさしく、彼のトリビューン（擁護者）にとって最良の場と化したのである[20]。実際にマルセイユで、メランションは予備選のトップに踊り出た。その結果は、メランションが二四・八二％、ル・ペンが二三・六六％、そしてマクロンが二〇・四四％の得票率であった。かつてＦＮ色が非常に濃いと言われたマルセイユで、メランションはル・ペンに勝利し、マクロンは第三位に甘んじたのである。

どうしてこのような結果が出たのか。そこには、マルセイユにおける社会的要因がある。その社会は、真っ二つに分裂している。北部には貧困層が、他方で南部には富裕層が居住する。北部では、失業と暴力が溢れていた。マルセイユは今日、フランスを代表する一つの大都市であるにも拘らず、地方の政治家によって見放された町であった。そこで北部では、予備選に直面して人々の間に強い怒りの風が吹き上がった。生活に困窮した庶民としての有権者は、もはや社会党に票を入れるはずがない。その中でメランションは、彼らの眼に、社会の変革を実現させる希望の星と映ったに違いない。

マルセイユはこうして、不服従のフランスの推奨する「市民革命」の段階に入り込む。それは、庶民の自律的な組織力によって成し遂げられる。マルセイユは一地方都市ではない。それは、パリに抵抗しなければならない。マルセイユの貧困に喘ぐ庶民は、そこでの社会問題を解消する立役者としてメランションを選択したのである。当地で一番人気のあったはずのル・ペンが彼に敗れたのも、それが理由であった。この点を忘れるべきでない。

このようにして見ると、今回の大統領選におけるメランションの勢力が予想した以上に高まったことは、フランスの現在の社会状況を直接反映していると言ってよい。今日のフランス社会から排除されている人々、すなわち失業と貧困に苦しむ庶民は、このシステムを支配してきた既存のエリートに反抗した。それは、暴力ではなく民主主義的な手続きとしての大統領選に票となって現れた。メランションの得票の著しい増大は、このことを象徴的に物語っていたのである。

四．マクロニズムの浸透

フランスで第五共和政の開始以来、政治家同志の裏切りが大統領選を動かしてきたことはよく知られている。今回もその例外ではない。オランドにより経済相に任命されたマクロンは、二〇一七年三月末に大統領に義理はないとして政府を去った。[21] それは、彼が進歩派によるキャンペーンを再編する上で必要なことであった。実際にマクロンは、右派と左派の両派で進歩主義者を探る。その意図は、予備選での勝利で確信をえた。彼は、旧システムは死んだと見たのである。[22]

そもそもオランドは、二〇一六年四月初めの段階で、マクロンがオランドに対抗する候補者になるとは思ってもみなかった。[23] しかし、マクロンの率いる前進は、キャンペーンを開始した二〇一五年一〇月末から反オランドのマシーンと化す。そしてマクロンは、世論調査で支持を強めた。明らかにマクロンの考えは、フランスの人々の間に広まったのである。

では、マクロンのアイデアが、キャンペーンの当初から定まっていたかと言えば決してそうではない。むしろ、それは曖昧なものであった。そしてこの曖昧さこそが、逆に幅広い層に受け入れられた。[24] 彼は確かに、政治的にも社会的にも八方美人である。前進はまさに、「曖昧な政策綱領を持って各層の支持を集める政治グループ（attrape-tout）」であった。

問題とされるべきは、マクロンのそうした不明瞭な考えが、どこまで人々の間に浸透したかであろう。彼は右派と左派の亀裂から離れて、両者のよいものを結合させながらプロジェクトをつくる。そこでこの第三の道が、両派のものよりも有効であることを確証しなければならない。マクロンは、プラグマティストでありリベラリストであると言われる。彼は、右派でもなければ左派でもない。言い換えれば彼は、右派でもあり左派でもある。それゆえ彼は、唯一「和解」の姿勢に執着する。マクロンは、右派と左派の対立は、フランス人のノイローゼの核とみなすのである。[25]

そうした側面は、経済政策の面にはっきりと現れた。マクロンは、労働と企業の自由化を促す意向を示す。この点で彼は、明白に右派の立場にある。ただし、つねにそれに反対する考えとの融和を図る。[26]彼は、例えば三五時間労働についても、そうした法制を維持しながら企業との個別交渉を認める。また「連帯富裕税（impôt de solidarité sur la fortune, ＩＳＦ）」に関して、彼はそれを保持しながら課税を不動産に限定する。さらに財政政策において、彼は基本的に緊縮政策に賛同する。しかし他方で、マクロンは公共投資の徳を信じる。そこで、環境、教育、並びに医療などの分野で大きな公共投資が想定される。ただし、それは一時的であると共に、真に実現されるかは不確かなことも留意する必要がある。

以上に見られるように、マクロンのアイデアは、キャンペーンの当初から一つのイズムに拘泥したものでは全くなかった。彼が、誰とでも握手すると皮肉られたのもそのためである。しかし、マクロンのそうした姿勢は、フランス人の一定の層に確実に受け入れられた。実際に、二〇一七年早々の政治と信頼のバロメーターを探る調査によれば、フランス人の四分の三ほどは、右派と左派の概念はもはや大きな問題ではないと考えていたことがわかる[27]。マクロンはまさに、人々のそうした考えの変化という時代の流れに乗りながら、彼らの支持を広げてきたと言ってよい。

そこで最後に、マクロニズムの特徴について総括的に論じることにしたい。右派のライヴァルは、マクロンをオランドから生まれたクローンとみなす。一方、左派のライヴァルは、彼をフィヨンと地下で結びつく人物と称す。このことからも、マクロンは中道派と位置付けられるかもしれない。しかし彼の政治文化は、フランスの伝統的な中道派の唱える三つの価値、すなわち自由主義、社会主義、並びにキリスト教的民主主義に基づいているのではない[28]。むしろマクロンの考えは、ヒューマニズムを取り入れたものである。ただし、何かしらの危機に直面したとき、彼が中道的な政策を採ることは間違いない。それは、右派と左派の間の亀裂を乗り越えるために行われる。その限りで、マクロンの発想はフランスで目新しいものではない。それは、歴史に根ざしたものであると言ってよい。

さらに、マクロニズムを支えるもう一つの考えは進歩主義に求められる。若きゴーリスト（C・ドゴール派）とみなされるマクロンは、「進歩のための若者連合（Union des jeunes pour le progrès）」をつくる[29]。彼らはそこで、改革と変化は右派にも左派にもあることを認める。その意味で、彼らの唱える進歩主義は、かつてのフランス共産党が謳ったものとは決定的に異なる。否、むしろマクロンは、そうした革命的で過激な左派の進歩主義を打ち砕こうとしたのである。

一方、マクロニズムで表される進歩主義は、明らかに近代化を具現するものとなる。それは、すべての技術革新を含み込む。若者主義と科学主義の合成、これがマクロニズムの言う進歩主義の核を成す。ハイテクこそがマクロンのオプティミズムを支える。彼は、この進歩主義に立って右派と左派の間の溝を埋めようとする。そこで左派が、この考えに対して猛然と反抗するのは明白である。彼らは、情報・電子技術が庶民階級の生活困難をもたらすと共に、そうした技術を操る少数派に特権を与えるとみなすからである。

このようにして見ると、マクロニズムは結局、フランスの社会分裂が生み出したものであった。こう言ってよいのではないか。さらに、そのイズムで重視される社会階層が、決して庶民階級ではない点も銘記すべきであろう。そしてこの点は、先に論じたメランションや次に検討するル・ペンのケースと決定的に異なるのである。

五．ル・ペン台頭の社会的背景

最後に、予備選のもう一人の勝利者であるル・ペンに関して、彼女の支持がいかに有権者の間で高まったかを検討することにしたい。

ル・ペンの本選進出は、実は二〇一三年以来の世論調査ですでに確約されていた。[30] そして現実に、今回の予備選でル・ペンはマクロンと肩を並べるほどの票を獲得した。それはまさしく、国民戦線（FN）の同胞者に驚きをもって迎えられた。ル・ペンはこの間、父親と袂を分かちながら、そのイメージを塗り変えてきた。それゆえ彼女は、その考えに異議を唱える有権者を惑わせるとさえ思われたのである。

一体、フランスで何が起きたのであろうか。父親が党首であった時代に、ＦＮは悪魔の党と呼ばれた。それゆえＦＮは、フランスの良識のある有権者の間で忌み嫌われたはずであった。ところが今日、事態は一変した。ＦＮの悪魔的要素は取り除かれたと思われるほどに、彼らを積極的に支持する層が確実に現れている。それを代表する一つの層が、労働者階級であった。工場が閉鎖された後に、その労働者の多くがＦＮに投票する意思を示し始めたのである。[31]

表5-3は、予備選における有権者の投票意思を、二〇一七年二月末の段階で職業別に示している。見られるように、労働者階層の間でル・ペンの支持が最も高い。その割合は、マクロンやメランションの三倍ほどにも上る。とりわけ特徴的なのは、本来であれば労働者から最も賛同をえるはずの社会党のアモンに対し、彼らが不支持を表明した点である。労働者のアモンに対する支持は、ル・ペンに対するそれの四分の一弱にすぎなかった。フランスの労働者は紛れもなく、ル・ペンに賛意を表したのである。また、農民や鉱山業者あるいは従業員一般も、ル・ペンを最も高く支持している。さらに、従来から右派を支持すると言われる自営業者もやはり、ル・ペンを最も支持した。一方、こうしたル・ペン支持の傾向と全く異なる意思を表した階層が、いわゆるエリートとしての上級カードルである。実は、彼らが最も支持したのはマクロンであった。この点も注視すべきであろう。

このようにして見ると、予備選の段階でル・ペン支持を定着させた社会階層が、労働者、農民、自営業者、並びに一般従業員らのいわゆる庶民階級であったことがわかる。この事態に最もショックを受けたのが社会党を中心とする左派であったことは言うまでもない。どうして左派は庶民から嫌われたのか。この点こそが問われねばならない。フランスの左派の選挙キャンペーンは歴史的に、社会の変化に最も注目し、そこから生じる諸問題に即対応することを前面に掲げてきた。しかし、左派政権が成立されて以降、実は彼らは、庶民階級とりわけ周辺部に置かれている人々を放置し、その生活困窮に対処することを怠ってきたのである。

この左派の動きと対照的に近年、とりわけル・ペンはこの庶民階級に対して、彼らの救済を声高に訴えてきた。彼らが、左派からル・ペンのＦＮに支持先を変更したのは、それゆえ当然ではないか。こうして彼女は、二〇一二年のときよりも八ポイントを上回る票を獲得した。しかもそのような有権者の八〇％以上は、本選でもル・ペンを支持すると予想された。フランスで、ＦＮの党首が大統領になることは幻想ではなくなったのである。

さらに、ＦＮを支持する庶民階級が持つ不満は、フランス社会の

表 5-3　大統領選予備選における有権者の投票意思調査
――職業別構成（％）

	ル・ペン	マクロン	メランション	フィヨン	アモン
農業・採掘業者	35	20	2	20	18
自営業者	29	21	8	22	11
上級カードル	21	32	10	19	18
仲介業者	25	21	16	12	18
従業員	35	21	12	12	14
労働者	44	16	14	9	12
年金受給者	22	21	11	28	12

（出所）Rosencher, A., " Pourquoi Le Pen progresse", *L'Express*, 22, février, 2017, p.33 より作成。

構造そのものにもある点を指摘しておかねばならない。今回、選挙キャンペーンにおけるプロジェクトの中で一様に強調されたのは、成長への復帰であった。しかし、問題はこの点にこそある。なぜなら、その成長の成果は結局大都市、とりわけパリに集中して現れ、それによって地位の高い社会階層がその恩恵を最も受けるのに対し、庶民階級のえる利益は乏しいからである。

では、ル・ペンの率いるＦＮの支持層は、地域的にどのように分布していたか。次にこの点を具体的に見ることにしたい。レ・クスプレス誌は、二〇一七年二月末の段階で、ル・ペンの支持層を地域別に詳しく分析している。[32] 以下では、それによりながらＦＮ支持の地域分布を探ってみよう。

第一に、ＦＮの支持は地域的にフランスを分断する。それは、北東部と南西部に集中して現れる。そこでは、三五％以上の得票率が二〇一五年一二月の地方選で示された。とくに何十年にもわたって保守党が牛耳ってきた地中海沿岸部で、ＦＮが勝利したことは驚くべきことであった。また、工場労働者の割合が高い北部の四分の一強がＦＮを支持したことも銘記すべきであろう。

第二に、失業率の高い地域でＦＮは強く支持されている。まさにフランスの失業率の地域別分布は、ＦＮの支持率のそれとぴったり一致している。例えば北東部（オー・ド・フランス Hauts-de-France）や地中海沿岸部を中心とする南部で、失業率は最も高い。それらの地域の失業率は一一・四％から一五・四％にも上る。それは、フランスの失業率の平均九・七％よりもはるかに高い。そして、それらの地域でＦＮは最も高い得票率を獲得した。

第三に、低所得者の住む地域でＦＮの支持が高い。ＦＮの支持基盤である人々の平均所得は、国民的なそれよりも低いことがわかる。二〇一三年の月額平均所得を見ると、それは北東部と地中海地域で一、三九五〜一、五六五ユーロである。それは、フランス全体の平均所得一、六八二ユーロを大きく下回っている。これに対して、パリを中心とするイル・ド・フランス（Ille-de-France）やトゥールーズで、平均所得は一、七二五〜二、一六五ユーロにも上る。こうして、高所得者の住民が多い大都市（パリ、リヨン、トゥールーズ、ボルドーなど）では、一般にFNの得票率は非常に低い。

第四に、若者の社会的遍入がほとんど見られない地域でFNの支持が高い。フランス全体で一五〜二四歳の若者の約二二％は、大した学歴もなく、また職もない。この割合が一層大きい地域であるパリ郊外（二九〜三三％）や南東部・南西部（三〇〜三四％）で、FNの支持が二〇一三年以降飛躍した。

第五に、労働者と従業員が集中している地域でFNの支持が高い。FNに最もよい成果を与えた社会階層が、労働者と従業員であったことは先に見たとおりである。そして実は、ル・ペンも地域的に彼らをターゲットとした。その代表的地域が北東部であった。そこでは、労働者と従業員の占める割合が六〇％近くに達する。それは、フランス平均（五一・一％）を大きく上回っている。

このようにして見ると、ル・ペン（FN）の支持の高まりは、社会階層分布の面でも、また地域分布の面でも、まさしく現代フランスの社会分裂そのものを反映している。こう言ってよいのではないか。FNはその中で、左派の歴史的な牙城を少しずつ打ち壊し、それを征服し始めた。このことは、労働者の領域に止まらない。それは公務員の領域にまで及ぶ。[33]ル・ペンは他の候補者と異なり、全力を尽くして公務員のポストを守ることを約束した。とくに過疎化の激しい田舎で公共サーヴィスへのアクセスが必要とされる。ＦＮはそこでの要求に応えた。ＦＮは、国民的かつ地域的な公共サーヴィスを防衛する運動に加わる。その結果、例えば医療の公務に携わる人々の三割近くがル・ペンを支持するに至った。

以上、ル・ペンの率いるＦＮの支持が、大統領選を契機に急激に勢いを伸ばした背景を、とくに社会的側面にスポットを当てて検討した。その動きを追うことは、詰まるところフランスの社会のあり方を問うことになる。そこで、この点をもう少し詳しく見るため、章を改めて補足的に分析することにしたい。

注

▶1 Mandannet, É.,"Macron et Fillon, Frères juneau d'une même pensée", *L'Express,* 1, février, 2017, p.51.

▶2 Mandonnet, É ., "Le calvaire de Fillon", *L'Express,* 26, avril, 2017, p.61.

▶3 Karlin, É.,"Mélenchon un bon score et après ?", *L'Express*, 18, janvier, 2017, p.38.

▶4 *ibid.*

▶5 Dupont ,T. , "La Rochelle –La Gauche en rade", *L'Express*, 18, janvier, 2017, p.40.

▶6 Rosencher, A., "Hollande finira par soutenir Macron", *L'Express*, 1, février, 2017, p.43.

▶7 L'Express, "Le Goff : «Faute d'articuler le président, on psalmodie le passée»", *L'Express,* 18, janvier, 2017. pp.45-49.

▶8 *ibid,* pp.47-48.

▶9 Haïk, C., "Macron peut-il gagner ?", *L'Express,* 1, février, 2017, pp.34-35.

▶10 Laurent, A.,"Macron, Vaguement picard", *L'Express*, 1, février, 2017, pp.46-47.

▶11 Dupont, T., "Sondages : la grande incertitude", *L'Express,* 12, avril, 2017, pp.52-53.

▶12 Muxel, A., "La mobilisation électorale, du décrochage civique à l'abstention record", in Prrineau, P., dir., *Le vote disruptif –Les élections présidentielle et législatives de 2017,* Presses de la Fondation nationale des sciences politiques, 2017, p.159.

▶13 *ibid.* p.164.

▶14 Chapuis, N., "Macron et Le Pen imposent leur duel", *Le Monde*, 25, avril, 2017.

▶15　Éditorial, “Le périlleux «Ni-Ni» de M. Mélenchon”, *Le Monde*, 2, Mai, 2017.

▶16　Karlin, E.,“Une défaite aux allures de victoire”, *L'Express*, 26,avril, 2017, p.62.

▶17　Lazar, M., “La surprise Jean-Luc Melenchon”, in Brizzi, R., & Lazar, M., dir., *La France d'Emmanuel Macron,* Presses Universitaires de Rennes, 2018, p.189.

▶18　Karlin,E., ;“Dans la tête de ‘Jean-Luc’ ”, *L'Express*, 20, septembre, 2017, pp.34-36.

▶19　Daoulas, J.-B. “Génération insoumise”, *L'Express*, 20, septembre, 2017, p.48.

▶20　Dupont, T.,“Président de … Marseille”, *L'Express*, 20, septembre, 2017, pp.39-40.

▶21　Dupont, T., “L'élection de toutes les trahisons”, *L'Express,* 5, avril, 2017, pp.45-46.

▶22　Lhaïk,C., “Il a gagné (son pari)”, *L'Express,* 26,avril, 2017, p.49.

▶23　Lhaïk,C.,“La victoire en marchant”, *L'Express,* 26, avril, 2017, pp.50-51.

▶24　L'Express, “Ce qu'en disent les sondeurs”, *L'Express,* 29, mars, 2017, pp.34-35.

▶25　Lhaïk, C., “Macron Le flou en marche”, *L'Express*, 29, mars, 2017, pp.27-28.

▶26　Haït, C.,“Les paradoxes de son programme”, *L'Express,* 29, mars, 2017, p.30.

▶27　Lhaïk,C., “Macron Le flou en marche”, *L'Express*, 29, mars, 2017, p.29.

▶28　Mandonnet, E., “Macron n'est pas un centriste”, *L'Express*, 29, mars, 2017, p.40.

▶29　Lacroix, A., “Qu'est-ce que le Macronisme ? ”, *L'Express*, 29, mars, 2017, pp.36-37.

▶30　Daoulas, J.-B., “Le Pen , un score historique”, *L'Express*, 26, avril, 2017, p.54.

▶31　Posencher, A., “Pouquoi Le Pen progresse”, *L'Express*, 22, février, 2017, pp.32-33.

▶32　Falga, P., “Territoires : Le social, clef du vote”, *L'Express,* 22, février, 2017, pp.34-36.

▶33　Daulas, J.-B., “Fonctionnaires opération séduction”, *L'Express*, 22, février, 2017, pp.52-54.

第6章 国民戦線（FN）の飛躍と庶民階級

今回のフランス大統領選において、人々に最も驚異を与えたのは、やはりル・ペンが本選に進出したことであろう。このFNの党首が予備選で勝利したことは、前回の大統領選では全く考えられなかったからである。どうして彼女は、フランスの多くの有権者から支持をえることができたのか。また、そうした支持者はいかなる社会階層の人々なのか。以下でこれらの点を論じることにより、今日のフランスが抱える社会問題を摘出することにしたい。

一・FNの脱悪魔化戦略

フランスを代表する辞書ラルース（Larousse）の二〇一五年版に、一五〇の新語の一つとして「脱悪魔化（dédiabolisation）」という言葉が加えられた。▼1 それは、「何事かあるいは何物かの悪魔化を止めること」として定義された。実は、この言葉は一九九〇年代からＦＮのスローガンとしてすでに登場していたものの、それが一般市民に認知されるには至らなかった。父親のジャン・マリー（Jean-Marie）・ル・ペン（J.-M. Le Pen）時代に、ＦＮの脱魔化をいくら叫んでも、人々は聞く耳を持たなかった。それほど父親時代のＦＮは悪魔の姿を表していた。極端な人種差別と外国人嫌悪の考えが、ＦＮのイメージとして焼き付いていたのである。

ところが、娘のマリーヌ（Marine）ル・ペン（M. Le Pen）時代に入るとＦＮの脱悪魔化はいよいよ現実味を帯びてきた。確かにフランスの有権者の間でそのように思われた。だからこそ脱悪魔化は時代の新語として国民的辞書に盛り込まれたのである。実際にそれは、ＦＮを支える一つの基本的概念となった。

このようなＦＮの動きは、マリーヌ・ル・ペン派の主張の変化にはっきりと現れた。彼らは、父親のジャン・マリー・ル・ペンの唱えてきた超自由主義から脱却することを試みる。マリーヌ派は、それに代わって「社会」という言葉を重視する[2]。この観点からＭ・ル・ペンは、すでに一九九〇年代半ばの時点で、「労働者の防衛」という視点を打ち出した。彼女は当時、「社会こそがＦＮ」というスローガンを掲げる。こうして彼女は、二〇一一年五月一日のメーデーで、「労働者の名誉」を謳ったのである。それ以来、ＦＮにとって社会的テーマの重要性が加速した。

他方でＭ・ル・ペンは、周辺部組織の足固めを図る。彼女は、ＦＮのメンバーになることなしに同党を支持する人々を集めることに執心した。それが、「青いマリーヌの集合（Rassemblement Bleu

Marine, ＲＢＭ）」と呼ばれるものであった[3]。このＲＢＭは二〇一二年五月に姿を表し、以後選挙の場面で登場する。それはまた、ＦＮの脱悪魔化戦略の一環を示していた。

以上に見られるように、Ｍ・ル・ペンは父親の考えから離れることを目指しながら、社会問題とりわけ労働問題を前面に出す。このことがＦＮの脱悪魔化を促す上で最も重要と考えられたからである。同時にそれは、労働者階級やその他の庶民階級の有権者に強くアピールするとみなされた。実際に彼女は二〇一一年以来、経済・社会問題をＦＮの戦略転換の中核に据えた[4]。ＦＮはこうして、新たな社会的要求に適用できるプログラムを提供した。それはまた、グローバル金融危機で生じた社会問題にしっかりと応じるものであった。

このような戦略転換は、極右派のＦＮにとって全く新しい試みを意味した。なぜなら、彼らはそもそも欧州の他の極右派と同じく、移民や安全保障あるいは伝統的価値の防衛問題を優先して政治の場面に登場したからである。したがってそこでは、経済・社会問題はあくまで二義的なものにすぎなかった。ところが、二〇一二年に入って事態は一変する。経済・社会問題がＦＮのプログラム全体の三七％をも表した[5]。それは一九九〇年代に比べて二〇％以上も増大した。このことが、ＦＮのポジションを新たにしたことは言うまでもない。彼らは本質的な右派色に、経済・社会面での左派色を塗り重ねたのである[6]。

ただし、そうした経済・社会の重視が直ちにＦＮのイデオロギーを変えたかと言えば、それは全く違う。彼らはやはり、反社会主義をはっきりと謳う。そのスローガンは、「社会主義なしの社会」であった。[7]この点でＭ・ル・ペンの考えは父親のＪ・Ｍ・ル・ペンのそれと変わらない。彼らの社会・経済プログラムは、社会的には左派、経済的には右派というハイ・ブリッドの様相を呈す。とくに、社会的側面で重視されたのは福祉であった。しかし、そのイデオロギー的次元はやはり、根本的には右派のそれと結びついている。そうとは言え、ＦＮによる左派的な経済議論が、ある種のイデオロギー的要素を内部に含んでいたことも疑いない。[8]ＦＮのそうした左派的な議論は、グローバル化と欧州建設に関して盛んに展開された。それは、反グローバリズム・反ＥＵとして結集される。このことはまた、ＦＮの社会的ポピュリズム（social-populisme）とも言える側面を示すものであった。[9]

では、以上のようなＦＮの戦略転換は、いかなる政治的アピールとなって現れたか。一九八一年五月の選挙でミッテランが大統領になったとき、ＦＮは極小の政治団体であった。その得票率は、全体のたった〇・一八％にすぎなかった。[10]ところが、三〇年以上経た二〇一五年の地方選挙でＦＮは飛躍した。彼らは本選で六八万票をえる。それは全体の三〇％をも占めた。また、選挙地区の半分、並びに最小行政地区の半分以上における予備選で、彼らは何とトップに踊り出たのである。

こうしたＦＮの高揚は、大きな驚きをフランスの人々に与えた。かつての父親時代のＦＮは、その異常とも言える人種差別と反民主主義のゆえに、有権者の間で議論されることさえなかった。これに対して娘のル・ペンはＦＮの正常化を訴え、彼らへの支持を獲得することに成功したのである。

このＦＮの著しい台頭はまた、彼らが取り上げるテーマと深く関連していた。ＦＮは「社会的困窮に対する支援（assistana）」や「生活不安（insécurité）」などを問題としながら、客観的に彼らの「大衆化（banalization）」に貢献した。[11] 要するに、ＦＮに賛同する有権者の対象として彼らが最重視したのは、労働者階級を含み込んだ庶民階級（les classes populaires）であった。それは、彼らこそがフランスにおいて、政治的かつ社会的な喪失感を最も強く抱いていたからに他ならない。ＦＮはそうした人々に手を差し延べることで、彼らの支持をえようとした。そうであるがゆえに、ＦＮのめざましい躍進を最も不安視したのは左派であったと言わねばならない。とりわけ社会党を中心とするフランスの伝統的左派は、本来であれば真っ先に庶民階級の救済に乗り出すべきであった。それにも拘らず、彼らはそれを怠ったのである。

二、庶民階級によるＦＮ支持の拡大

(一) ＦＮの庶民階級への浸透

ＦＮの支持は、庶民階級の間で確実に拡大した。この現象を理解するにはまず、その社会的背景をしっかりと認識する必要がある。しかもそれは、欧州全体に共通するものとして捉えられねばならない。現実に、欧州の多くの庶民階級に属する人々の生活条件は悪化した。[12] このことは、大量失業、パートタイマー雇用の増大、雇用不安、短期雇用契約、貧困、賃金・年金の低下、医療・住宅支出の増大などの現象で表される。さらに、彼らの社会的保護も減退した。公共サーヴィスは崩壊し、農村は過疎化し、不平等や差別は拡大・深化したのである。

このような生活状態の客観的かつ主観的な悪化が、実は欧州の多くの人々を政治から遠ざける結果を生んだ。彼らは、いかなる政権の下でも生活条件の改善を期待できないと判断した。人々の政治と政治家に対する不信はまさに一般化する。政治家はすべて腐敗しているという思いが、彼らの間で広く浸透したのである。政治家は自己の利害とキャリアしか考えない。彼らは多くを語っても成果をもたらさない。選ばれたことはすぐに忘れる。しかもこれらのことは、左派と右派を問わずに現れた。

人々はこうして政治と政治家に対し、懐疑心、失望、不信感、怒り、並びに嫌悪感を抱いた。これらの感情は、とくにフランスで鬱積した。市民の大きな部分が、既成の政党でないマージナルな政治組織に向かったのは、彼らの鬱憤を晴らすためであった。ＦＮはまさに、その最初の恩恵を授かったのである。[13] それはまた、フランスの社会分裂を露呈するものであった。政治的な闘いはまさしく、社会的分断の様相に対する闘いを示した。

ＦＮは、このような社会分裂を注視した。彼らは第一に、自国民と外国人との間の分裂を問題にする。それが移民問題であったことは言うまでもない。[14] これによりＦＮは、人々の一部で最も意識がはっきりした政党とみなされた。さらにＦＮは、移民以外の一般市民が直面する諸問題、すなわち社会的支出の削減、失業や無秩序・暴力などの問題に対し、解決を見出すことができる政党と判断された。ＦＮは確かに、フランスの人々が遭遇する困難な社会的諸問題を浮彫りにし、その解決の方向を示した。有権者に対する政党の重みが、その社会的結び付きに左右されるとすれば、ＦＮはその重みを間違いなく増したと言ってよい。

ＦＮはまた、マージナルな政党であるがゆえに、政府に対して責任を行使する必要がない。それゆえ、様々な点で彼らの独自色を打ち出すことができる。[15] 第一に、彼らはナショナリストの側面を強く表す。それは、ＦＮの運動拡大に大いに貢献した。反移民と反ＥＵは、この点を如実に物語る。彼らは、それらをつうじて国民的利害の保持を訴えた。同時にＦＮは、フランスの支配的エリートが一般市民の困難を感じることができないと断じる。

他方でＦＮは、様々な問題に対して具体的に対処することを約束した。それは例えば、賃金の増大、年金や公務員の再評価、ガス・電気代の引下げ、公共老人ホームの供給、並びに医療センターの増加などで示された。ただし、そのためのファンディングについては明確な見通しがない。この点も合わせて留意しておくべきであろう。

このようにしてＦＮは、フランスの一般の人々とりわけ庶民階級とのつながりを深めていく。実際にＦＮの支持者の間で、社会問題が盛んに議論された。そこでは庶民的合意が図られた。[16] 例えば、オランド政権下で制定された「労働法」に関して、ＦＮの幹部と欧州議会の議員は、庶民的合意として「労働者の不安」を告発したのである。

しかし、ここでも注意すべき点がある。それは、そうした庶民に寄り添う姿勢が、ＦＮ内で必ずしも一致していた訳ではないという点である。党内のよりブルジョワ的な政治家達は逆に、生活困難者のための勘定を廃止し、労働組合の独占を制限することを唱えた。他方でＦＮは、公共機関と学校システムに対する社会的コントロールの必要性に言及する。しかもそのコントロールが、外国人をとくに対象としている点も銘記すべきである[17]。さらに、その際の外国人には、移民をオリジンとするフランス国籍の人々を含むことも忘れてはならない。

要するにＦＮは、移民をネガティヴに捉える。この見方が、庶民階級の一定の人々の間で共有される。そこでＦＮは、そうした移民を原則的に容認するＥＵを批判的に見る。この点が、ＦＮの反ＥＵという主張と結びつく。そもそもこれらの庶民階級の人々は、社会的かつ道徳的な秩序の問題に非常に敏感である。それゆえ彼らは、社会的支援から利益をえる移民を非難する。彼らは、そのような移民がより低い賃金で雇われていることに対し、もはやフランス本国の人々が感情的に耐えられないとみなす。

今日のフランス社会において、より低いレヴェルの中流階級を含めた庶民階級は、間違いなくその生活状態を悪化させている[18]。その中で移民労働者がより低い賃金で雇われることによって、現地の本国人労働者の職を奪うとすれば、そうした移民が非難の対象となるのは当然ではないか。移民労働者の一部は確実に、フランスで置換労働者として位置付けられる。このことは、イギリス生れの労働者が、そうした置換労働者としての移民の流入を批判してＥＵ離脱の道を開いた現象と酷似している[*1]。

また、庶民階級の中でより低い所得の社会階層に属する人々は、移民がその優位性から恩恵を受けていると考える。移民は、社会的住宅や公的支援を受け易いというプライオリティを持つとみなされるのである。ＦＮに投票する多くの有権者が、移民に対する嫌悪感を共有していることは間違いない。ＦＮは反移民の姿勢を保つことにより、人種差別主義や外国人嫌悪主義の誹りを受ける。ところが、彼らを支持する庶民階級は、人種差別主義者として非難されることを気にかけない。否、むしろ彼らは、移民が多すぎる状況を念頭に人種差別主義を堂々と宣言するのである。このようなフランス庶民階級の、政府とＥＵに対する開き直った態度が持つ社会的意味を、我々は十分に考える必要がある。彼らはなぜＦＮを支持するのか。その社会的背景が問われねばならない。

(二) 中流階級の消滅とＦＮ

先に見たように、今日のフランスの庶民階級は、中流階級まで含めた複層的な様相を呈している。それは、「新たな民衆のカテゴリー」から成る。そして、そうしたカテゴリーの中味を見ることによって、彼らの一部がなぜＦＮを支持するかを理解できる。

フランスの著名な地理学者のＣ・ギリュイ（Guilluy）は、現在のフランス社会でいわゆる「中流階級（la classe moyenne）」が消滅していることを確信する。[19] しかもこのことは、フランスのみならず欧州全体で共通して現れている。これはまさに、過去数十年間における政治的かつ社会的な大きな出来

＊１　この点について詳しくは、前掲拙著『BREXIT「民衆の反逆」から見る英国のＥＵ離脱』三六一～三六二ページを参照されたい。

事として捉えることができる。なぜなら、我々はつねに中流階級は存在するとみなしてきたからである。

一般の人々の生活水準の低下、並びに失業率や非正規雇用の割合の上昇などを見ると、フランス社会の歪みはますます大きくなっている。この歪みが、中流階級の中味を鋭く変化させた。それは、劣位の中流階級、さらにより劣位の中流階級というように、複層的な中流階級の様相を帯びてきたのである。こうした中流階級の複層化が、新たな民衆のカテゴリーを生んだと言ってよい。

この新しいカテゴリーに入る人々の中で、中軸となるのはやはり工場労働者であり従業員である。そこに、小規模の自営業者や農民、並びに若者と年金受給者が加わる。実は、これらの人々がフランスで過半数を占める。ところが彼らは、フランスで周縁に追いやられている。彼らはもはや、本来の中流階級に属することがない。そうした人々は、フランスの経済・社会の一部を形成することから外されている。より劣位にある階層の民衆、とりわけブルー・レーバー（下層労働者）としての賃金労働者は、先進国の経済・社会からはじき出されてしまった。FNはまさしく、この現実から恩恵を受けて飛躍した政党であった。[20]

ところで、フランス有権者のFNに対する投票の拡大はまた、今までに考えられなかった規模で起こっている。[21]そこで左派は、そうしたFN支持者を厳しく糾弾した。彼らは完全に堕落し、人種差別的になり極右派に流れた。左派はこう非難した。ほんとうにそうであろうか。むしろ、そのような有権者を囲うことができなかった、というよりは囲う意志を持たなかった左派にこそ大きな問題があったのではないか。ＦＮに投票した人々をたんに批判している限り、左派の再生への道は閉ざされていると言わねばならない。

実際に現代フランス社会は、人々の間でも富裕者と貧困者に、また地域の間でもパリを中心とする大都市の富んだ地域と周辺部の貧しい地域に、大きく二つに分裂している。そして、フランス政府の採った経済モデルこそが、この社会分裂を促進した。それが仮に経済成長を復興させたとしても、その恩恵を最も受けるのは中心部にすぎない。周辺部は依然と排除されたままである。それはまさに、社会的保護を図る「社会」を消失させると同時に、そうした「社会」をつくろうとする意志も奪ってしまう。そのモデルは、すべての人を社会的に包摂するものでは全くない。

このような中で、各地域を活性化させて雇用を創出する仕事を引き受けねばならないのは本来、左派であったはずである。ところが彼らは、それをするのを怠った。これによって新しいカテゴリーとしての庶民階級が失望したのは明らかであった。この点で彼らが、伝統的な左派政党に代わる新たな政党を求めたのはよくわかる。ＦＮが彼らに寄り添う姿勢をはっきりと示すことで、庶民階級の支持を著しく増やしたことはそれゆえ当然であろう。このことに依然として気づかない左派は、もはや正常な判断力を失っている。そう思わざるをえない。

ギリュイの指摘するように、民主主義が力を持っていない人に力を与えることに基づくとすれば、今日のフランスひいては欧州全体で民主主義は真に存在するかが問われるに違いない。[22] イギリスのＥＵ離脱やＦＮに投票した人々を悪魔とみなしている間は、社会分裂の危機に気がつくことはない。それはまた、社会の崩壊にさえつながる危惧をも示す。ここでＦＮが、これまで唱えてきた移民の規制やグローバル化への対抗というテーマに真正面から向き合わない限り、ＦＮの飛躍した社会的背景を理解し、危機的な社会の再建を図ることはできない。

三、労働者階級の困窮とＦＮ

(一) 左派政党と労働者階級

ＦＮの支持が庶民階級とりわけ労働者階級に浸透したことで最も衝撃を受けたのは、言うまでもなく左派政党であった。中でも、フランス共産党の落胆は大きかった。それはまた、共産党を支えてきた労働者から成る支持基盤が崩されたことを意味した。なぜそのようなことが起きたのか。まずこの点を明らかにする必要がある。

フランス共産党の組織化は、一九三〇年代から一九七〇年代までの長きにわたって、労働者を中軸とした社会的連合により支えられてきた[23]。そうした労働者の中でキーとしての役割を演じたのは冶金工と工場労働者であったと言われる。彼らは「フランス労働総同盟（Confédération générale du travail, CGT）」の活動家により、社会的エリートの権力に対抗することを教示された。それは、共産党の名の下で労働者階級を防衛するためであった。

ところが、フランスの工業は一九七〇年代から危機的状況に陥る。これによって共産党指導部の大半をリクルートするべき労働者階級の上層が脆弱になる。工業の再編は、共産党の労働者のネットワークを激しく打ち壊したのである。労働者雇用の非正規化と永続的な大量失業の出現は、社会的闘争の変更を余儀なくした。労働者は、ますます小さな生産単位で働くか、あるいはサーヴィスにおける孤立したポスト（運転手や荷物取扱い者、倉庫係など）で働かざるをえなくなった。これらの下層労働者（ブルー・レーバー）の世界では、賃金労働者と雇用者の間の関係が工場におけるそれと同じ形態をとらない。また、労働組合運動もそこでは困難になってしまった。

かつて共産党の運動は、労働組合の労働者と文化的な小ブルジョアジー（教員や社会的活動を行う公務員）との連合に基づいていた。それが今や崩れかけている。労働者の労働条件の転換は、彼らの間で共産党に対する不信を高めた。さらに共産党の不人気さは、党指導者の政策によって加速されたのである。

フランス共産党はミッテラン左派政権が成立して以来、政権に参画した。それはまた、フランス工業の瓦解と明確に結びついた。[24] ロレーヌ地方の鉄鋼業危機のときも、さらには工業の民営化が開始されたときにも共産党は政府に閣僚を送り出していた。先に見たオランド左派政権による社会的裏切りは、すでにミッテラン政権時に始まっていたのである。こうして、かつての労働者階級の政党であった共産党は、労働者に頼ることを自ら放棄する。旧ソ連の崩壊と社会党の右傾化は、共産党のアイデンティティの転換を迫った。彼らは、社会に準じながら有権者の支持を図る。共産党はもはや、労働者階級の政党ではない。彼らは、労働者の資本主義的搾取と闘うことを止める。同時に彼らは、労働者主義と民主的集権主義とを結びつける実践を無効にした。これらによって労働者階級は、共産党の政策手段の中でマージナルなものと化す。そこでは、より学歴のあるカテゴリーに入る社会階層が支配的になる。まさに「ニュー・コミュニスト」が誕生したのである。

以上に見られるように、労働者階級は共産党からはっきりと離脱した。このことは、フランスの社会的・文化的な転換をもたらしたと言っても過言ではない。この転換はイデオロギー的転換をも意味した。政治に対する労働者の参加が持つ社会的・組織的な基盤が破壊される一方で、別の社会的・政治的グループの力が強まった。それを代表するのがＦＮであった。彼らはそもそも、工場地帯で運動の真の基盤を持っていない。それにも拘らず、ＦＮは「工場労働者の党」として政治の舞台に登場した[25]。実際にメディアは、労働者階級がＦＮの支持者になった点を大きく取り上げたのである。

それでは、ＦＮは労働者階級の領域で真に支配的になったかと言えばそうではない。だからと言って、彼らの影響を過小評価してはならない。それほど共産党の力は衰えたのである。その力は本来、党を超えて運動を展開する組織的ネットワークに支えられてきた。しかしそれは、一九八〇年代以降完全に崩壊してしまった。左派の進歩的価値を政治化する道は遮断された。これを促したのが、皮肉にも共産党の責任者自身であった。それは自業自得に他ならない。ＦＮはまさしく、そうした左派勢力の低下の中で労働者階級に侵入したのである。

(三) 労働組合とＦＮ

フランスの労働者階級を支える一つの確固とした組織が、労働組合であることは言うまでもない。この労働組合は、労働運動を社会化することで左派の価値を保ってきた。フランスで社会分裂が人種差別化の現象を表したときも、労働組合だけは、それを受け入れなかった。労働組合こそが、国家の宗教的中立性を守る政教分離の問題に真剣に取り組んできた。それがゆえに彼らは、ＦＮの掲げる方針をはっきりと非難してきたのである。[26] ＦＮに対して距離を置くことは、労働組合の社会化から生まれる。この社会化が他方で、ＣＧＴに参加する動力となった。

このようなフランスの労働組合主義は、ＦＮに対抗すべき日常的な動きの中で、確かに庶民の領域におけるキーの役割を演じた。しかし、労働組合活動と政治との関係は、次第に稀薄となった。労働組合主義は、ＦＮのような極右派に対抗する政治的手段を強化する道から離れていく。この傾向は、オランド政権の下で明確に現れた。[27] フランスの労働組合は、労働者が不安定な状態にあるにも拘らず、企業に対する拮抗力を一層弱めたのである。このことが左派政権の下で生じたことは、実に皮肉であった。左派政党の機能は、庶民階級と労働組合をマージナルなものにした。彼らの運動は、社会的に閉鎖されてしまった。そして、このような労働者階級と労働組合の政治的排除こそが、左派があれほど非難してきたＦＮを育む結果となったのである。

そもそも極右派と労働組合との関係は、対立的関係を示す。前者は後者を忌み嫌ってきたはずである。ところが工場労働者の中に、ル・ペンに投票する人々が次第に増えてきた。こうした中で、「新FN」を率いるル・ペンは、労働組合に積極的に入り込む戦略を打ち出す。それは基本的に、フランスの公共部門におけるFN自身の労働者組織の設立となって現れた[28]。これは果たして、FNが真に労働組合をサポートするためなのか、あるいは組合運動に対する政治工作（entrisme）のためなのか。この点が問われるであろう。

一方、フランスを代表する労働組合組織のCGTは、二〇一二年一月に、改めて反FNの方針を明らかにした[29]。CGT書記長のB・ティボー（Thibaud）は、FNのアイデアは工場労働者の運動を支える価値と適合しないことを宣言する。CGTは、人種差別主義と労働者階級の分断を進めるFNと闘う決意を表明したのである。

では、CGTを中心とするフランスの労働組合が、FNに対抗する力を拡大したかと言えばそれは確かでない。逆にむしろその力は弱まったとさえ見ることができる[30]。それには様々な要因がある。まず、彼らの社会運動は確実に衰退した。かつての労働組合運動を支えた工場労働者の世代は一新された。そして、政治的エリートに対してつねにより大きな不信感がある。これらがまさにネガティヴに働いて、労働者階級の一部を政治に対してニヒリスト（虚無主義）にさせた。同時にそれは、皮肉にもFNを支持する工場労働者を増す要因となったのである。

このようにしてFNは、労働者の世界から恩恵を受ける。この現象はかつてありえなかった。CGTを中心とする労働組合主義者が、FNの「脱悪魔化」の動きに加担したのである[31]。このことはまた、今日のフランスにおける労働組合の苦悩をよく表している。もしもそれが事実だとすれば、労働組合を守るはずが逆にそのような状態に追い込んだオランド左派政権の責任は極めて大きいと言わねばならない。

(三) 労働者の生活危機とＦＮ

ところで、ＦＮに投票する有権者が急激に増大した地域には、一つの共通した特徴が見られる。それは、そうした地区の労働者を中心とする住民の大半が、生活面で危機的な状況に置かれている点である。彼らにとって、生活が将来よりよくなるという期待感は失われている。彼らは、それほど危機的な状態にある。そこで、もしもそのことがこれまでの政権の政策によるものだとすれば、彼らが政権政党に対して不信感どころか怒りさえ覚えるのは間違いない。この点が明白に現れたのが、フランスの北部と南部の地域であった。

ＦＮは、北部のパ・ド・カレ（Pas-de-Calais）で著しく勢力を伸ばした。[32] そこでの住民は、政権政党に対してのみ反抗したのではない。彼らは、そうした政党の政策に指令を下したＥＵそのものの権力にも反逆したのである。フランス政府は、ＥＵ機構とグローバル化に確かに貢献した。しかし彼らは、同時にフランス経済の破壊をもたらした。生活困難に晒された庶民は、このように感じたに違いない。

それゆえ彼らは、既成の政党から離れる道を探る。それが、社会的な活性化をつねに訴える過激な政党に対する共感を呼び起こす。こうしてＦＮは、彼らの眼に信頼できる政党と映った[33]。フランスの北部において、有権者をＦＮへの投票に向けさせた第一の要因は、彼らが生活上の危機に晒されている点にある。そうした危機はまさしく、彼らを絶望に導いた。それは、彼らに潜在的な死を宣告するものであった。為政者に対する信頼を喪失した住民は、過激派に彼らの保護を求めたのである。

実際にフランスで脆弱な人々すなわち農民、職人、失業者、暴力の不安に怯える市民、学歴上の無資格の若者、アフリカやマグレブからの移民などにとり、あらゆる社会秩序は彼らに生活上の困難をもたらした。その中で為政者は多くの政策を提示したものの、それらが具現されることはなかった。彼らはもはや、我慢の限界を越えていた。とりわけ失業中の人々は、この点を象徴的に物語る。彼らは、堂々と過激な右派のＦＮに一票を投じた。このような失業率の高さとＦＮ支持の上昇との相関が、パ・ド・カレの選挙区で典型的に現れた[34]。そこでのオー・ド・フランス（Hauts-de-France）区で、ＦＮは二〇一五年三月の地方選挙の本選において四一・五％もの票をえてトップに立った。そのとき、当地区の失業率は一三・二％に達していたのである。

また、その他の地区でも同様の傾向が見られた[35]。プロヴァンス・アルプ・コート・ダジュール（Province-Alpes-Côte d'Azur, ＰＡＣＡ）でＦＮは三八・五％の票をえる一方、そこでの失業率は一三・二％であった。さらにブッシュ・デュ・ローヌ（Bouches-du-Rhône）でも、失業率は一二・二％であり、ＦＮの得票率は三九・二％を示した。以上のような北部と中部以外に東部も全く同じ状況である。そこでは多くの選挙区が一一％以上の高い失業率を表すと共にＦＮの得票率も高かった。[36] そして南部のラングドック・ルシオン・ミディ・ピレネ（Languedoc-Roussillon-Midi Pyrénées, ＬＲＭＰ）でも、経済的かつ社会的な状況は二〇一五年末に危機的であり、そこでもやはりＦＮなどの過激な政党への支持が高かった。[37]

このようにして見ると、経済的・社会的に危機的な状態にある選挙区の人々は、失業者を中心に極めてラディカルになり、政権を担った伝統的政党に対して右派と左派を問わずに反逆したことがわかる。一方、それらの地域でＦＮは、大きな目標を達して勝利を収めた。逆に政権政党は明らかに経済政策で失敗した。彼らは、そうした地域の失業率を高めて人々の反抗に出合ったのである。こうしてＦＮは、伝統的な右派と左派の政党を押えてトップの票を勝ちとる。[38] このことはまた、フランスの政治マップを刷新した。経済的かつ社会的な緊張が、フランスの選挙結果に根本的な変化をもたらした。この点に気づいていないのは、実に伝統的政党だけであった。

(四) 移民労働者とＦＮ

フランスの工場労働者に関して、あまりに忘れられている点がある。それは、そうした労働者が歴史的に旧植民地のマグレブ諸国を中心とする外国から流入した移民労働者に強く依存してきたという点である。[39] この点はまた、工場内でのフランス人労働者と移民労働者の間の競争激化を物語る。それは、工場における社会的闘争を意味した。もし移民労働者がより低い賃金（最低賃金に近い）で雇われるならば、現地労働者の失業が増えることは明らかである。同時に、移民労働者が雇われることで、既存の労働組合は組織的に崩壊する恐れがある。一方、雇用者にとって、移民労働者を雇うことにより人種差別の非難を免れるのであれば、これほど都合のいい話はない。

先に見たように、フランスの工場労働者の多くはかつて共産党を支持する一方で、同党も彼らを守った。ところが今日、共産党は労働者に対して社会的裏切りを行った。これと正反対に、フランス人の工場労働者の生活権を守ることを強くアピールしたのがＦＮであった。それゆえ、共産党を支持する工場労働者のかなりの人がル・ペンに投票したのはよくわかる。彼らは共産党に対してはっきりと反逆した。それは、イデオロギーによるものでは全くない。彼らは現実に、失業による生活危機の脅威に晒されており、そこから脱け出ることをＦＮに託したのである。▼40

このような状況を、為政者を含めたエリートは正しく理解する必要がある。移民労働者の問題を、単純かつナイーヴに人種差別問題として片付けてしまうことは、却って社会的闘争を激化させかねない。移民嫌悪の現象が、現地の工場労働者の間でどうして現れるかを、その社会的背景と共に考えねばならないのである。

しかし他方で、ＦＮの主張する反イスラム主義に基づく反移民論を絶対に認める訳にはいかない。実際に移民労働者の第二世代以降の若者の多くは、社会的に排除される傾向がある。▼41 この新しい人口層は、フランス社会で役に立たない者とみなされる。彼らはまさに「最悪のマイノリティ（minorité du pire)」と化す。そうした若者は、将来に対する期待を完全に失い、コントロールの効かない行動に時として走る。それは、貧困と人種差別から生じる暴動となって現れる。

そこで、もしも共産党や社会党の伝統的左派を支持してきたフランス生れの工場労働者が、ＦＮへの投票を増やしたらどうなるか。ＦＮの基本方針が変わらない限り、それが社会的なカタストロフをもたらすことは決まっている。そうだとすれば、問われるのはむしろ、伝統的な左派政党の工場労働者に対する姿勢ではないか。彼らが、そうした労働者の保護を怠り、労働者に対する尊重の念を無くすのであれば、フランスにおける社会分裂から生じる危機は一層深まると言わねばならない。

ル・ペンの率いるＦＮは以上の検討からわかるように、社会・経済問題を重視することでフランスの人々とりわけ庶民階級に盛んにアピールした。この点で彼らの考えは、父親のル・ペン時代の超自由主義路線から大転換した。それは、言ってみれば社会的ポピュリズムとも呼べるものであった[42]。その中軸に、反グローバル化と反ＥＵが据えられる。この方針転換は、確実にグローバル金融危機後の有権者を引き付けることに成功した。ＦＮはその限りで、他の政党と変わらない普通の政党と化した[43]。この点は、ＦＮに一票を投じた数多くの有権者の声からも理解できる。実際に彼らのうちで当初からＦＮに忠実であった人は、全体のたった三％にすぎないと言われる。

ルペニズムはこうして、社会と経済の側面を強調しながら、あたかもかつての極右派から左派に転じたかのような印象を一般の人々に与えた。その限りでそれはマクロニズムと大差はないように思われる。マクロニズムが、社会問題に左派の視点で対処することはすでに見たとおりである。ルペニズムとマクロニズムはこの点で、社会的自由主義という共通の視点を持つ[44]。では、ルペニズムで極右派的要素が完全に捨て去られたかと言えば決してそうではない。それはやはり、ＦＮの伝統的なものとして定着している。反イスラム主義や反ユダヤ主義はその典型であろう。この点は、マクロニズムと決定的に異なる。

ところで、この間のＦＮのめざましい飛躍は、裏返せば既成の左派政党の凋落を示すものであった。ＦＮの左派化が、共産党や社会党を支持してきた有権者の賛同を勝ちえたからである。逆に言えば、伝統的左派政党の社会的裏切りこそが、ＦＮに対する有権者の支持を拡大させる一つの大きな要因となった。この点で、そうした左派政党の責任は重い。

それでは、ＦＮは従来の左派に代わって、工場労働者を中心とする貧しい庶民階級に対して真に寄り添う姿勢を永続的に保つであろうか。もしもＦＮがたんに「政治的権力を獲得するための闘いに従事する集団」にすぎないとすれば、結果は自ずと明らかであろう。彼らの脱悪魔化に基づく社会的ポピュリズムは結局、一つの「政治的企て（entreprise politique）」に終るに違いない。そうだとすれば、ＦＮのプログラムは欺瞞であり、それは再び庶民階級に悲劇をもたらす。彼らは、伝統的な左派政党の場合と同じく、社会的裏切りを果たすことになる。

注

▶1　Crépon,S., Dézé, A., Mayer, N., *Les faux-semblants du Front National —sociologie d'un parti politique—*, Presses de la Fondation nationale des sciences politiques, 2015, p.27.

▶2　*ibid,* pp.35-37.

▶3　*ibid,* p.37.

▶4　Ivaldi, G., "Du néolibéralisme au social-populisme?—La transformation du programme économique du Front National, (1996-2012)", in Crépon, S., etal., *op. cit.,* pp.163-164.

▶5　*ibid*, p.166.

▶6　*ibid,* p170.

▶7　*ibid,* pp.172-173.

▶8　*ibid*, p.176.

▶9　*ibid*, p.183.

▶10　Mauger, G., & Pelletier, W., "Le populaire et le FN",in Mauger, G., & Pelletier, W., *Les classes populaires et le FN—Explications de votes—,* Édition du Croquant, 2016, p.9.

▶11　*ibid*, p.10.

▶12　Gaxie, D., "Front National: les contradictions d'une résistible ascension", in Mauger, G., & Pelletier, W., *op. cit.,* p.45.

▶13　*ibid*, pp.46-47.

▼14　*ibid*, pp.47-48.

▼15　*ibid*, pp.51-53.

▼16　*ibid*, pp.54-55.

▼17　*ibid*, pp.56-57.

▼18　*ibid*, pp.63-64.

▼19　Lacrois, A., & Rosencher, A., " Le FN est la parti de la fin de la classe moyenne ", *L' Express*, 22, février, 2017, p.48.

▼20　*ibid*, p.49.

▼21　*ibid*, p.50.

▼22　*ibid*, p.51.

▼23　Mischi,J., " Essor du FN et décomposition de la gauche en milieu populaire ", in Mauger, G., & Pelletier, W., *op. cit.*, pp.118-119.

▼24　*ibid*, pp.120-121.

▼25　*ibid*, p.122.

▼26　*ibid*, pp.129-130.

▼27　*ibid*, p.132.

▼28　Andolfattao, D., & Choffat, T., "Le Front National et les syndicats–une stratégie d'entrisme ?—, in Crépon, S., etal. 10, *op. cit.*, 2015, p.78.

▼29　*ibid*, p.83.

▼30　*ibid*, pp.89-90.

▼31 *ibid.* pp.94-95.

▼32 Nkunzumwami, E., *Le Nord face au danger populiste*, L'Harmattan, 2016, pp.46-47.

▼33 *ibid*, p.51.

▼34 *ibid*, p.58.

▼35 *ibid*.

▼36 *ibid*, p.61.

▼37 *ibid*, p.71.

▼38 *ibid*, p.77.

▼39 Beaud, S., & Pialoux, M., "Les ouvriers et le FN—L'exacerbation des luttes de concurrence—", in Mauger, G., & Pelletier, W., *op. cit.*, pp.133-134.

▼40 *ibid*, p.135.

▼41 *ibid*, p.144.

▼42 Ivaldi, G., *op. cit.*, p.183.

▼43 Marchan-Lagier, C., *Le vote FN*, deboeck, 2017, p.20.

▼44 Ivalid, G., *op. cit.*, p.173.

第３部

マクロン政権の成立と課題

第7章　マクロン新大統領の誕生

本選のキャンペーンで、マクロンとル・ペンは相対立するヴィジョンをアピールした結果、マクロンが圧勝して新大統領に選出された。一方、本選での棄権率は異常に高く、同時に白票も極めて多かった。以下ではまず、どうしてマクロンが勝利したのか、その意味は何であるか、またフランスの有権者の多くは、なぜ両候補者にそれほどの関心を示さなかったのか、などの問題を検討する。そして、マクロンの大統領としての基本方針が何であるか、さらに、彼を熱狂的に支持する人々の出現した背景を探ることにしたい。

一．マクロンとル・ペンの本選キャンペーン

(1) マクロンの選挙キャンペーン

マクロンは予備選結果発表の翌日、直ちにル・ペンと社会領域で対決することを宣言した。[1] 彼は早速、工場街で庶民階級に対し、自身がビジネス畑の冷淡なバンカーではないこと、また横暴な金融家でもないことを訴える。マクロンは明らかに、本選のキャンペーンで戦略を変えた。彼は、社会的闘争に重点を移したのである。このことはすでに見たように、彼が予備選で庶民階級に人気がない点を巻き返すことを意味した。それは、ル・ペンがマクロンと逆に労働者を中心とする庶民の間で最も高く支持されていることを彼が強く意識したからに他ならない。

一方、マクロンはル・ペンとの相違をはっきりと打ち出すことに専念する。それは、倫理的かつ人道的な側面の重視に現れた。彼は、ＦＮの悪魔と争うことを誓う。それは、ＦＮの脱悪魔化戦略に対抗するものでもあった。彼はこうして、ナチにより被害を受けた地域を訪問したり、また一九九五年にＦＮによって殺害されたモロッコ人のＢ・ブアラム（Bouarram）の追悼式典に参加したりして、反ＦＮ＝反悪魔の姿勢を露にする。これにより彼は、人種差別でもなく外国人嫌いでもないにも拘らず、ＦＮに投票する人々を取り込もうとした。マクロンは、ル・ペンとの闘いを民主主義者対過激主義者

との対決と総括する。FNは人々に大被害と苦痛をもたらし反フランスと化す。彼はこのように、反FNをドラマティックに語る。

一方、政策の面でマクロンは他の政党と組むことを避けながら、彼らとの合意を見出す。例えば、不服従のフランスのメランションが、マクロンの掲げる労働コード改革の放棄を求めたのに対し、マクロンは断じて改革を行うと応じる。彼は、むしろそうした改革を素早く行うことでフランス人の怒りを鎮められると判断する。しかし、マクロンはメランションに対し、EUとカナダの自由貿易協定に関する専門委員会のメンバーに不服従のフランスが加わることを約束した。また左派に対しては、労働者に対する欧州指令の改革を誓う。そしてエコロジストには、「緑の党」のN・ユロ（Holot）に対し、適正なポストを確証すると共に、経済・社会・環境の審議会設立の道を開く。さらに右派のフィヨン支持者に対し、彼らの信条を守ると応える。こうしてマクロンは、予備選で明らかにされたように、右派でもなく左派でもないという立場から、各政党と折合いを付けることを意図した。

では、そのようなマクロンの姿勢が、フランスで全面的に受け入れられるかと言うと、それは決して定かでない。実際に彼は、予備選で二〇％以上の大きな票をえることができなかった。マクロンのプロジェクトに真に賛成するのは、有権者の一〇％足らずと言われる。彼自身はまず、この事実を理解しなければならない。今日、フランスの社会は様々な面で大きな困難を迎えている。人々とりわけ労働者を中心とする庶民は明らかに社会システムに対する怒りの気持を高めている。マクロンがほんとうに庶民階級にアピールする意思を示すのであれば、それは彼らの憤りを鎮めるための手段、すなわち彼らの生活困窮から脱するための方策を具体的に提示する必要がある。もしもそうでなければ、彼は大統領に選ばれたとしても、オランドの場合と同じく、再び庶民階級を裏切ることになると言わねばならない。

(二) ル・ペンの選挙キャンペーン

他方でル・ペンは、マクロンに対していかなる対決姿勢を示したか。彼女はまず、彼の人物を問題にする。彼はバンカーであり、金融界にいた人物である。それゆえ彼こそが、まさにフランス社会に敵対的な「金融の世界」を対象にした人物ではないか。彼女は五月早々の演説で、有権者にこのように訴えた[▼2]。奇妙にも、ここでル・ペンが示した金融の世界という言葉は、左派のオランドが二〇一二年の選挙で用いたものである。彼女が、わざわざ左派の唱えた用語を使ったのは、予備選でメランションに投票した有権者（全体の二〇％弱）を取り入れるためと考えられる。彼女はオランドと同じく、横暴な金融の世界と遮断することを人々にアピールしたと言ってよい。

しかし、予備選の段階ですでに示したように、マクロンとル・ペンの対決でル・ペンの勝利する可能性は確かに低い。彼女は、仮に左派の一部に食い込んだとしても三九〜四一％の得票率で敗北すると予想される。そうした中でル・ペンは、マクロンといかなる点で異なるかを示し、少しでも多くの有権者の支持をえることに努めた。まずル・ペンが強調したのは、システム（体制）をめぐるマクロンとの違いである。彼女は、マクロンがあくまでもプロ・システムの人物であるのに対し、自身は反システムである点を有権者に訴えた。彼女が、マクロンを金融の世界からフランス社会を打ち壊した人物と規定したのもそのためであった。そして、この姿勢はもちろんＦＮの精神を支えた。副総裁のＦ・フィリポ（Philippot）は、マクロンをめぐる唯一の価値は株価であるとする。そこで彼が大統領になれば、フランスで再び金融寡頭支配が確立される。彼はこのように唱えてマクロンを批判した。

さらに、ル・ペンにはマクロンと違うもう一つの点がある。それは、予備選でも明らかにされたように、ユーロに対する姿勢である。彼女は当初より、フランスのユーロ離脱を謳った[3]。この点は、マクロンがプロ・ユーロでプロ・ＥＵであることと決定的に異なる。ＦＮは、単一通貨の終焉とＥＵに対するフランスの帰属に関するレファレンダムを宣言したのである。

ところが、本選が近づくにつれて、ユーロとＥＵへの加盟をめぐる問題で党内の足並は乱れた。副総裁のフィリポは早くから、ＦＮが政権を握れば半年以内にフランスが国民的通貨（フラン）に復帰すると語る。これに対してル・ペンの姪、マリオン・マレシャル（Marion Maréchal）・ル・ペンは、国家主権を持つ通貨は政権期間の五年間の目標にするものとし、フィリポの宣言とは異なる見解を表した。最終的にル・ペンは姪の考えを否定し、早期に国民通貨を採用すると述べる。ただし当初の姿勢とは違い、彼女は、共通貨貨（ユーロ）は国家や大企業に用いられる一方、国民通貨（フラン）はフランスの人々によって使われるとみなす。これは、典型的な平行通貨論である。そうした通貨システムがうまく機能するかどうか。フランス人が不安になることは間違いない。

(三) マクロンとル・ペンの対決をめぐる諸問題

以上、我々はマクロンとル・ペンの双方のキャンペーンにおける主張点について検討した。最後に、両者の対決に潜む諸問題を取り上げることにしたい。

第一に、マクロンとル・ペンの間に一見大きな違いがあるように思えるものの、実はそこには共通点も見出せる。▼4 マクロンとル・ペンはいずれも、この間のフランスが直面した政治的、経済的、並びに社会的な危機が生み出した候補者である。彼らは共に、右派でもなければ左派でもないと語り、これまでの主要な原則を否定する。これによって両者は、この三〇年間の政治的失敗を批判する。こうした姿勢が、度重なる危機で打撃を受けてきたフランスの人々に強くアピールできる。両者はこう考えたのである。

しかしそうとは言え、やはり本質的な部分についてマクロンとル・ペンは激しく対立する。そして、この対立は全く解消されない。その最大のテーマは言うまでもなく欧州問題である。ル・ペンはあくまでも、フランスが欧州から解放されることを謳う。それは、ＦＮにとって必要な雇用などの政策を行うためである。これに対してマクロンは、欧州の欠陥に気づくものの、だからと言ってフランスがそこから離れるのではなく、むしろ欧州の再建を図るべきとする。その再建の際に第一に取り上げる問題を彼は移民に定める。なぜなら、移民はフランスの人々のアイデンティティと仕事、並びに財政に大きな影響を及ぼすからである。ただし、彼は移民を排斥するのではない。真の問題は、フランスにおける外国人の統合にある。マクロンはこう唱える。

このようにして見れば、両者の欧州をめぐる敵対的対立は、紛れもなく欧州の亀裂そのものを物語る。だからこそ、フランスの元経済相であったＭ・モスコヴィシ（Moscovici）が要約するように、マクロンとル・ペンの対決は、「欧州に対するレファレンダム」の様相を呈す[5]。事実、ＦＮの大望はＥＵの破壊にある。ル・ペンはすでに二〇一四年の段階で、ドイツを代表するオピニオン誌の「デア・スピーゲル（Der Spiegel）」にそのように語った。彼女がユーロとＥＵに関してレファレンダムを行うのもそのためである。そこで、もしフランスがユーロ圏を離脱（Frexit）すれば、欧州プロジェクトが成立しなくなることは言を俟たない。

一方マクロンは、あくまで「ユーロ・ビート（賛美）」の立場を保つ。ただし、先に見たように彼はユーロ圏の改革に着手したい。彼は、最終的に単一通貨のガヴァナンスの再検討を図る。それは、共通予算や経済・財務相の設置となって現れる。しかし、仮にマクロンが大統領になったとしても、そうした改革がスムーズに進む保証はない。もう一つの主導国ドイツが、そのことにほとんど関心を示さないからである。そこでは左派（ＳＰＤ）でさえ、ドイツは欧州の教義を根本的に変えるつもりがないことを主張する。こうした中でマクロンは、いかに欧州改革を行うか。この点が問われるに違いない。

他方で、欧州における移民問題と国境問題に関し、マクロンとル・ペンのヴィジョンは鋭く分かれる。ル・ペンは、どうしても国民的国境を築きたいし、またすべての輸入品に対して関税（三％）を課したい。これは明らかに自由貿易の否定を意味する。さらにル・ペンは、欧州市民の自由移動を認めるシェンゲン圏からの離脱を謳う。それは、国民的主権を達成させるためである。これに対してマクロンは、全く正反対の姿勢を見せる。彼はむしろ、逆にシェンゲン圏の強化を唱える。そのねらいは、欧州の国境を監視するために警察のポストを増やすことにある。マクロンはそもそも、ＥＵの原則である人々の自由移動こそが経済のみならず文化・教育あるいは日常生活にとって否定できないような益をもたらすと捉える。

そこで、フランスにおける移民による外国人問題が最重要問題の一つとして浮上する。そして、ここでも両者は当然に対立する。マクロンが、外国人はフランスに対して一つのチャンスを与えるとみなすのに対し、ル・ペンは、外国人をフランスに対する脅威と考える。この点は、ＦＮが長い間主張してきた点である。そこで彼女は、大統領になれば直ちに外国人のフランスにおける長期滞在資格を問題にすると同時に、結婚による国籍の自動的取得を終らせると主張する。さらにル・ペンは、移民の数を一万人に制限することも宣言した。

他方でマクロンは、今日のフランスにおける移民流入（二〇一六年に二三万人弱）が、抑制するほどのものではないと認識し、むしろ熟練労働者としての移民を歓迎する。彼らはフランス経済の活性化に大いに役立つ。彼はこうみなす。この点でマクロンは、前任のサルコジやオランドの考えと変わらない。彼の率いる前進は、フランス人にとって移民に対する不安は、その流入規模によるのではなく、彼らがフランス社会に統合できないことによると考える。それだからマクロンは、移民の言語習得、住宅取得、並びに雇用への参入を訴える[6]。問題は、そうした統合の実現可能性であろう。もしもそれができないとき、フランスの人々の移民に対する不安が消えることはない。

二、マクロン新大統領の誕生

㈠ 本選での投票結果

二〇一七年五月七日にフランス大統領選の本選が行われ、マクロンが六六％強の票を獲得して勝利した[7]。彼は投票者の三分の二の票を集めることができた。ここに、第五共和政で八番目の、また二五名の歴代大統領の中で最も若い大統領が誕生した。**表7-1**はその結果を表している。

マクロンは新大統領として、新たな希望とヒューマニズムを分かち合いながら国家を統一する旨の宣誓を行った。彼は、少し前までは全く無名であったと同時に、たった二年間の閣僚を経験しただけで自身の政党も持っていない。それゆえ彼の勝利は、まさ

表 7-1　大統領選本選の結果

	票数	全体に占める割合（%）
マクロン (1)	20,703,694	66.06
ル・ペン (1)	10,637,120	33.94
棄権	12,041,313	25.38 (2)
白票	4,066,802	11.49 (3)

（注）　(1) 投票者の票数とその割合。
(2) 選挙登録者の全体に占める割合。
(3) 投票者全体に占める割合。

（出所）Bonnefous, B., Pietralunga, C.,&De Royer,S.,"Macron triomphe et doit réconcilier un pays divisé ", *Le Monde*, 9, mai, 2017 より作成。原資料は Ministère de l'Intérieur, Résultat Provisoires による。

しく前代未聞の出来事であった。マクロンはこれにより、確かにル・ペンに対して大きな優位を保ちながら政策運営を図ることができる。

　ではマクロン新大統領にとって、今後何も問題が起きないかと言えば決してそうではない。否、むしろ逆に難題が続出すると予想される。その兆候はすでに現れている。表７-１を振り返ればわかるように、今回の本選で棄権者と白票が実に大きな割合を占めていた。棄権率は、選挙登録者の何と二五％強にも及ぶ。フランス人の有権者の四分の一が棄権したことになる。この割合は、一九六九年以来最も高い。どうして、それほど多くの人々が大事な大統領選で棄権したのか。この点がまず問われるに違いない。

　今回の選挙を前にして、フランス人の知識人の間でマクロンとル・ペンの両者に対する激しい嫌悪感を表す論者が数多く現れた。人口学者として知られるE・トッド（Todd）もその一人である。彼は「FNへの投票、それは外国人嫌いへの投票である。しかし私にとって、マクロンへの投票、それは服従の受入れである」と語り、棄権の明白な意思を表した▼8。もちろんこの棄権の行為は、ル・ペンの当選という大きなリスクを抱える。しかし、それでもトッドは、そのリスクを喜んで採ることを表明した。彼はそこで、棄権率によって規定されるもう一つのフランスがあることを示したのである。

　他方で、白票を投じた有権者の割合も一一％を上回った。これはかなり高い値と言ってよい。これにより、今回の投票の有効票は全体の九割に満たなかった。この点も注視しなければならない。その中には、予め白票を投じると宣言した予備選候補者がいる。それはメランションであった。彼は四月末に、本選の投票で三つのことを確約する。[9] それらは第一に、棄権をせずに投票すること、第二に、極右翼のル・ペンに投票しないこと、そして第三に、マクロンへの投票も拒絶することである。このメランションの白票宣言は、当然に様々な問題点を含む。まず、これによってル・ペンの勝利する可能性が生じる。この点は棄権のケースに順じる。また、彼が予備選であれほどル・ペンを批判したにも拘らず、白票で逆にル・ペンを強めるかもしれないという言動の矛盾が見られる。このリスクは、メランションが予備選で二〇%近くの票をえた点を考慮すると、一層膨らむ恐れがある。しかし、それでも彼が敢えて白票を選択したのは、トッドと同じく、やはりもう一つのフランスがあることを表明したかったからに他ならない。

一体、この棄権と白票の異常な大きさは何を物語っているのか。マクロン新大統領は、まずもってこのことを真剣に考える必要がある。[10] もしも、それらがフランス社会の根底にある問題を反映しているのであれば、彼はその解消に向かう対策を迫られるに違いない。もう一つのフランスが、現行のそれと逆の公正で望ましいフランスを意味するのであれば、マクロンはその実現に向けて一歩踏み出さなければならない。彼がそのことを怠り、既存のシステムを存続させれば、彼を最も支持しない社会階層の庶民階級は反マクロンの動きを示すに決まっている。

マクロンは果たして、どちらの方向を目指すのであろうか。かつて、V・ジスカール・デ・スタン(Giscard d'Estang) 元大統領は、フランス社会の中に中道グループが促進されることを願った。そこで彼は、統一こそが「フランスの輝き」の条件であることを謳った。この点でマクロンは、政治的姿勢としてジスカール・デ・スタンの延長線上にある。[11] 彼は、社会認識を合わせたリベラリズムを打ち出し、それを出発点に置くことを約束する。マクロンはこの考えの下に、フランスのシステムを改革しようとする。しかし、その改革がフランスの人々の痛みを伴うのであれば、彼はその代償を払う羽目に陥る。そこには、人々とりわけ庶民階級の怒りが現れる。今回の本選における棄権と白票の異常な大きさが、そうした人々の反抗を表す警告だとすれば、マクロンの大勝利も見せかけにすぎないかもしれない。彼は政権担当のスタートから、このことに気づく必要がある。

(二) マクロンの新首相指名

マクロンにとって、最初に行うべきことは言うまでもなく、新首相の指名であった。そこには三つのシナリオが描かれた。[12] 第一に共和党の人物の指名。しかし、これは右派を分裂させて政治を一層混乱させる恐れがある。第二に前進の仲間の選択。これは、マクロンに非常に近くて彼に忠実である一方、次期大統領になる野心を持たない人物を望む。そして第三に社会党からの指名。ただし、ここでは右派からも支持される人物を選ぶ必要がある。

これらのシナリオの中で、実はマクロンの頭の中では当初より第一のシナリオ、すなわち共和党の中から旧知の仲であるＥ・フィリップ（Philippe）を指名することが決まっていた。彼らはかなり早い段階で、ジュペの下に会合し、その後も公私にわたる関係を築いてきた。[13] こうしてマクロンは、五月一五日にフィリップを首相に指名する。それは大統領の側からすれば、当然の選択であった。

しかし両者の関係を知らない人にとって、このカップルは驚きをもって迎えられた。マクロンはかつて社会党に身を置いた人物である一方、フィリップはジュペ派の下で共和党に属する人物だからである。それゆえ、このような左派と右派のドッキングはまさに、第五共和政において前代未聞の出来事であった[14]。そして両者も、十分にユニークな状態にいることを認める。マクロンとフィリップは、この新戦略を長い間考えてきた。実際に予備選の直後から二人は会合を開き、マクロンが大統領に選出された場合の両者の関係を検討してきたのである。

フィリップはジュペ派の第一人者であり、ジュペの後継者と目されている。彼は首相の指名を受けた後直ちに、「マクロンとの結婚は非常に印象的な内部での団結を示す」と語った[15]。実は、マクロンの選挙キャンペーンの最中に、ジュペは、彼のプログラムがフィリップのそれと交錯していることを指摘していたのである。彼らの共通の領域は、経済と社会だけでなく、根本的な価値の面にも及ぶ。こうして両者は、歴代で最も若いカップルとなった。

ここでフィリップについて、簡単にそのプロフィールを見ておくことにしたい。彼はマクロンと同じく、パリ・シアンス・ポリティークとＥＮＡの出身のエリートである。彼はかなり前から、基本的に右派に属しながら社会党のＭ・ロカール（Rocard）を、社会民主主義の考えを持っている点で賞賛していた[16]。ただ、その後フィリップはジュペに見出され、官房長官に推されるとますます右派に転じた。中道左派の考えは中道右派のそれに置き換えられたのである。その中でフィリップは、ジュペと共に歩みながらサルコジと真っ向から対立する。彼は確かに、経済問題では右派である一方、社会問題では中道（穏健）派であり、またプラグマティストであった。この点でフィリップのポジションはまさしく、マクロンのそれにつうじている。

ところで、マクロンによるフィリップの首相指名は、即座に右派の共和党に大きな波紋を投げかけた。同党内の最大の問題はそもそも、穏健派（ジュペが中心）と強硬派（サルコジが中心）の間の分裂にある。そこでジュペの後継者とみなされるフィリップが首相になることで、そうした分裂は一層深まると見込まれた[17]。ジュペ派と穏健派がマクロンの指名を大いに歓迎したのに対し、強硬派は全く逆の思いを露にした。反対派は、マクロンの行為は政治的粉砕を意味すると非難したのである。彼らはすでに、フィリップの戦略を制約することを宣言した。このようにして見ると、今回のマクロンの大胆な右派との結合による政権は、少なくとも右派の統一を大きく乱した。この点でマクロン政権は前途多難な姿を表したと言わざるをえない。では、フィリップと共に築くマクロン政権は、いかなる閣僚で構成されたか。次にこの点を見ることにしたい。

(三) マクロンの組閣とその影響

マクロンはまず、フィリップと並んで最も信頼を寄せる人物であるＡ・コーラー（Kohler）を官房長官に据える[18]。こうしてマクロン政権の中核はエリート養成校出身で占められる。このようなエリート・システムから成る政権でもって、庶民階級の人々の心情を真底掴めるであろうか。これにより、エリート対民衆のフランス伝統のアンビヴァレンス（相対立する関係）は解消されるであろうか。これらの疑念が直ちに浮かんでくる。

マクロンは、首相と官房長官の指名を終えるとすぐに、その他の一八名の閣僚と四名の補佐官を発表した。[19] それは、男女平等の観点から各一一名から成る。彼はここで、オランドのときと同じく、初めての政府をつくるため諸派の巧妙な合成を図る。それは、左派が六名（社会党四名とラディカリスト二名）、右派と中道派が六名（内一人がフィリップでその他共和党三名と中道派モデム［MoDem］三名）、並びに市民社会グループの人物が一一名で構成される。実にバランスのとれた組閣である。このマクロン政権は、フランスを変革するために諸派が集結した政府として賞賛された。ほんとうにそうであろうか。それはまた、危険な賭けを意味したと言わねばならない。

マクロンとフィリップはここで、大きく三つのブロックに分けて組閣することを試みた。第一のブロックは、絶対的権力の場である。これは左派と中道で占められる。例えば、社会党のG・コロン（Colomb）内相や中道のF・バイルー（Bayrou）法相などがこれに入る。第二のブロックは経済の場であり、これは右派に与えられる。そこでは、サルコジ派のB・ル・メール（Le Maire）が経済相に、そしてジュペ派からX・ベトラン（Betrand）が金融相に命じられた。ここで一つのリスクが現れる。すでに指摘したように、サルコジとジュペは完全に対立的な関係にある。それゆえ、これらの閣僚指名は再び右派の共和党をさらに分裂させかねない。このことは、とくに社会的パートナーとしての労働組合との議論で明白に生じると考えられる。

さらに第三のブロックとして、より社会的で文化的なものが想定された。ここに市民社会グループのメンバーが加わる。それは、マクロンとフィリップにとって真の賭けになる。まず、新労働相にM・ペニコー（Pénicaud）が指名された。彼女は確かに労働のスペシャリストであり、かつて社会党のオーブリの相談役であった。しかし他方で、彼女はビジネス界における執行部としても働く。それゆえペニコーが、労働法の改正と共にフランス企業による対外進出の推奨に責を負うとき、果たして労働者側に立った姿勢を示せるか甚だ疑わしい。また、これまで国民に人気があるものの、一貫して政権に入ることを拒んできた環境運動家のユロを環境相に指名したことは、真に驚きを人々に与えた。彼はそもそも、マクロンの支持を表明していなかったからである。

このように、市民社会グループから閣僚を出すことは、もちろん新しいことではない。問題はその数である。彼らは政治のプロではない。彼らを待ち受けているのが、政治の容赦しない世界であろう。そうしたリスクがあるにも拘らず、あえてマクロンが市民社会のメンバーを政府に導入したのは、やはり総選挙での勝利を企んだからに他ならないのではないか。この限りでマクロンは、ル・ペンと共通した人気取りの政治家とみなされてもおかしくない。

三、マクロンの勝利をめぐる諸問題

(一) マクロンの勝利とル・ペンの敗北

マクロンの本選での勝利は、真の勝利であったのか。彼は、ル・ペンが本選での対抗者になったおかげで一大チャンスをえたにすぎないのではないか。こう思われても何ら不思議ではない。また、フランスの政治史が人的資源の歴史を表すとすれば、右派も左派も今回ほど大統領候補の人材を払底させたときはない。[20] その意味で、マクロンは実に幸運であった。このような見方が出されるのも当然であろう。

確かにル・ペンは大敗した。彼女はイデオロギー的な闘いを要求し、左派と右派の亀裂を拡大させることを期待した。[21] ところが彼女は、思ったほどの支持をえることができなかった。FNが今後、大きな戦略転換を図るかどうかの選択を迫られることは疑いない。ただし、今回の大統領選でル・ペンがほんとうに完敗したのかと言えばそうではない。否、むしろル・ペンとFNはある意味で勝利を収めたのではないか。このように捉えることもできる。[22] 実際にFNは、予選と本選をつうじて、政党としての正常化と大衆化に一定の程度成功した。彼らはまさしく、フランスにおける主たる政治力の一つとして位置付けられた。しかも、FNの考えが労働者を中心とする庶民階級の間に浸透し、彼らの支持が増したという事実も決して忘れてはならない。また、このことがマクロン政権に影響を与えることも否定できない。

このようにして見れば、マクロンは大統領就任後もル・ペンとFNの動きをつねに意識する必要がある。彼もこの点に気づいている。それはまず、ロシアとの外交の面に現れた。マクロンは、二〇一七年五月末に外交デビューとしてロシアのプーチン大統領と会合する。[23] 彼はそこで、これまでのロシアとの関係を改善する姿勢を一切示さなかった。マクロンは、ロシアにおける人権問題を取り上げると共に、ウクライナ問題（東部に対するロシアの侵略）の解決なしにロシア制裁の解除はないことを改めて主張した。これによって彼が、ロシアをいら立たせたことは言うまでもない。そしてこの点は、ル・ペンが親ロシアの立場を鮮明にしたのと対照的であった。マクロンはそうすることで、ル・ペンとの相違を明白にし、自らの正当性をフランス国民にアピールしたのである。

一方マクロンは、国内の安全保障については、ル・ペンと同じくそれを強化する方針をいち早く打ち出した。彼はテロリストの脅威に対して、フランス人を保護する責任があることを宣言する。そのため当分の間、前政権の課した「緊急事態」体制を維持することが発表された。[24] しかし、そこには政治的なワナも待ち受けている。この体制は、あくまでも例外的なものである。そこに新たな例外的権力が結びついてはならない。マクロン政権は、この点を十分に認識する必要がある。

他方で最大の課題は、やはり社会問題の解消にある。マクロンが、ル・ペンに対して真に勝利するためには、これを果たすしかない。ル・ペンはまさに、この問題に踏み込むことで大きな支持を獲得したからである。フランスの庶民階級の間で彼女が人気をえたのもそのためであった。マクロンはそれにどう対応すべきか。この点は章を改めて詳しく論じることにしたい。

(二) マクロンの基本方針

マクロンは大統領として、いかなる方針を基本的に示したか。次にこの点を検討することにしたい。

最初に、彼のこれまでの略歴を見ると**表7-2**のようである。見られるように、マクロンがフランスの政治に関与し始めたのは二〇一二年であり、その二年後に政権入りしたにすぎない。だからサルコジでさえ、マクロンが大統領候補になることをまじめに考えていなかったと言われる[25]。マクロンは確かに、極短期の間でその政治的ポストの領域を急拡大した。例えばギリシャ危機のときにも、マクロンは金融面で参加し、元金融相のサパンの地位を脅かしたし、また二〇一六年のエル・コームリ法と呼ばれる労働法改革にも賛同の意を表した[26]。彼はこうして、

表 7-2　マクロンの略歴

1977 年 12 月 21 日	アミアン（Amiens）で生まれる
2004 年　4 月　1 日	財務監査局に入る
2007 年　8 月 27 日	アタリ委員会に参加
2008 年　9 月　1 日	ロスチャイルド（Rothschild）銀行に入る
2012 年　5 月 15 日	大統領府官房長官に就任
2014 年　8 月 26 日	経済相に就任
2016 年　4 月　6 日	「前進」の開始
2016 年　8 月 30 日	経済相の辞任
2017 年　3 月　2 日	プログラムの提示
2017 年　5 月　7 日	大統領に選出

（出所） Lhaïk " Au fait, qui est-il vraiment?" *L'Express*, 10, mai, 2017, p.31 より作成。

大統領になるための政治的準備を着実に進めたのである。

では、マクロンの基本的な政治姿勢は何か。彼は選挙キャンペーンで示したように、フランスを変革したい。しかし同時に、彼は和解を望む。[27] それは、彼が本質的に批判を嫌うことによる。マクロンはそれゆえ、企業に自由を与えることを願う一方で、賃金労働者も保護したい。また、支出と投資を促すが他方で節約もしたい。要するに彼は、当初から二律背反的な事をいっしょに行うことを辞さない。実際に彼は、そのような事の実行を約束する。マクロンは、政治は九〇％が実行であって、戦略的思考は一〇％にすぎないと捉える。[28] ほんとうにそのようなことができるのか。今後の五年間にその真価が問われるに違いない。

ところで、マクロンの変革方針は、フランス国内のみに向けられているのではない。それはすでに見たように、欧州そのものも対象とする。そこで彼が、まず問題としたのがフランスとドイツの関係であった。[29] マクロンはオランドと異なり、ドイツと協力することを前面に打ち出す。それによって両国の間の信頼関係を確立させる。これが彼の第一の願いであった。そのためにマクロンは、フランスの財政赤字削減について誠意を表す。そのことでフランスの欧州における信頼度を高めることができると共に、ＥＵの改革プロジェクトに着手できる。彼はこう判断したのである。

このようなマクロンの声明を受けて、ＥＵは彼の出現を大いに歓迎した。[30] さらに彼が、フランスの財政赤字を欧州の基準に見合うようにすることを示した点は、ＥＵとユーロ圏を一層安心させた。欧州の示す財政安定協定の適用が、フランスの信頼回復の条件であると同時に、とりわけドイツの信頼を勝ちとる前提となっていたからである。マクロンが、そうした条件なしにユーロ圏の統合プロジェクトを一層進めることは、ＥＵで明らかに誰も望んでいない。その際のプロジェクトには、欧州固有の予算、欧州議会のコントロール、並びにユーロ圏全体の閣僚設置などが含まれる。それらがいずれも、加盟国の国家主権に抵触することは疑いない。ＥＵはそれゆえ、ドイツを中心にフランスに対して厳しい条件をつきつけたのである。そして銘記すべき点は、その条件が財政規律に対してだけでなく、労働市場の改革にも及んでいる点であろう。

そこで直ちに一つの疑問が思い浮かぶ。それは、財政赤字の規律（赤字の対ＧＤＰ比が三％）を遵守し、労働市場の改革（弾力化）を進めることで、欧州は一般市民とりわけ労働者を中心とする庶民階級が満足するような変革を行えるかという点である。この点をきちんと理解しておかなければ、マクロンはオランドの行った社会的裏切りをくり返すのではないか。もしそうなれば、そうした変革の条件を提示したＥＵも非難されて然るべきであろう。

(三) マクロン勝利の意味

最後に、今回のマクロンの大勝利が何を意味するかを考えてみよう。

まず、予備選と本選をつうじて彼を熱狂的に支持した人々（マクロンマニア）が現れたことに注目したい。フランスの哲学者で社会学者のＧ・リポヴェツキー（Lipovetsky）は、レ・クスプレス誌とのインタヴィウでマクロンのカリスマ化を指摘する。[31] 彼は、政治的支配者をM・ウェーバー（Weber）にならって二つのタイプに分ける。一つは理性的支配者であり、もう一つはカリスマ的支配者である。マクロンは、明らかに後者に属する。彼の発揮する魅力は確かに、多くの人々を引き付ける一つの最大の力になった。その限りで、フランスの大統領選はアメリカナイズされたと言うこともできよう。

しかしフランスの政治を振り返って見ると、リポヴェツキーが語るように、人々はむしろカリスマの選択を嫌ってきたはずである。それこそフランス人は、これがフランスの例外としながらアメリカとは異なることを誇ってきた。彼らはしたがって、大統領の選択に際し、候補者の理念や教義、さらにはそのプログラムを決定的な判断基準とみなした。しかし、それらはすでに周縁に追いやられたのではないか。マクロンの選出は、この点を証明しているのではないか。そのことは米国の場合と同じく、大統領のパーソナル化を意味しているのではないか。今回のマクロン勝利を導いたマクロンマニアの登場は、それらの問いを発するのに十分な根拠を与えてくれる。

このように、マクロンの勝利が彼のカリスマ性に主として由来するのであれば、フランス社会の将来に大きな不安がつきまとうと言わざるをえない。彼のプログラムと政策は、カリスマ的な人気を保つために浮動的になる恐れがある。さらに、もし何かしらの政策的失敗が起これば、マクロンの人気は一挙に落ち込み、そのカリスマ性もあっという間に消え去るに違いない。それが同時に、フランス社会の不安定化をもたらすことは言うまでもない。

ところで、マクロンを熱狂的に支持するマクロンマニアが出現した背景には、もう一つの要因がある。それは、フランスに長い間存在する左派と右派の構造的亀裂を解消したいとする人々の夢である。それゆえマクロンマニアと言われる有権者が、そうした夢の実現をマクロンに賭けたことはよくわかる。彼は選挙キャンペーンの当初から、右派でもなく左派でもない立場を表明していたからである。彼は両派によいアイデアがあることを認める。そこで、両派の亀裂を乗り越えるために両者の結合が図られる。このことはうまく作用し、右派と左派の亀裂はほんとうに無くなるであろうか。

フランスの著名な社会学者のM・ゴーシェ（Gauchet）は、レ・クスプレス誌とのインタヴィウで、今日のフランスの社会分裂が複雑さを増していることを指摘する。[32] それは、右派と左派という政治的分裂のみを指しているのではない。その他の分裂として、第一に世代間の分裂がある。若者のかなり大きな部分が、マクロンではなくメランションとル・ペンを支持している。そして第二に、資産家と失業者の間の分裂が存在する。さらに、プロ（親）欧州派と反欧州派の分裂が見られる。そこで問われるのは、マクロンのプログラムがこれらの分裂を解消できるかという点であろう。もしそれができなければ、フランスで深刻な社会的諸問題が残存してしまう。そもそも、それらの問題が根底に横たわっているがゆえに、フランスの政治領域で右派と左派の対立が続いてきたのではないか。マクロンの主張するように、たんに和解というきれい事では済まない問題がフランス社会に根づいている。そうだとすれば、右派と左派の亀裂の解消はそれほど簡単ではない。それはまずもって、社会分裂の難題に答えなければならないからである。

ゴーシェは経済の社会的管理の仕方に関して、根本的に相容れない二つのヴィジョンが存在し、それらは鋭く対立したままであると唱える。その一つのヴィジョンは、経済を民衆のサーヴィスに向かわせるアイデアであり、もう一つのヴィジョンは、経済が自由化すればそうしたサーヴィスはよくなるというものである。前者が左派で後者が右派であることは言を俟たない。そしてマクロンは明らかに、経済で後者の立場にある。そうであれば当然、彼の打ち出す経済政策が人々とりわけ庶民階級の側でよく受け入れられるかが問われるであろう。

レ・クスプレスの記者であるA・ロザンシェール（Rosencher）は、右派と左派の政治的分裂を水平的分裂と称し、それに対してエリートと民衆の間の分裂を乗直的分裂と表す[33]。そこでフランス社会にとって危機的状況になるのは、水平的分裂が乗直的分裂に置き換わるときである。このとき、フランスで社会的大混乱が引き起こされる。

今、フランス社会における水平的分裂と垂直的分裂の状況を一つの概念図で表せば**図７‐１**のようになる。そこには四つの象限（Ⅰ～Ⅳ）が描ける。これまでⅠとⅡがフランスの支配的システムを構成してきた。そこで大統領選の主たる候補者をそれらの象限にあてはめて見れば、Ⅰにフィヨン、Ⅱ

図 7-1　フランス社会の分裂

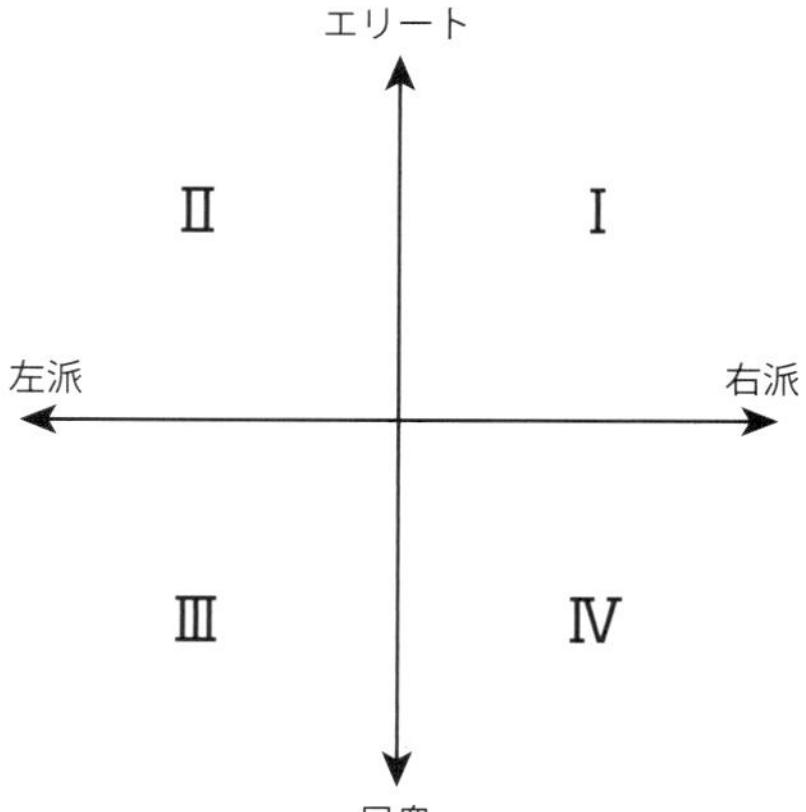

（出所）筆者作成。

にアモン、Ⅲにメランション、そしてⅣにル・ペンが各々属すると言ってよい。では、マクロンはどの象限に入るか。彼が右派と左派を分かつ縦軸の線上に位置することは疑いない。問われるのは、彼がどれほど民衆側に軸点を置くかであろう。当然にキャリアからして、マクロンはエリート側に寄っていると考えられる。そこで彼がさらに右寄りの姿勢をとればどうなるか。言うまでもなく彼は、フィヨンと同じ象限に入る。

実は、エリートと民衆の間の垂直的分裂の問題に最も力を注いで論じたのがル・ペンでありメランションであった。両者のイデオロギーはもちろん、根本的に異なる。それこそ、そこには右派と左派の間の水平的分裂がある。しかし彼らは、いずれも民衆の側に立ってそうした分裂を引き起こすシステム（体制）そのものの転換を訴えた。この点で両者は共通している。これに対してマクロンは、確かに水平的分裂の解消を強調したものの、支配的システムから生じる垂直的分裂の問題をそれほど論じていない。彼がル・ペンと異なり、労働者を軸とした庶民階級の強い支持をえられなかったのもそのためである。そうだとすれば、マクロン政権の五年間に、そうした垂直的分裂から引き起こされる社会危機が高まっても何ら不思議ではない。

注

▼1 Bonnefous, B., Pietralunga, C., & De Royer, S., "Macron dramatise son duel avec le FN", *Le Monde*, 3,mai, 2017.

▼2 Faye, O., "Le Pen souhaite «faire barrage à la finance»", *Le Monde*, 3, mai, 2017.

▼3 Faye, O., "Cacophonie au FN sur la sortie de l'euro", *Le Monde*, 3, mai, 2017.

▼4 Epstein, M., Laurent, A.,& Lhaïk, C., "Le Pen Macron—L'affrontement", *L'Express*, 3, mai, 2017, pp.50-51.

▼5 *ibid*, p.52.

▼6 *ibid*, p.53.

▼7 Bonnefous, B., Pietralunga, C., & De Royer, S., "Macron triomphe et doit réconcilier un pays divisé", *Le Monde*, 9, mai, 2017.

▼8 Beuve-Méry, A., "Chez certains intellectuels, le vote pour bloquer le FN ne va plus de soi", *Le Monde*, 3, mai, 2017.

▼9 Éditorial, "Le périleux «Ni-Ni» de M.Mélenchon", *Le Monde*, 2, mai, 2017.

▼10 Taguieff, P.-A., *Macron : miracle ou mirage*, Édition de l'Observatoire, 2017, p.19.

▼11 Fressoz, F., "L'illusion de Giscard d'Estang", *Le Monde*, 9, mai, 2017.

▼12 Bonnefous, B.,Piertralunga, C., & De Royer, S., *op.cit*.

▼13 Le Marié,A., & Schneider, V., " Edouard Philippe, un «Juppé-boy» à Matignon", *Le Monde*, 17, mai, 2017.

▶14 Bonnefous, B., Goar, M., & De Royer, S., “Onze secondes pour fracturer la droite”, *Le Monde,* 17, mai, 2017.

▶15 Lhaïk, C., & Mandonnet, E., “Macron chamboule tout”, *L'Express*, 17, mai, 2017. P.28.

▶16 Le Marié, A., Schneider, V., *op.cit.*

▶17 Goar, M., “La droite au bord de la crise de nerfs”, *Le Monde*, 17, mai, 2017.

▶18 Bonnefous, B., Pietralunga, C., De Royer, S., & Sémo, M., “Les hommes du président débarquent à l'Elysée”, *Le Monde,* 16, mai, 2017.

▶19 Desmoulières, R.B., Bonnefous, B., Pietralunga, C., & De Royer, S., “Le défi inédit d'un gouvernement pluriel”, *Le Monde*, 19, mai, 2017.

▶20 Mandonnet, E., “Un état de grâce…et quelques doutes ”, *L'Express,* 7, juin, 2017, pp.28-29.

▶21 Daoulas, J.-B., “Le Pen se cogne au plafond”, *L'Express,* 10, mai, 2017, pp.50-51.

▶22 Karlin, E., “Une campagne de bruit et de fureur”, *L'Express,* 10, mai, 2017, p.82.

▶23 De Royer, S., & Semo, M., “ A Versailles, la leçon de Macron à Putin”, *Le Monde,* 31, mai, 2017.

▶24 Éditorial, “ État d'urgence, un piège politique”, *Le Monde,* 9, juin, 2017.

▶25 Lhaïk, C., “Au fait, qui est-il vraiment?”, *L'Express,* 10, mai, 2017, p.30.

▶26 *ibid,* p.34.

▶27 *ibid,* p.38.

▶28 Baqué, R., & Chemin, A., “Macron, le nouvel âge du pouvoir”, *Le Monde*, 9, mai, 2017.

▶29 Makarian, C., “La diplomatie des premiers pas ”, *L'Express*, 10, mai, 2017, pp. 56-57.

▶30 Belouezzane, S.,& Ducourtieux, C., “Déficit public：la France reste sous surveillance”, *Le Monde,* 12, mai,

2017.

▼31 Lacroix, A., “Macron domine par le charme”, *L'Express*, 7, juin, 2017, p.30.

▼32 Rosencher, A., “Gauchet : Le pays n'est pas aussi conservateur qu'on le croit”, *L'Express*, 10, mai, 2017, pp.69-70.

▼33 *ibid.* p.70.

第8章　総選挙における「共和国前進」の圧勝

マクロンが新大統領として最初に行ったことは、前章で見たように首相を軸とする組閣であった。そして次に彼が目指すべきことは、自らを支える党の議会における絶対的過半数を総選挙で獲得することにある。そのためにマクロンは、政治グループにすぎなかった前進を改組し、「共和国前進（La République en marche, ＬＲＭ）」党を立ち上げる。その結果、彼らが圧勝した一方で二大政党は決定的な敗北を喫した。他方で新興の政治勢力は躍進した。どうしてこれらのことが起こったのか。以下ではその要因を、社会的背景を踏まえつつ考察することにしたい。

一・総選挙の結果

まず**表8－1**より、二〇一七年六月一一日に行われたフランス総選挙の予備選結果を見てみよう。

表 8-1　総選挙予備選の結果

党名	得票率[1]（%）
共和国前進（LRM）	15.39
共和党（LR）	10.29
社会党（PS）	6.58
不服従のフランス（LFI）	6.5
国民戦線（FN）	6.43
その他	2.41
白票	2.23
棄権[2]	51.29

（注）（1）投票した有権者の全体に占める割合。
（2）投票しなかった有権者の全体に占める割合。
（出所）Le Monde," Macron sans opposition—Une abstention record", *Le Monde,* 13, juin, 2017 より作成。原資料は Ministère de l'intérieur の発表による。

そこで共和国前進（ＬＲＭ）は得票率でトップに躍り出た。彼らは、共和党と社会党を得票率で大きく引き離したのである。一方、新興勢力である不服従のフランスやＦＮも社会党に匹敵する得票率を示した。この点は特筆に値する。世論調査はこれを受けて、共和国前進が四〇〇～四五〇の議席を獲得し、国民議会で圧倒的過半数の地位を占めると予想した。[1] その結果マクロンは、極めて安定した政権を築くことができる。こう思われた。

　しかし他方で、この予備選におけるもう一つの重要な事実を見逃してはならない。それは、棄権率（投票しなかった有権者の全体に占める割合）が異常なほどに高かったという点である。その割合は五一・三％ほどに達して歴史的な高さを示した。フランスの有権者のうち、半分以上の人々が予備選で投票しなかった。これは何を意味するであろうか。総選挙は大統領選とは異なり、有権者の声を議会に届けるための代議員を選ぶはずのものである。この最も大事な行為をフランスの人々が拒否したことは、彼らがそれだけ政治家に期待していないか、もしくは政治家を嫌悪しているか、あるいはまた政治に対する不信感から選挙に無関心になっているかを示しているのではないか。もしそうだとすれば、マクロンの大統領選における勝利は一体何であったのかが問われるに違いない。

それでは、本選の結果はどうであったか。**表8－2**は、本選の投票結果を総括的に表している。ここで第一に気づくことは、棄権率が予備選のときよりも一層増大したことである。それは実に五七％強に達した。**図8－1**は、フランス総選挙における棄権率の歴史的推移を示している。見られるように、それは一九七三年以来次第に上昇する傾向を表す。しかし、二一世紀に入ってからは二〇一二年まで棄権率はほぼ横ばいであった。それが今回、一挙に高まった。二〇一七年の棄権率は二〇一二年に比べて一〇ポイントも上回る。

一方、無効票にも拘らず白票を投じた有権者も、全体の一〇％近くに上った。これによって、有権者の七割近くが今回の総選挙に対して拒絶の意思を表したことになる。フランスの有権者は、マクロン派の圧倒的過半数が確約されることにより、選挙の関心を極度に失ってしまった。彼らは、ゲームは終了したと考えたのである。[▼2] この状況は、フランスの代表制民主主義が完全に機能不全に陥っていることを如実に示すと言ってよい。そうした中での共和国前進の勝利は、ほんとうに民意を反映しているか。この点がまずもって問われるであろう。

こうした点を踏まえた上で表8－2より選挙結果を見ると、共和国前進の圧勝が浮き立ってくる。彼らは、有効投票の四三％強を獲得した。これは、第二位の共和党のそれの倍近くに達する。下院議会における共和国前進の議席数も三〇八に上り、全体（五七七議席）の五三％を占めた。これにより、彼らは絶対的過半数の議席を確保できた。これに対して共和党の獲得した議席は一一三に止まり、共

表 8-2　総選挙本選の結果

党名	議席数	全体に占める割合（%）
共和国前進（LRM）	308	53.4
共和党（LR）	113	19.6
中道（MoDem）	42	7.3
社会党（PS）	30	5.2
民主独立同盟（UDI）	17	2.9
不服従のフランス	17	2.9
様々な左派	12	2.1
共産党	10	1.7
国民戦線（FN）と極右派	9	1.6
様々な右派	7	1.2
その他	7	1.2
総数	577	

（出所）*Le Monde*, 20, juin, 2017 による。原資料は Ministère de d'intérieur による。

図 8-1　総選挙における棄権率の推移（%）

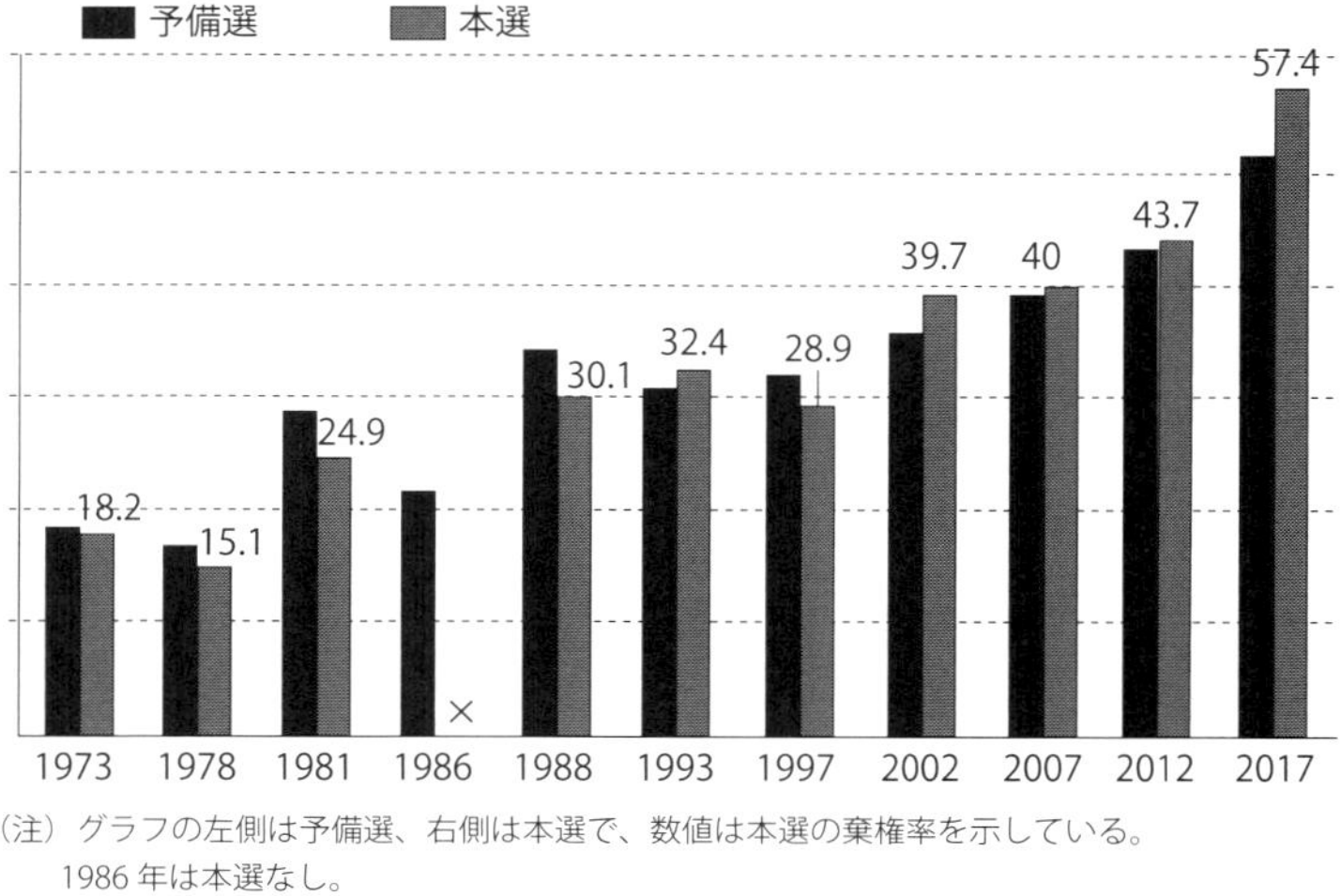

（注）グラフの左側は予備選、右側は本選で、数値は本選の棄権率を示している。
1986 年は本選なし。

（出所）*Le Monde*, 20, juin, 2017 より作成。

和国前進に大きく水をあけられた。フランスの伝統的右派は、共和党と民主独立同盟（ＵＤＩ）の議席を合わせても共和国前進のそれの半分にも満たないのである。

共和国前進は、このようにして確かに圧勝した。しかしくり返しになるが、七割弱の有権者が投票しなかったか白票を投じたことを考えると、それは真の勝利とは決して言えない。また、彼らの獲得した議席が、予備選後の世論調査のものより一〇〇以上少なかったことも留意しておくべきである。要するに、フランスの人々がこぞって共和国前進を支持しているのではない。この点を絶対に忘れてはならない。

一方、今回の総選挙において、棄権率の歴史的な高さ以外にも同じような異例の現象がいくつも生じた[3]。その一つは、女性議員数の飛躍的増大である。それは二〇〇〇年代から急増し、二〇一七年にその全体に占める割合がついに四割近くに達した。その割合は、二〇一二年に比べて一〇ポイント以上高まったのである。これにはやはり、共和国前進の唱える男女平等の主張が色濃く反映されている。実際に共和国前進において、女性議員の割合が最も高い。それはほぼ半分（四七％）を占める。また不服従のフランスや社会党でもその割合はかなり高い。総じて、共産党を除く左派政党における女性議員の割合が大きい。これに対して右派では、ＦＮのそれが二五％で最大であるものの、全体的にその割合は小さい。ここには、右派の性差別に関する保守的な性格が強く現れている。

さらに、新規に議員になった数も今回大きく伸びた[4]。一九八〇年代以来、それはほぼ二〇〇議席前後で推移してきたのに対し、今回その数は実に四三四にまで増大した。これは、二〇一二年に比べて二〇〇議員の増加を表す。この背後には、新勢力である共和国前進、ＦＮ、不服従のフランスらを中心に、彼らが一般の市民社会グループから候補者を立てたことがある。

他方で、今回選出された議員の平均年齢も非常に押し下げられた。それは、二〇一二年の五四歳から四八歳強へと五歳以上も若返ったのである。[5] とくに不服従のフランスの議員年齢が、平均で最も低い。それは約四三歳で共和国前進の四五歳をも下回る。これに対して共和党では五二歳、そして社会党に至っては五四歳半を示す。ここには、二大政党の保守的な姿がよく現れている。

では、政党別で見た場合、今度の選挙結果は何を物語っているか。以下でこの点を検討することにしたい。

二、共和国前進の大勝利

まず大勝利した共和国前進について見てみよう。先に指摘したように、彼らは勝ったものの当初予想された四〇〇以上の議席をえることには失敗した。確かに共和国前進の議席は、絶対的過半数（二八九）を上回ったため、政策運営の面で彼らは快適であるように思われる。しかし、その議席は二〇〇二年のシラク大統領のときの民衆運動連合（Union pour un movement populaire, ＵＭＰ）による三六五議席に遠く及ばない。[6] このように、共和国前進の勝利は、彼らが自信過剰になれるほどのものでは決してない。もちろんマクロンは今後、様々な改革を進める上で間違いなくフリーハンドを握ることができる。しかし、それはケース・バイ・ケースで異なる対応に迫られる可能性がある。彼らはこの点を十分に考慮しなければならない。

そもそもマクロンが大統領に選出された段階で、その後の政治状況は全く未知であった。[7] このようなことは、第五共和政の歴史の中で初めてであった。それは、彼が支持政党を全く持たずに大統領に選ばれたことによる。したがって当初より、即席につくられた共和国前進の党が、大統領の目標とする総選挙での絶対的多数の議席をとることができるか疑問視する向きもあった。しかしこれと真逆に、むしろそうした大多数の議席を当然視する声も大きかった。

確かに、マクロンは大統領に就任してからわずかの間に、かつてないほどの絶大な人気をえることに成功した。[8] すでに見たように、彼を熱狂的に支持するマクロンマニアと称する人々が出現したのである。それは、彼の魅力によるものか、あるいはたんなる浮かれによるものか。その判断はつきにくい。しかし少なくとも、マクロンが大多数のオプティミストの支持をえたことは疑いない。

その結果は、総選挙の予備選で即座に現れた。共和国前進は、その一年前には存在しなかったにも拘らず圧勝した。政府のスポークスマンであるC・カスタネ（Castaner）は、この勝利はマクロンが過半数の支持をえたことを示すと表明する。[9] 同時にそのことは、古い政治システムの終焉と人々による刷新の願望を物語っていた。そして、この予備選での勝利が、そのまま本選の結果に反映されたのである。

では、共和国前進の議員はどのような人々か。実は、彼らの大半は若者、女性、並びに市民社会のメンバーであった[10]。彼らはまさしく、フランス政治を刷新する象徴として出現したのである。しかし、彼らの中で政治的経験のない議員が数多く見られた。同時に、企業の世界とりわけ情報関連業界から何人もの議員が選出されたことも、共和国前進の特徴をよく表している。

彼らはしたがって、大都市とくにパリで圧勝した[11]。パリの一八行政地区のうち一三の地区で共和国前進は勝利する。またマルセイユでも同党は、七議席のうち四議席を勝ちとって疑いなく成功した[12]。マルセイユがＦＮの一つの拠点である点を踏まえると、この共和国前進の勝利は驚くべきことであった。しかし、同市の貧困者が多い北部で、依然としてＦＮが大きな壁になっていることも忘れてはならない。

ところで、今回の共和国前進の大勝利は、彼らのみの力によるものではない。マクロンは先に見たように、「民主運動（モデム、Mouvement Démocrate, MoDem）」の総裁であるバイルーと手を組むことで、彼らとの連合を図った。それゆえ共和国前進は、中道の民主運動支持者の票もえることができた。一方、こうした連合により、民主運動も今回の選挙で四二議席をも獲得した。これは彼らにとって、前代未聞の大きな数であった。民主運動はこれにより独立したグループを形成できる。このことは、マクロンが政策を素早く決定する上で重要である。実際に共和国前進と民主運動は、すべての都市部で過半数を取る勢いを表した[13]。

民主運動はこうして死の淵から甦る。二〇一七年二月にバイルーとマクロンが連合に合意したことの成果が、総選挙に即反映されたのである[14]。バイルーが法相に任命されたことと合わせて、民主運動は歴史的に最大の地位をえることができた。彼らは、大統領側の第二番目の柱となる。議席数から見ても、民主運動は共和国前進と共和党に次ぐ。そこで彼らは、共和国前進と連合を組む一方で、両者の間に主従関係がないことを確認する。民主運動はむしろ、自ら中道の軸として再建することを願う。しかし、サルコジ政権のときにバイルー派が右派に転向した経緯がある。今回の選挙はそれゆえ、そうした転向派に対するリヴェンジの様相も呈した。これらのことから判断すれば、今後も民主運動が一枚岩になって共和国前進と共に歩むとは考えにくい。

そうした中で、共和国前進と民主運動の連合による大勝利に水を指すようなスキャンダルが巻き起こった。マクロンが新たに指名した閣僚の中に、先に見たフィヨンと同じく金銭上の不正行為を行った四人の人物が含まれていたのである。[15] そこには、共和国前進の選挙キャンペーンの軸であったF・フェラン（Ferrand）や民主運動総裁のバイルーらの名前が連ねた。フェランは不動産売買の不正を行い、バイルーは欧州議会でのアシスタントの悪用が疑われた。マクロンは、彼らが法的審理を受ける前に政府のティームを発足した。このことは、フランスの有権者に大きな不信感を抱かせたに違いない。大統領は、政界のモラル化に従事することを高らかに宣言していたからである。この点は、とくにバイルーの指名について問題となる。彼は法相に指名されることで、政府活動の信頼回復を担うと期待された。しかし、彼のポジションはこの事件で激変した。バイルーの政治力が失墜したことは言うまでもない。さらに、それどころかマクロンの任命責任も問われる。少なくとも、フランスの大統領を中心とした政治システムに対する信頼の再建が、これによって遠のいたことは疑いない。

　これまで見てきたように、フランス社会は、恵まれている部分とそうでない部分に分裂している。そして忘れてならないことは、マクロンを強く支持した有権者は前者に属しており、後者に属する人々である庶民階級は彼に必ずしも賛同していないという点である。彼の指名した閣僚のスキャンダルによって、反マクロン層の有権者はどう感じたであろうか。政治に対する一般市民の不信感は、より強まったのではないか。そうでなくても、今回の総選挙における棄権率の高さは、まさに「棄権主義（absentitionnisme）」と呼べる現象を示した。そうだとすればマクロン政権のリスクは、議会での反対ではなく、一般市民とりわけ労働者を中心とする庶民の反抗にあると言えないであろうか。彼らがこの点を考慮せずに独走したとき、そのリスクが一段と高まることは間違いない。

三、二大政党の決定的敗北

(一) 共和党の衰退と分裂

　今回の総選挙で最も驚くべきことは、すでに大統領選でその予兆が現れたように、フランスの伝統的な二大政党である共和党と社会党が決定的に敗北したことである。そこで最初に共和党について見ることにしたい。

　右派を代表する共和党（ＬＲ）は、民主独立同盟（Union des démocrats et indépendants, ＵＤＩ）と

共に、一四の都市部で誰も議員を出せなかった。[16] 共和党支持の低落は、すでに予備選の段階から現れていた。同党の前途は暗い。彼らは、目に見えて分裂する姿を表している。[17] 一方でジュペ派を中心に、社会民主的なヴィジョンを基本的に共有する派がある。彼らは言うまでもなく、フィリップ首相の下で勢いを増している。これに対して、サルコジ派らの保守的な右派は、オールタナティヴがないままに、とにかくジュペ派らに反対する。これでもって、共和党が共和国前進に真に抵抗できるとは到底考えられない。

最終的に共和党と民主独立同盟の議席は、それまでのものから約七〇議席も減少した。この敗北は議論の余地がない歴史的なものでさえあった。しかも留意すべき点は、この事態が彼らにとって全くの予想外の出来事であったという点であろう。なぜなら、総選挙のわずか六ヵ月前の二〇一七年早々における世論調査は、両党から成る右派連合が、圧倒的な過半数で勝利することを予測していたからである。[18] フィヨンのスキャンダルは、右派を地に落として彼らに深い傷跡を残したと言ってよい。

共和党を再建するための課題はあまりに多く、また重い。右派は、イデオロギーの再構築を図らねばならない。しかし、そのためにはまず、共和党の分裂のリスクを回避する必要がある。彼らの中から、フィリップ首相を含めて何人もの閣僚がマクロン政権に加わったことに対し、依然として強い批判が党内にある。このような姿勢で彼らは、党内分裂の状況を制御できるであろうか。そうしたリスク回避が容易でないことは明らかである。

(三) 社会党の凋落

一方、二大政党の一翼を担ってきた社会党の勢力衰退は目を覆うばかりである。左派を代表する社会党は、共和党よりもなお一層深刻な事態に追い込まれた。彼らにとって、今回の総選挙はまさしく歴史的な大敗北であった。[19] 社会党は、この前の選挙で二八〇議席も獲得したのに対し、今回はたった三〇議席を確保したにすぎない。彼らは一応独立したグループを形成できるものの、一大野党になるにはほど遠い存在と化した。しかも社会党の党内で、中道左派と左派の間の鋭い対立が見られる。その結果は、大統領選と総選挙の双方で惨めな敗北となって現れた。彼らは今後、党を建て直すことができるのか。共和党と同様の課題が待ち受けていると言わねばならない。

今回の総選挙で、社会党がかつての牙城であった地域においてさえ完敗したことは、その大敗北を象徴している。例えば、北部（Nord）とパ・ド・カレ（Pas-de-Calais）で社会党の砦は陥落した。[20] 二〇一二年の選挙のとき、そこでは六二万票近くもが社会党に投じられた。この二つの選挙区で社会党議員は一八人にも上った。しかし、彼らは今度の選挙で抹殺された。北部は不服従のフランスにより、またパ・ド・カレはFNに議席を奪われてしまったのである。

この事態に、北部の元社会党議員は、この結果は社会党とオランド政権に対する懲罰のサイクルが始まったことを意味し、それが集団的でさえあるとするコミュニケを発表した。これに対して不服従のフランスの若い支持者は次のように語る。「市民の冷たい怒りがある。マクロンとその仲間は誤解の上に益をえた。衣装や人物を変えても、自由主義的政策は変わらないままである。刷新されねばならない」[21]。そこでは失業者や工場労働者が多く、彼らはそれこそ不安の真只中にいる。そうした人々を中心とする庶民階級は、社会党ではなく不服従のフランスを選択した。そこには明らかに、オランド政権に対する怒りがある。それはまた、当然にマクロンにも向けられた。彼は、社会党政権下で経済相を担い、人々に不人気な財政政策を推進する役割を演じたからである。

他方で、そのような地域の有権者の間には、政治家に対する強い不信感があったに違いない。彼らは、選挙そのものを拒絶した。実際に北部での二〇一七年総選挙における棄権率は六〇％弱にも上った。それは、二〇一二年のときの四六％に比べて大幅に増大した。また、白票も大量に投じられた。それは、投票者の六・五％を上回るほどであった。

一方、パ・ド・カレではＦＮの支持が完全に根づいた。大統領選でも、そこではル・ペンが支持された。そして総選挙でも、ＦＮは四一％強の票を獲得した。どうしてそうなったのか。それは唯一、社会党の採った当地での脱工業化戦略に由来する。これにより、パ・ド・カレの鉱床地区は壊滅的な打撃を被った。そこでの若者（一八〜二五歳）の失業率は、何と約四二％に達した。この事態を社会党は予想したであろうか。あるいは彼らは、失業問題などは考えずに産業転換を強引に図ったのであろうか。そして、ここでぜひ忘れてならないことは、そうした脱工業化を推進した立役者が当時の経済相マクロンであったという点である。

社会党はこのようにして、オランドが勝利してからわずか五年で地に落ちた。彼らは「決定的な大敗（une déroute sans appel）」を喫した。彼らの議席は、解散前のものから一〇分の一弱にまで減少した。この数は、同じく大敗した一九九三年のときの五七議席よりもさらに三〇議席近く少ない。社会党は、同盟の党である「左派ラディカル党（Parti radical de gauche, ＰＲＧ）」と合わせても四〇足らずの議席を確保したにすぎなかった。

多くの社会党党員は、実は選挙前から、ひょっとして議会でグループを形成することさえできないのではないかと心配した。それだけは何とか免れたものの、「バラ」色の政党であるはずの社会党が、この悲惨な事態から脱け出る道は遠いと言わねばならない。党首のＣ・カンバデリ（Cambadélis）は、「左派は完全に変わらねばならない」と語る[22]。

この党首の声明は正しい。問題は、それをいかに実現するかにある。社会党は真に、これまでの政策を抜本的に再検討する用意があるか。より具体的には、オランド政権下の緊縮政策を見直して、新たな社会プランをつくるつもりがあるか。この点こそが問われるに違いない。さらに彼らは、フランスの庶民階級からの批判を真摯に受け止めながら、これまでのエリート層寄りの姿勢から離れる必要がある。それは、より庶民的な視点で党を刷新するためである。

今までの社会党政権を支配してきた中道左派の力は、マクロンと共和国前進の勝利によって完全に破壊された。彼らは、伝統的な社会党支持の有権者の大部分を奪ってしまったのである。こうした中で、社会党の大統領候補であったアモンは、「パルティザン（同志）を超えた左派」という新しい組織づくりを二〇一七年七月初めに開始する。これにより彼は、まずは社会的基盤の創出から社会党の再生を図る。この道筋は正道であろう。問題は、それがスムーズに運ばれるかという点である。社会党の行く先には、直ちに解決すべき様々な難問が待ち受けている。まずは、下院でマクロン政権を信任するかどうかを党として決定しなければならない。また、マクロンの提唱する労働コードの改正に対する社会党の方針も固める必要がある。一部では確かに、フィリップ首相の提案に反対し、社会改革のために闘う動きも見られる。しかし、それでもって党が一致している訳では決してない。ここに大きな危険因子が潜む。もし社会党が政府の意向に対してラディカルな反対姿勢を真に示さなければ、彼らは死滅する恐れさえある。この点は決して空事ではない。それほど社会党は追いつめられている。

他方で、社会党はメランションの率いる不服従のフランスとの関係も明らかにする必要がある。このことなしに党の再建は考えられない。実際にメランションは社会党を激しく分裂させた。そうであればなおのこと社会党は彼とのパートナーシップを探らねばならない。それは、将来の社会的闘争に備えるためであると同時に、アモンが謳うように、すべての左派の間の関係を再構築するためである。ところが現実には、党内でメランションを拒絶する動きが依然として見られる。社会党は不服従のフランスとの関係づくりで一枚岩になれないでいる。

今日、社会党は間違いなく混迷状態にある。先に示した左派のアモンによる新組織の設立に対し、右派のヴァルスは反対する姿勢を崩さない。彼らは党を破壊させる扉を開いた。それはカタストロフに向かうリスクを持つ。実際に党員の間で「我々は崩壊のプロセスに入っている」という認識がある。[23]

社会党の力は、間違いなく非常に低下した。党の分裂は深まると共に、組織の複雑さは一層増した。その中でアモンは、新しいリーダーとしてイギリス労働党のコービンのようになれるであろうか。[*1] アモンを支えるべき新たな運動が党内で起こるであろうか。もしもこれらの見込みがなければ、フランス社会党の将来は真に暗い。

社会党はこれまで、確かに数多くの危機を乗り越えてきた。その中で同党は、ミッテランとオランドによって政権を握ることができた。しかし、それでもって社会党の性質自体が根本的に変わり、それによりかつての同党支持の有権者を失ったとすれば、これほど皮肉な話はない。この点を踏まえて、社会党はこれまでのプロセスを振り返りながら、それがもたらしたネガティヴ効果を猛省する必要がある。彼らは、二一世紀型の新しい社会主義政党として甦るのか、あるいはこのまま死滅してしまうのか。社会党は今日、巨大な挑戦を受けねばならない。

四．新興政治勢力の台頭

以上に見たように、二大政党が凋落する中で、共和国前進以外の新しい政治勢力が総選挙でも大きく力を伸ばした。不服従のフランス（ＬＦＩ）とＦＮがそれらの勢力を代表する。まず、不服従のフランスに注目したい。

ＬＦＩは今回、議会で初めてグループを形成できるまでに発展した。[▼24] 彼らは、協力関係にある共産党と合わせて一七の議席を獲得し、グループ形成の条件をクリアしたのである。このLFIの躍進は、同党の候補者が一部の選挙区で共和国前進（LRM）の候補者を打ち破ったことに端的に現れた。例えば、LFIのスポークスマンであるA・コルビエール（Corbière）は、第七行政区のセーヌ・サン・デニス（Seine-Saint-Denis）でLRMの候補者に勝利した[25]。彼は、「一定の人々が私に投票したのは、マクロンにノーと言うためである」「私は庶民の力をまとめるためにある」と高らかに宣言し、反マクロンの左派同盟を呼びかけた。

メランションは二〇一二年の総選挙のとき、一部の地区（例えばパ・ド・カレ）でル・ペンと真っ向から闘いを挑み、手痛い敗北を喫した。それ以降、彼は戦略を根本的に変更する[26]。そこでは、フロント対フロントというラディカルな路線が除かれた。メランションは、左派の域内で社会党や共産党における彼の支持者と協力しながら、より安全な道を選択したのである。ただし、彼の闘争の姿勢は崩されていない。否、むしろそれは高まったとさえ言える。メランションは、闘争の灯がフランスの人々によってともされたと宣言し、社会の「根本的な解決を図る（vider les abeés）」必要があると訴えた。

LFIはこうして、フランスの左派の新しいページをめくった。彼らは確かに、何か新しい事を引

＊1　イギリ労働党の新しい動きについては前掲拙著『BREXIT「民衆の反逆」から見る英国のEU離脱』三二四〜三二七ページを参照されたい。

き起こしている。ＬＦＩの党員に若者が増えていることはその典型である。この若者達は、自分らが新興の力になっていることを自負する。そして、このことは左派に期待する人々に希望を与えた。事実、従来の社会党や共産党のあり方に失望した人々をＬＦＩは吸収した。だからこそ、かつてそれらの党が支配的であった地区で、ＬＦＩが勝利するか、もしくは善戦する場面も見られた。その一つの例として、社会党の元首相であるヴァルスの派が押えていた地区で、ＬＦＩの候補者がほんのわずかな差で敗れたことが挙げられる。[27]それだけ社会党は嫌われ、逆にＬＦＩの支持は上昇した。

他方で、フランスの伝統的な左派の共産党はまだ死んでいない。しかし、その力は明らかに陰りを示している。前回の総選挙で、共産党が議会でグループを形成できたのに対し、今回はそれが難しかった。彼らはもはや、単独の左派政党としてではなく、ＬＦＩと協力関係を結ぶことによってしか力を発揮できない。[28]事態はこのように変わってしまった。ここに、新興勢力としてのＬＦＩの意義が見出せる。彼らは共産党といっしょになることで、マクロン派の議員が対応できない社会的階層すなわち労働者、若者、並びに失業者らの側に立って運動を展開することができた。

一方、もう一つの新興勢力である極右派のＦＮはどうであったか。今回、極右派は八人の議員を選出し、そのうちＦＮに所属するのは二人（その一人はル・ペン）にすぎなかった。これは、二〇一二年の選挙のときの数より少ない。[29]この数が、ＦＮの期待したものからほど遠いことは言うまでもない。彼らは、議会で反対勢力に必要な一五人の議員を当然持てない。この点は、ＬＦＩと全く対照的であった。

ＦＮはどうして伸び悩んだのか。党首のル・ペンは、その最大の要因をフランスの選挙制度そのものに求める。彼女は、それを専制的で不条理な民主主義制度とみなし、その投票方式を痛烈に非難した。彼女はそれに代わって比例代表制の正当性を訴える。もしそうなれば、ＦＮは一二〇人もの議員をえたはずである。ル・ペンはこのように豪語した。

果たして、ＦＮの低迷は選挙制度のみを要因とするであろうか。そこには、より根本的な原因が潜んでいるのではないか。人種差別主義者の父親との関係やユーロ・ＥＵとの関係などの問題が、その原因として真っ先に思い浮かぶ。ＦＮは、これらの問題に対して、大統領選以来、明快な対応を欠いた。これでは、有権者のＦＮに対する不安は払拭されないであろう。ＦＮは結局、社会党のケースと同じく、抜本的な方針転換を迫られていると言わねばならない。

以上、我々は共和国前進（ＬＲＭ）の圧勝したことと並んで、一挙に勢力を伸ばした新興政党の動きを、ＬＦＩを中心に検討を重ねた。それらを振り返って見ると、ＬＲＭが今回の総選挙で大勝したものの、それによって彼らが完全に思い通りに事を運べるとは考えられない。何よりも、くり返しになるが、異常なほどの棄権率の高さが、現行のフランスのシステム（体制）に対する人々、とりわけ庶民階級による無言の、かつまたアグレッシヴな反抗を表している。この点は、マクロン派も気づいている。彼らに近い元外相のＡ・ルロイ（Leroy）は次のように述べる。「我々の国に民主主義の疲労がある。それを考慮しなければならない。……人々はもはや、彼らの選んだ人によって代表されていると感じていない。これは正常でない[30]」。この発言は正当な表明である。問題は、なぜそうなったのかという点であろう。ＬＦＩやＦＮは、庶民階級の人々が多く居住する地区でどうして票を伸ばしたのか。このことの意味をぜひとも考えねばならない。それはまた、フランスの社会問題を直視することにつながる。そしてこの点が、マクロン政権の最重要課題となることは間違いない。

注

▶1　Le Monde, " Macron sans opposition—Une abstention record ", *Le Monde,* 13, juin, 2017.

▶2　Roger, P., " L'abstention record ternit le succès de Macron", *Le Monde,* 20, juin, 2017.

▶3　*ibid.*

▶4　Steinmetz, P., "Les partis forment les « primo-candidats»", *Le Monde*, 22, mais , 2017.

▶5　Roger,P.,*op.cit.*

▶6　Pietralunga, C., & De Royer, S., " Majorité absolue et victoire relative pour Macron", *Le Monde*, 20, juin, 2017.

▶7　Daoulas, J.-B., Dupont, T., & Mandonnet, E., "La recomposition, un sacré pari", *L'Express,* 10, mai, 2017, pp.74-75.

▶8　Rosencher, A., "Macronmania", *L'Express*, 7, juin, 2017, p.27.

▶9　Bonnefous, B., Pietralunga, C., & De Royer, S., "En marche! ver les pleins pouvoirs", *Le Monde*, 13, juin, 2017.

▶10　Lemarié, A., " Une cohorte de novices fait son entrée au Palais-Bourbon", *Le Monde,* 20, juin, 2017.

▶11　Jérôme, B., " A Paris, Le République en marche fait le petit chelem", *Le Monde,* 20, juin, 2017.

▶12　Rof, G., " A Marseille, les macronistes rognent sur la droite", *Le Monde,* 20, juin, 2017.

▶13　Roger, P., "Les rapports de forces du second tour ", *Le Monde*, 20, juin, 2017.

▶14　Roger, P., " Le MoDem de François Bayrou renaît de ses cendres", *Le Monde*, 20, juin, 2017.

▶15 Éditorial,“Coup de semonce pour le président Macron”, *Le Monde*, 22, juin, 2017.

▶16 Roger, P., “Les rapports de forces du second tour”, *Le Monde,* 20, juin, 2017.

▶17 Fressoz, F., “La bataille de l’opposition”, *Le Monde,* 20, juin, 2017.

▶18 Goar, M., “La droite évite le pire avant de régler ses comptes”, *Le Monde,* 20, juin, 2017.

▶19 Pietralunga, C., & De Royer, S., *op. cit.*.

▶20 Moniez, L., “Le cruel partage des dépouilles du PS dans le Nord”, *Le Monde*, 20, juin, 2017.

▶21 *ibid.*

▶22 Bonnefous, B., “Le PS subit «une déroute sans appel»”, *Le Monde,* 20, juin, 2017.

▶23 Mestre, A., “Le Parti socialiste un peu plus affaibli après le départ de Hamon”, *Le Monde,* 4, juillet, 2017.

▶24 Fressoz,F., op.cit.

▶25 Mestre, A., “Corbière plaide pour une union anti-Macron”, *Le Monde,* 20, juin, 2017.

▶26 Desmoulières, R.B., “Jean-Luc Mélenchon prend sa revanche sur la présidentielle”, *Le Monde,* 20, juin, 2017.

▶27 Zappi, S., “ Valls l’emporte sur le fil dans un climat tendu”, *Le Monde,* 20, juin,2017.

▶28 Beuve-Méry, A., “ Le PCF retrouve quelques sièges historiques”, *Le Monde,* 20, juin, 2017.

▶29 Faye, O., “ Au Front national, Marine Le Pen s’offre du répit”, *Le Monde*, 20, juin, 2017.

▶30 Pietralunga, C., & De Royer, S., *op. cit.*.

第9章　マクロン政権の基本政策をめぐる諸問題

総選挙で大勝した共和国前進は、政権政党として首相と共に基本方針を打ち出したものの、マクロンの大統領としての人気は就任早々急速に低下した。どうしてそのようなことが起こったのか。以下では、このことを考えるために、ひとまず彼らの提示した基本方針と社会政策以外の諸政策、すなわち財政政策を中心とする経済政策や欧州政策を取り上げることにしたい。それらの基本的な政策にいかなる問題が潜んでいるかを検討することで、マクロン政権の抱える課題が何であるかを探ること、これが本章の目的である。

一．マクロンと共和国前進の基本方針

マクロンの基本的姿勢を、イデオロギー的にいかに捉えてよいか。まず、この問題をここで再度

取り上げて論じておくことにしたい。それは結局、様々な政策に反映されると思われるからである。

すでに見たように、彼自身は右派でもなく左派でもないと唱え、両者の間の亀裂を解消させることを目指す。そこでイデオローグとして見たとき、マクロンは第一に自由主義者であり、同時に進歩主義者とみなされる。[1] ただし、この場合の自由主義には「左派の」という形容詞が付く。ここにそもそも矛盾がつきまとう。両者は、フランスで矛盾した二つの言葉を表すからである。また、明日は今日よりもよいとする進歩主義は、進歩が困難に直面したときに危うくなる。これらを踏まえれば、彼のイデオロギーで左派と右派の亀裂を乗り越えることは難しいと言わねばならない。

さらにもう一つの根本的問題がある。マクロンは、国家と市民社会の双方の力を信じる。[2] しかし、両者の力をいかに均衡させるかについて、彼は何も述べていない。民主主義の真の再生を願うとすれば、市民の力による国家のコントロールが必要とされるのは言うまでもない。マクロンは、敢えてこの点を認めていない。今日、統治者階級の支配する法が、人民の主権を上回っていることは明らかであろう。彼は、フランスのエリートが人民を支配することに対して何もコメントしていないのである。

ところで、マクロンは経済政策の基本方針については、明らかに右寄りの自由主義的姿勢を採る。彼は、フランスの経済システムが企業家によってリードされることを容認する。[3] 彼らが引っ張るヒモにすべての人が参加すればよい。彼はこう唱える。マクロンはしたがって、これまで右派が支配してきた自由主義的な経済政策を完全に受け継ぐ。この点で彼の経済政策には、何の「革命」も見られない。

一方、マクロンは行動力を最重視する。彼は情熱的に政策の遂行を訴える[4]。そこで問題となるのは、彼の行動力に対する共和国前進の姿勢であろう。世論調査によれば、フランス人の四分の三は、同党が他党に比べてより革新的であっても民主的ではないとみなす。それほど同党に対するマクロンの力は大きいと思われている[5]。事実、彼は同党を集権化して垂直的な意思決定を行うことができる。

このようなマクロンの共和国前進に対する統治はスムーズに展開されるであろうか。まず、同党を支持する若者の問題がある。彼らはそもそも、共和国前進を一つの運動グループと考える。それゆえ、それが政党であるという認識は、彼らの間で必ずしもない。今後、彼らの意識をどのように変えられるか。もしそれができなければ、若者の同党に対する信頼が低下することは否定できない。また、社会党から転向した左派の支持者に関する問題もある。彼らは当然に、左派のプロジェクトを具体化したい。それは、労働者や年金受給者の権利などに現れる。マクロンが、社会の面で左派寄りの姿勢を示すのであれば、共和国前進はそれこそ社会的保護のメニューを実行しなければならない[6]。もしそれを怠れば、左派の人々の不満が高まる一方で、フランス社会の底辺に位置する庶民による反撃が始まるであろう。

二．マクロニズムと権威主義

こうした中でマクロンは、大統領に選出されてからわずか三ヵ月後にその人気を大きく低下させた。それは、歴代の大統領のケースと比べて前代未聞の下落を示した。[7] それゆえマクロン政権の最初の夏は、実に暗いものとなった。フランスを代表する世論調査機関のＩＦＯＰは二〇一七年八月末に、マクロンの支持率が二〇ポイント以上も下がり、それがついに四〇％に至ったことを明らかにした。[8] この値は、同時期のオランド（五四％）やサルコジ（六七％）のときと比べて記録的に低い。マクロンが就任して以来、フランス人の彼を監視する眼は、過去のケースよりも一段と厳しくなった。それは、彼が大統領の任務開始直後に行う増税などの悪習に従わなかったにも拘らず進んだのである。どうしてであろうか。

まず、フランスの有権者のマクロンに対する要求のレヴェルが非常に引き上げられたことが挙げられる。それほど彼の革命の約束が与えたインパクトは強いものであった。彼はほんとうにその約束を守るのか。このことが、人々の間で問われたのである。さらに、決して忘れてならないことは、マクロンが予備選でたった二四％の得票率しか獲得できなかった点であろう。これは、オランド（二八％）やサルコジ（三一％以上）のときよりも低い。確かに本選でマクロンの得票率は六六％もの高い割合を示した。しかし、それはあくまでもＦＮに対する有権者の反応を示しているにすぎない。同時に彼は、右派でもなく左派でもないという姿勢により、両派に対して失望した人々の票を集めることができた。ところが一旦選出されると、経済的かつ社会的な問題について様々な有権者を同時に満足させることは極めて難しい。[9]そうした中で、有権者の疑念の気持が高まったと言わねばならない。実際にマクロンは、非常に皮肉なことに彼を選んだのではない人々によって選ばれたのである。もし彼が、こうした有権者の支持動向を見誤り約束を反故にすれば、彼らの思わぬ反撃を食らうことになる。

実は、マクロンの当初描いたグランド・デザインは、すでに消えてしまった。それゆえ有権者の間に、彼の方針に対する疑いが広がったのである。[10]第一に、政府の赤字問題がある。マクロンは選挙キャンペーンで、欧州政策のキーとして公的赤字を対GDP比で三％にすることを強く提唱した。しかし、それは達成されていない。第二に、課税軽減の問題がある。二〇一七年七月早々にフィリップ首相が約束した住宅に対する個人的支援（APL）が素早く実行されていない。その開始は二〇一八年に引き延ばされてしまった。他方で、諸々の社会的支出は削減された。社会的保護と地方自治体に対する支出の五年間にわたる八〇〇億ユーロの削減は厳格に履行されたのである。このような課税軽減の先送りと社会的支出の凍結・減少は、まさにオランド政権のやり方を踏襲するものであった。

さらに由々しきことは、マクロン政権が富裕者に優しいというイメージを人々に与えた点である。それは、後に詳しく論じるように「連帯富裕税（ISF）」を低下させると共に、労働市場を弾力化させることに端的に現れた。[11]逆に、労働契約の支援削減などに見られるように、貧困者に厳しい政策が打ち出された。その結果、学生や左派系野党、労働組合、並びに地方都市の市長などの反発が強まったのは当然であった。世論調査機関が指摘するように、フランスの有権者はまさに、マクロンの公約と現実との間に大きな落差を感じ始めた。[12] 彼らは、革命として示された約束と反対の動きに対し、希望から失望に気持を転換したのである。

では、そうした人々の政治家に対する憤りが突如として現れたのかと言えば決してそうではない。パリ・シアンス・ポリティークの政治学教授であるＰ・ペリノー（Perrineau）が論じるように、フランスの有権者は何年にもわたって政治家に対する不信感を露にしてきた。[13] この不信感が憎悪に転じ、さらに拒絶へとつながった。彼らの感情は次第にエスカレートした。二〇一七年一月の政治的信頼に関する調査によれば、七〇％の人々は現実の政界が大きな問題をもはや理解できないと考えていることがわかる。フランスの有権者は、政治システムに対する怒りを露にしたのである。

こうした中で、マクロンは確かに、旧政界のシステムを逆転させる意思を表明した。それは、ヒエラルキーのない水平的民主主義によって実現される。彼はこのように唱えた。しかし他方で、彼は第五共和政機構の垂直的な権力構造も十分に認める。そうだとすれば、マクロンの思惑どおりに旧政界のシステムを無くすことは難しい。彼はこの点で、決して革命的ではないし、また新鮮さをストレートに求めるタイプでもない。この点を忘れてはならない。

一方マクロン自身は、あくまでもフランスのシステムを刷新することを訴える。彼は二〇一七年一〇月半ばに、ＴＶをつうじて国民に対してスピーチを行った。[14] そこで彼は、「私は管理あるいは改革するためにここ（大統領官邸）にいるのではない。そうではなく、私はフランスを深く転換させるためにここ（大統領官邸）にいる」（カッコ内は筆者付記）と宣言した。また、「金持ちの大統領」と呼ばれることに対し、彼はしばしば「庶民の（populaire）」という形容を用いながら、自分が田舎の人間であることを強調した。そして、これまでの政治的行動に対する批判に、マクロンは「私は言ったことを行う。それは驚かすかもしれないし、ある人々を怒らせるかもしれない」と語り、そうした行動が大統領の義務であるとして自らを弁護した。

このようにしてマクロンは、人気の挽回を願って国民に寄り添う姿勢を色濃く示した。しかし実際には、彼の発言は人々にショックを与えたにすぎなかった。しかも、何の具体策も伴わないのであれば、彼の熱望（ambition）は悲しい情熱に終る。そして人々の反発が強まるに決まっている。例えば、賃金労働者の権利を無条件に拡大すると言いながら、実際には企業ガヴァナンスにおける彼らの力は強まっていない。労働者の経営参加は、たんなる謳い文句にすぎない。また、富裕者に庶民が対抗するというテーマに対してもマクロンは次のように述べる。「私は、富裕者により多くの税金をかければ我々はよりよくなるというようなフランス人の嫉妬を信じない」。これは、明らかに累進税を否定すると同時に、より裕福なフランス人を支えるものである。そこには、庶民を理解する姿勢が全く見られない。要するに彼は、新自由主義に基づいてトリックル・ダウン（富の移転）効果を専ら信じているにすぎない。

もしマクロンが、以上のようなヴィジョンの下に「改革の精神」を唱えるならば、有権者とりわけ庶民の心情は彼からますます離れていくのではないか。それによってエリート対民衆の対立構図が一層鮮明になることは言うまでもない。同時に、彼自身の孤立も深まるであろう。そうでなくても、共和国前進の中でマクロンに強く進言できる人物は全くいないと言われる[15]。この状態は、彼を絶対的権力者にさせてしまう危険を伴う。これにより、彼の掲げる水平的民主主義が破壊されるのは当然であろう。

マクロンは大統領に選出された後に、その人物像をすっかり変えてしまった。彼は、選挙キャンペーン中に見せた人々と親密になる姿から、逆に彼らに威圧的で傲慢な態度を見せるようになる。彼はまさに、魅惑的な大統領から征圧的な大統領に転化した[16]。このことが、彼の人気を急落させた一つの大きな要因であることは疑いない。マクロンはこうして、大統領はすべてを決断できると思い込む。例えば、新飛行場の建設も彼により決定され、フィリップ首相により告知された。しかし、それは住民に拒絶された。良識のあるフランス人は、大統領を責任者であると共にコーディネーターと称す[17]。ところが現在、マクロンは鞭を入れる人物として人々の眼には映っている。

マクロンは、すべてをコントロールしたい。しかし、それは偏狭な権威主義のリスクを高める[18]。実際に政府の対策本部は、ますます権威主義的になりつつある。彼らは議会を軽視し、政府と議会の間の権力のバランスを大きく侵害した。水平的民主主義はこれによって完全に否定された。その結果、下院議員は怒りの声を上げながらマクロンの権力掌握を心配した[19]。例えば、農業退職者に対する年金改革法案の提議について、政府は可決のための投票を阻止した。これは、議会に対する稀に見る暴挙であった。それは紛れもなく法の悪用であり、組織力の一撃を示す。マクロンと彼が率いるかつての前進は、選挙キャンペーンで権力のヒエラルキー・システムを絶対に採らないことを公約したはずではないか。彼らはまさしく、それを反故にしたのである。

共和国前進の議員が巨大な過半数に達していることは、間違いなく議会での修正の権利を制約できる。彼らは、そうした修正に反対声明を打ち出せるからである。しかも彼らは、それは言論抑圧ではないと主張する。しかし、そもそも議会での修正の権利は、憲法の上で絶対不可侵なはずである。これに対してマクロンは、改革をスピーディに行うために議会運営をより有効にすることを訴える。彼はまた、そのような改革の進展をフランス人が望んでいると語る。ほんとうにそうであろうか。もし彼の目的が議会の権限を破壊することにあるとすれば、彼が超大統領となるのは目に見えている。このときフランスの有権者は、彼に反抗し始めるに違いない。

これまでフランスの政治権力が、大統領に集中されることは決してなかった。シラク、サルコジ、並びにオランドの各五年間においてもそうではなかった。あの強権を誇ったサルコジでさえ、その点は守った。マクロンがすべての権力を集中して全能を発揮すれば、彼はまさにかつての専制君主を再現させるに違いない。こうした中で、下院議員のF・ドルジ（De Rugy）は、議会が一層尊重されるべきとして権限のバランスを訴えた。政治学者のJ・L・ティボー（Thibaud）が論じるように、フランスでは確かに権力の大統領化が非常に強い。そこでは議会は二義的な役割しか持たない。マクロンはまさしく、そのことを絵に画いたように実現した。マクロニズムはネオ・ボナパルティズム（新ナポレオン主義）と化した。これは垂直的な権力掌握の方法を指す。議会と国民はその犠牲となる。

彼が選挙キャンペーンで訴えた、権力の垂直的方向の否定という約束はこれによって反故にされる。

マクロンは当初より、市場に対する信頼に基づく新自由主義を信奉する。それは今や、政治哲学者のＪ・Ｃ・モノ（Monot）が鋭く指摘するように、秩序と権威に結びついて「権威主義的自由主義」となって現れた[20]。マクロンは明らかに、民主主義のシェフとしての役割を演じていない。フランスは現在、民主主義的ガヴァナンスの危機に晒されている。民主主義制度が大多数の人を有利とするものであれば、少数の富裕者のみに利益をもたらす政策がマクロン政権の下で遂行されているのである。

三、財政緊縮政策の継続

マクロン政権下の経済政策に関する最大の眼目は、やはり財政政策であった。それは、フランスの経済と社会にとって長年の課題である。ＥＵの財政ルールやフランスの企業と家計に対していかなる財政政策を施すかは、今後のフランス経済の方向を決定する上で極めて重要な問題となる。そこでまず、彼らの財政政策とその問題点を検討することにしたい。

(一) 公共支出の削減

マクロンは、経済戦略の一つの目標を、財政収支の制御に据える。ここで彼は、オランド政権の採った政策と同じく財政緊縮の方針を打ち出す[21]。同時に、その際の財政調整は、唯一公共政策によってなされることが告知された。この点でマクロンは、何の革命ももたらさない。

このようなマクロンの基本方針は、フィリップ首相の政府戦略にそのまま反映された。フィリップは首相就任早々、フランスは財政を調整できない最後の国であるとし、もはやそれを放置できないと宣言する[22]。そこでマクロンは、フィリップに財政改革を委ねる。しかし、そうした政府の財政収支改善方針が、思惑どおりに進むかどうかは確かでない。フィリップは歴代の首相と異なり、選挙キャンペーンの産物として登場した人物ではないため、彼の政治的結集力は十分でないと判断されるからである[23]。

こうした中で政府はまず、公共支出を二〇二五年までの五年間に大きく削減することを表明した[24]。彼らは、なぜ公共支出による調整を行おうとするのか。それは、この調整が企業に対しても、また家計に対しても何の不満も引き起こさないと思われたからである。しかし現実には、公共支出の著しく大きな部分は、企業と家計の双方に直接的な利益をもたらす。この点を忘れてはならない。

例えば、家計の総可処分所得は、行政的な資金移転（三、四四〇億ユーロ）で補完される。それはとくに、医療と教育の場面で現れる。ところがフィリップは、家計に対する資金移転を六七億ユーロ減少させる方針を打ち出した。その分は、家計にとって年一三五ユーロに相当する。社会的資金移転は本来的に、人々の生活水準の不平等をなくす手段となる。そうだとすれば、マクロン政権の採る公共支出削減策は、フランス社会の不平等性を高めることはあっても低めることにはならない。

そもそもオランド政権の下で、社会的資金移転は大きく後退してきた。そうした政策に対し、フランス人は強い反感を抱いたはずである。だからこそ彼らは、マクロンの改革（革命）に期待したのではないか。これが裏切られたとすれば、とりわけその影響を最も被る庶民階級の間で不満と怒りが、政府のねらいとは逆に一層高まるのは疑いない。

一方、マクロン政権は公共支出の一翼を成す軍事支出の削減に乗り出す。これまでの公共支出政策を断ち切ることを目的に、彼らは防衛予算の見直しを図った[25]。これに対して懐疑的なＰ・ドヴィリエ（De Villiers）将軍は、辞任を余儀なくされる。この事実上のフランス軍トップの辞任は大きな反響を呼んだ。マクロンはこれにより、大統領の絶対的権力を前面に打ち出すことで、自らの権威の確立をねらった。しかし、フランス人の反応は、この大統領の姿勢に必ずしも好意的ではなかった。否、むしろ彼らの一部には、マクロンに対する反感さえ芽生えた。人々の眼には、そうした辞任事件が彼の権威主義を表すものと映ったからである。しかもフランスでは、深刻なテロ事件が相次いで起こっており、市民はそれに対する不安感を増していた。一体、マクロンはフランスの安全保障を確立できるのか。彼らはこのことを疑い始めたのである。

このようにして見ると、マクロン政権の第一の戦略として考えられた公共支出削減による財政収支の改善は、思い通りに進むとは言い難い。また仮にそうなったとしても、そのことによってフランスの人々の不満と不安がより一層高まるのであれば、なぜそのような緊縮政策を採らねばないのかが問われるのは間違いない。

（三）企業のための課税改革

では、財政収支を改善させるもう一つの手段である課税対策はどのように進められたか。まず、企業に対する課税にスポットを当ててみよう。

マクロンの経済プログラムはそもそも、企業を有利とするものであった。その一環として、税制面ではオランド政権の下で設定されたＣＩＣＥが強化された。これにより、雇用者の社会保険料（cotisation sociale）が六ポイント低下した[26]。それは二〇一九年一月一日より実施される。社会保険料の減免は言うまでもなく、企業にとっての労働コストの低下を目的とする。この点でマクロン政権は、オランド政権の政策を基本的に継承している。それればかりか政府は、企業寄りの姿勢をなお一層強く示したと言ってよい。

他方で、企業の社会保険料の減免は当然、国家の財政収入に大きなインパクトを与える。何もしなければ、それは政府の財政赤字削減方針と齟齬してしまう。そこで、その赤字追加分は埋め合わされねばならない。それは、法人税の増大以外にない。ところが、ここに大きな問題が潜む。フランスで法人税はすでにベルギーと並んで最も高いからである[27]。

マクロンはそれゆえ当初から、フランスの法人税率を欧州の平均値に収斂させることを、その経済プログラムに組み入れた。彼は、法人税率を現行の三三・三％から二〇二二年に二五％に引き下げることを謳う。もちろん、それは一挙に行われるのではない。法人税率は段階的に引き下げられる。そして、この法人税の減少は、マクロンの企業に対する課税対策の主たる要素とされたのである。

このようにして見ると、マクロン政権の経済戦略は企業論理を最優先することから成る。したがって課税改革も、当然彼らに有利となる形で行われる。それは、社会保険料の減免であり、かつまた法人税率の引下げとなって現れた。その結果どうなるか。政府の税収が減少することは言を俟たない。その分はどのように補塡されるのか。この点こそが問われるに違いない。

㈢　富裕者のための課税改革

政府は、さらに税収が減少することになる課税改革を打ち出す。それは、いわゆる連帯富裕税（ＩＳＦ）の改革であった。実はマクロンは初めからＩＳＦの改革を目指した。ＩＳＦは、フランスの投資をあまりに抑え、また企業と経済に大きなハンディキャップを与える。彼はこう唱えながら、二〇一八年よりその課税基盤を不動産に限定する対策を打ち出した[28]。その目的は、不動産投資に対して生産的投資を有利とすることにある。この課税改革は結局、ＩＳＦの、不動産所有の富裕者に対する課税すなわち「不動産資産税（impôt sur la fortune immobilière, ＩＦＩ）」への転換を意味する[29]。しかし、それによる財政コストは二〇億ユーロに上る。

マクロンはまた、生産的投資を一層促すために「単一源泉徴収課税（prélèvement forfaitaire unique,

ＰＦＵ）」を設ける。[30]そしてこのＰＦＵは、家計に優位性を与えると共に財政的には中立なものと告知された。ほんとうにそうであろうか。実際には、このＰＦＵによる課税の軽減は、最も富裕な家計に集中して現れる。それは、年平均で四五〇〇ユーロに達すると試算される。これに対し、この課税改革で財政的に中立になるには、ＰＦＵを四一・五％にする必要がある。

こうした中で政府は、二〇一七年九月末に資本に対する課税改革を発表した。そこでは、利子や配当金に対する一律三〇％のフラット課税が設けられた。[31]ここで、それが累進的でない点に注意する必要がある。また、これによる税収減は、二〇一八年に予想される課税減免全体の約半分を占めることになる。

どうして、そのような財政リスクを犯してまで政府は資本に対する課税改革を促すのか。経済相のル・メールは、「我々は資本に対する課税を軽減する。それは、フランス企業の成長力と雇用創出を自由化するためである」と語る。これに対して、もちろん反論がある。不服従のフランスの副総裁Ｅ・コッケレル（Coquerel）は、資本利得に優位性を無条件で与えても、それと生産的投資との間には何の相関も生じないと断じる。事実、資本課税の減免によって、成長を促すための経済に対する生産的投資がどれほど保証されるか全く定かでない。これに対して共和国前進の副総裁Ｇ・ル・ジャンドル（Le Gendre）は、「我々の改革は、フランスを転換しようとするものではない。そこに保証あるいは即座の反応を必ずしも探ってはならない」と述べる。この発言は問題である。それが、マクロンの唱えたフランスの変革という提言と矛盾するのは言うまでもない。

一方、富の移転効果を表すトリックル・ダウン理論は、ＯＥＣＤやＩＭＦなどの数多くの主要国際機関で問題視されている。最も富裕な人々に投資を促しても、経済成長を生まないどころか、むしろ不平等は拡大してしまう。そこで、マクロン政権が一方的にトリックル・ダウン効果を信じるならば、これまでの経験的事実が示すように、それはたんなる幻想に終わるに違いない。彼らの課税改革は、最も富裕な人々に対する一層の課税軽減で、そうした人々に投資をするように促すからである。

そもそもフランスでは、二〇〇七年の財政協定以来、より裕福な人々に非常に有利な課税改革が行われてきた。[32]それゆえサルコジは、「金持ちの大統領」と呼ばれた。そして今度はマクロンがその称号を与えられる危険に晒される。実際に二〇一七年九月半ばの世論調査によれば、五三％のフランス人は、マクロンの経済政策が第一に富裕な人々に利益をもたらすと考えていることがわかる。その根拠は、先に見たＩＳＦの改革に見出せる。その後の世論調査も、十人のうち七人までが、ＩＳＦの廃止は不平等を増すとみなしていることを示す[33]。

こうした中でメランションは、自分が「人民」の代表であることを宣言しながら、マクロン政権の寡頭支配化を糾弾した。彼は、ＩＳＦからＩＦＩへの転換を「金持ちの財政政策」と断じる[34]。また、社会党もマクロンが不平等な財政政策を導くとして批判した。前経済相のサパンは、マクロンの財政政策がサルコジのそれと同一線上にあるとみなす。彼はル・モンド紙に自ら投稿し、マクロン政権が最も富裕な人々に利益をもたらす課税制度を設定したとして、彼らを非難した[35]。そこでサパンは、マクロン政権の政治的失敗はモラルの失敗を意味すると論じた。

ところで、このＩＳＦ改革に対し、あのＴ・ピケティ（Piketty）もやはりル・モンド紙で次のように厳しく批判する[36]。ＩＳＦの廃止は、モラル、経済、並びに歴史上の重大な誤りである。この決定は、グローバル化が課した不平等の挑戦に対する深い無理解を示す。現実に不平等の意識が加速する中で、庶民階級は諦念の思いを抱くに違いない。この状況下で、フランスがＩＳＦを撤廃することは完全に的をはずす。そこには、それが資産家への贈り物であるという認識は全くない。実際に金融資産をより多く持つ人々は、不動産資産を持つ人々よりも一層速く増大しているのである。ピケティは以上のように論じて、ＩＳＦからＩＦＩへの転換が誤った政策であると断じた。

筆者は、このピケティの主張に全面的に首肯する。マクロンはＩＳＦの廃止を打ち出すことによって、革命どころか逆に「旧体制（アンシャン・レジーム）」としての金融システムの擁護に回帰した。オランドがかつて金融界との闘いを国民にアピールして大統領に選ばれたのと正反対に、マクロンは大統領就任後に金融界に寄り添う姿勢を明白に表した。この点は、彼が元ロスチャイルド銀行のバンカーであったことを思えばうなずける。

他方で、政府はこれらの批判に対して次のように応じた。「問題は、予算が富裕者のためかそれほど富裕でない人々のためかを知ることではない。もし、自由なあるいは社会的な予算が重要であるなら、問題はその有効性である」。しかしそうは言え、共和国前進の中で危機意識はある。それゆえマクロンの側近は、そうした批判を回避する手段を探る。彼らは、「公正で平等」な予算を議論の中心に据えた。そこでは、賃金労働者の社会的負担の軽減などの問題が論じられたのである。

事実、フランスの大多数の人とりわけ庶民階級の人々は、より一層の社会的公正を求めている。それにも拘らず、マクロンは社会を忘れている。政府は左派の声に耳を傾けない。左派の有権者がマクロンに投票したのは、富裕者に有利となる財政政策が行われないようにするためであったはずである。こうした左派の人々の期待は、見事に裏切られてしまった。実際に世論調査は、マクロンを賞賛するフランスの人々は右派であることを明らかにしている。そうした中でマクロン自身は、あくまでも庶民階級の人々といっしょに変革することを謳う。それは、課税改革の面にいかに反映されたか。次にこの点を見ることにしたい。

（四）社会的課税の改革

マクロンはまず、そのプログラムの中にフランスの家計の八〇％に対する住民税の全体的減免を組み入れた[37]。それは、中流階級の購買力増大を目的とする。ただし、この対策は財政上の観点から二〇一八年からしか施行されない。これにより当該家計は、一年間で住民税を三分の一に減少することができる。

しかし、この住民税の減免には問題点も多い。まず、それによって政府の財政収入は当然減ってしまう。その減収分は、三年間で最終的に一〇〇億ユーロに達する。したがってその分は、他の税収で埋め合わされねばならない。政府はこの点に対してどのように用意しているかが問われる。他方で、市町村の財政にも大きな影響が及ぶ。住民税は、そこでの財政収入の約三分の一を占めるからである。市町村のこうした収入減に対し、政府は中央予算から資金移転を行うつもりがあるのか。この点も問題となる。

一方マクロンは、社会的最低保障の改革を図る。それは、「ハンディキャップのある大人の手当て（allocation adulte handicapé, ＡＡＨ）」を一〇〇ユーロ増大、また「高齢者に対する連帯手当（allocation de solidarité aux personnes âgées, ＡＳＰＡ）」も同じく一〇〇ユーロ増大することとして示された。[38] ただし、これらの最低保障額のアップにより、政府の財政支出が嵩むことは言うまでもない。各々の財政コストは、八億六、五〇〇万ユーロと六億二五〇〇万ユーロに上る。

では、以上のような税収の減少と支出の増大を、政府はいかに埋めようとするか。マクロンは、その分を一般社会保障負担税（ＣＳＧ）の引上げで賄うことを提案した。[39] それは、ＣＳＧの一・七ポイントの上昇を意味する。ＣＳＧは、年金受給者も支払わねばならない。それゆえ、ＣＳＧの引上げは彼らにダメージを与えるのではないか。政府は、それほど多くない年金の受給者はＣＳＧを免除ないし減免されるため、そのネガティヴ効果はないと共に、それの財政的中立性を主張する。ほんとうにそうであろうか。

フランス政府の課税改革の最終目標は、それが再分配的になることで不平等を減少することにある。今回のケースは、ル・モンド紙の社説が指摘するように、明らかにこれにあてはまらない。なぜなら、フランス人の家計は、住民税減免の前にＣＳＧの上昇に従わざるをえないからである。[40] それによる不平等は確実に起こる。その結果財政的公正は達成されない。そして、この不平等な再分配に、さらに公共支出削減の一撃が加わる。他方で企業は、ＩＳＦの廃止からえた資金を、生産的投資ではなく内部留保として彼ら自身の中に貯える可能性が高い。

このようにして見ると、マクロンの意図に反して、その社会的課税の改革が真にフランスの人々とりわけ庶民階級に有利になるとは言えない。これにより、年金受給者や中流階級の人々の不満が高まることは十分に想定できる。実際にこの点は、二〇一七年九月二七日に発表された二〇一八年財政プロジェクトを見るとよくわかる。[41] 最後に、以上の議論を総括する意味で、このプロジェクトを示しておきたい。**表９－１**は、二〇一八年の財政手段が家計に及ぼす影響を推算したものである。見られるように、富裕者が勝者になるのは明白であろう。パンテオン・アサス大学の経済学教授であるＥ・レーマン（Lehmann）が論じるように、二〇一八年の予算は間違いなく金持ちのためのものである。また、新課税の軽減措置による利益が、より裕福な人々に集中することも正しい。最も富裕な一〇％の人々が

表 9-1　2018 年の財政手段による家計への影響（ユーロ）

	子供２人の世帯	独身の公務員	裕福な独身者、年金受給者（資産なし）	裕福な子供２人の世帯（資産なし）
純月収	4,500	1,800	3,000	9,000
CSG の上昇、社会的負担の低下、住民税の廃止による年効果	1,038	0	-661	2,075
2017 年の ISF 支払い	0	0	7,348	7,348
IFI の新課税	0	0	-3,873	-3,873
ISF の廃止による純益			3,476	3,476
税引き後収入の年当り総利益	1,180	144	3,013	4,929

（出所）Floc'h, B., & Tonnelier, A.,”Fiscalité: les gagnants et les perdants”,*Le Monde,* 9, octobre, 2017 より作成。

五年間で年七〇〇ユーロ得するのに対し、最も貧しい一〇%の人々は年に二〇〇ユーロしか得しないとする分析もある。こうして当面は、マクロン政権の財政政策によって大半の人が敗者と化す恐れがある。

さらに、マクロン政権の財政政策をめぐって、もう一点留意すべき点がある。それは、二〇一九年に向けた予算においても、これまでと同様に緊縮予算が想定されていることである。[42] 最終的に確定されてはいないものの、そこでは公共支出、社会的支援、住宅手当て、並びに公務員の各々の削減が盛り込まれている。このような財政緊縮政策の下で、社会の側面は当然欠落する。マクロン政権は結局、オランド政権で遂行された政策を基本的に引き継いでいるにすぎない。

四．欧州政策とEU改革

ユーロ圏の財政政策はそもそも、その財政規律に従うことを強いられる。それゆえ、加盟国の財政政策は根本的に、欧州に対する当該国の方針に関係する。先に示したように、オランドが財政規律に当初抵抗したのと対照的に、マクロンは初めからその規律の遵守を謳った。この姿勢を明確に表したのが、主たる大統領候補者の中で彼だけであったこともすでに指摘した通りである。しかし他方で、彼は経済相の時代からEUの改革について盛んに論じてきた。彼は大統領選に向けて著した自著の中で、「欧州は危機にも拘らず、世界に例のない経済・社会モデルを構築する術を会得してきた」と述べ、ＥＵを再建するための提案を行うと宣言した[44]。それはどのような案であり、また、そうした再建をいかに行おうとするか。これらの点を以下で検討することにしたい。

(一) ＥＵ改革案の提示

マクロンはまず、大統領選の前に、欧州への外国投資をコントロールする考えを表した[45]。そこでは、そうしたコントロールのための商業的な防衛手段が図られる。この点について、ＥＵ本部も賛同の意を表した。Ｊ・Ｃ・ユンケル（Juncker）委員長は、すでに欧州を保護する必要性を謳い、貿易面での反ダンピングを中心とする政策を検討していた。そのためＥＵは、マクロンの外国投資規制案をスムーズに了承したのである。

このようなマクロンの、ＥＵに対する外国投資のコントロール案は、ＥＵ本部のみならず他の加盟国の支持もえた。米国がＤ・トランプ（Trump）大統領の下に保護主義を加速する中で、欧州の数多くの国も自国の保護に対して共通の感情を抱いた。中でもドイツとイタリーは、マクロンの考えに強く賛同した。彼らは、外国投資規制を欧州の戦略的利害として捉えたのである。

一方、マクロンは大統領就任後にＥＵの保護主義的改革を一層進めようとした。その戦略の中核に「保護する欧州」という視点が据えられた。そして当面の改革は、欧州における海外からの「派遣労働（travail détaché）」を対象とした。彼は、一九九六年にＥＵで合意された派遣労働に関する法の再検討を提案する。[46] この提案は二〇一七年一〇月に、労働と社会事情の欧州閣僚の会合で可決された。それに反対したのはポーランド、ハンガリー、リトアニア、並びにラトビアのみであった。フランスの労働相ペニコーは、この議決は社会的ヨーロッパの再建にとって偉大な出来事と評価し、これによって各国の賃金労働者はより保護されると表明した。

フランスはこれまで、欧州の他国に対して自国の企業の競争力を故意に有利に導くような、いわゆる「社会的ダンピング」を強く非難してきた。*1 彼らは、同じ労働が行われるポストに対して同等の賃金が与えられる原則を強調した。ところが一九九六年の法令で、一国の最低賃金が各国にも適用されることが決まる。それはまた、当時のＥＵが西側欧州と東側欧州の分裂を避けたいがためであった。

実際にこの法令によって、東側欧州の企業から西側欧州に派遣される労働者が急増した。二〇一五年にＥＵ内派遣労働者は、二〇〇万人を上回る規模に達したのである。[47] 彼らは、本国の雇用者により他国に臨時に派遣される賃金労働者であった。とくに二〇一〇～二〇一五年の間に、派遣労働者の数は四〇％以上増大した。彼らは、ＥＵの雇用全体の一％弱を占めるに至る。ＥＵ内での派遣労働期間は平均で四ヵ月であり、この期間に派遣労働者は、彼らの送り出し国の社会保障を維持した。

そこでマクロンは、この法令を強く非難した。それは、労働者の社会的権利を低めることを促す国

＊1　社会的ダンピングは一応、合法的な社会的権利を抑制、回避、並びに規制する実践と規定される。この点について詳しくは、前掲拙著『ギリシャ危機と揺らぐ欧州民主主義』三〇一ページを参照されたい。

に有利になるからであった[48]。例えばポーランドは、その典型的な国である。フランス企業の負担する社会保険料は、ポーランドの企業のそれよりもはるかに高い。これは間違いなく、ポーランドの社会的ダンピングを表す。それゆえ、フランスとポーランドの対立的関係が長い間続いた。オランド政権のときに、ポーランドの極右派である「右翼と正義の党（Ｐｉｓ）」がフランスを非難すると共に政府がエアバス購入を中断したのはその現れであった。そのため、マクロンは大統領に選出されると直ちにポーランドを訪問し、彼らと派遣労働問題を協議したのである。

実は、この派遣労働問題は、マクロンの選挙キャンペーンにおける一つの象徴的なテーマであった[49]。そしてこのテーマは、マクロンのみならずル・ペンやメランションによっても取り上げられた。彼らは一様に、派遣労働のＥＵ指令に反対する。それだけに、マクロンとＥＵとの交渉による成果は、彼にとって重要な意味を持つものであった。

先に示したように、マクロンは当初より、プロ欧州の姿勢を前面に打ち出しながらＥＵの再建という熱望を表明した。しかし、これまで具体的な成果はなかった。それゆえ今回の妥結は、「社会的ダンピングに対抗する労働者のすべてを保護するための勝利」と謳われた。他方で、マクロンのライヴァルは、その成果に否定的であった。ＦＮの当時の副総裁フィリポは、今回の改革は小手先の修正にすぎないと語る。またメランションも、「政府は、社会的ヨーロッパの新たな後退に対するオピニオンを欺く」としてマクロン案を批判した。

確かに、マクロンの改革案で示された「同一労働同一賃金」というルールが適用されたとしても、そうした労働者の派遣が一挙に減少するかは明らかでない。ましてや、改革がまだ実施されていない状況で、派遣労働者の規模は依然として大きい。フランスにおけるその数は、二〇一七年に五〇万人を上回り、年に四六％も上昇した。[50]しかも彼らの労働は不規則であった。例えば、その労働時間は明らかにされていない。したがって、こうした雇用形態はまさしく、社会的ダンピングを促すものとして告発されねばならない。実はオランド政権のときにも、すでに多くの対策が派遣労働に対して採られた。ところが、それらには多くの制約があり実を結ぶことはなかった。結局のところ、そうした派遣労働者が現地労働者に取って代わるという置換労働の形を容認する限りは、根本的な問題解決の糸口は見えない。マクロン政権に、そのような抜本的改革案が用意されているかは疑わしい。

(二) ドイツとの協力関係

ところで、マクロン政権がEU改革案を提示する上で、つねに念頭に置いたことはドイツとの協力関係の強化であった。実際にマクロンの欧州再建プロジェクトは、あくまでもフランスとドイツの協調関係に基づく欧州政策であり、具体的にはユーロ圏の共通予算の設立を表していた。[51]そして、この両国の協調関係の構築は、ドイツでも十分に認識されていた。ル・モンド紙は二〇一八年一月に、ドイツCDUの財務相W・ショイブレ（Schäuble）と共和国前進のドルジにインタヴィウしながら、両者の基本的姿勢を明らかにしている。[52]その内容を要約すると次のようである。

まず両者の共通認識は、フランスとドイツの歩み寄りが欧州プロジェクトを再興させるという点にある。そこでショイブレは、フランスに対して経済的にも政治的にも強くなることを求める。それは、ドイツにとってもまた欧州にとってもよい。一方ドルジも、フランスはこれまで非常に弱かったため、欧州を前進させられなかったことを認める。

では、ドイツの欧州に対する貢献についてはどうか。ショイブレは、ドイツが欧州の「金庫」となるという考えを排するものの、ドイツがＥＵから経済的かつ政治的な優位性を引き出している点を理解する。それゆえドイツは、ＥＵ予算に対する一層の貢献に合意する。彼はこの点について、とくに欧州により多く投資する姿勢を持つことが重要であると考える。そして、メルケルもこの姿勢に賛同する。

一方、「欧州通貨基金（European Monetary Fund, ＥＭＦ）」のヴィジョンについて、ショイブレは、すでにマクロンといっしょにそうした基金をつくることで話し合ってきたことを明かす。それは、現行の「欧州安定メカニズム（European Stability Mechanism, ＥＳＭ）」の転換を意味する。そして、このような基金をつくる上でも、フランスとドイツの協力が必要とされる。それは両国の連帯と相互性に基づく。ショイブレとドルジはこの点で一致した見解を表す。

このように、フランスとドイツは協力しながら欧州の改革を進める用意がある。問題はその実現可能性である。フランスはいち早く、ユーロ圏の共通予算の設立についてドイツに合意を求めた[▼53]。それは、フランスの経済相ル・メールにより提起された。この共通予算は、永続的な税収と安定化の手段で賄われる。他方でドイツの新財務相O・ショルツ（Scholz）も、それが欧州に対してより抵抗力を与えると評価する。

しかし、フランスの共通予算案に対し、ドイツでは反対の声も強い。そこでフランスは、強大国から弱小国への財政資金移転を和らげる姿勢を示す。これによってドイツは、フランス案が資金移転というよりは信用供与を強化するものと理解し、それを受け入れる構えを表した。それはまた、メルケルのアイデアに近い。

最終的にメルケルは、二〇一八年六月にマクロンのユーロ圏共通予算案に合意する。[54] これは確かに、ユーロ圏の歴史を塗り変える第一歩となる。しかし、その合意は、フランスの一層密な統合という考えを全面的に表すものではない。そこでは、肝心の財政資金移転の問題が完全に抜け落ちている。唯一の合意点は、ESMをオーヴァーホールし、経済的に下落した国に対する緊急のローンを行うという点にすぎない。メルケルはこれにより、フランスとドイツの協力関係の成立を謳った。一方、フランス側から見れば、そうした関係はマクロンの思惑どおりのものではなかった。そのためのファンドの規模にしても、マクロンが二〇一七年八月に唱えた欧州GDPの数%というものからたった一%超に減少した。他方で、破綻した欧州の銀行を救うシステムについては全く合意がえられなかった。

このようにして見ると、フランスとドイツの連合は着実に歩み出したものの、それはゆっくりとしたものであると言ってよい。[55] その背後には、やはりドイツの国内事情がある。以上のような妥協案に対してさえ、ドイツの「キリスト教社会同盟（Christian Social Uniom, CSU）」は、それに反対する声明を発表した[56]。そして留意すべきことは、今回の合意がユーロ圏に対して実質的な意味を持つとは言い難いという点であろう。ＥＣＢの副総裁Ｖ・コンスタンチオ（Constâncio）がいみじくも語ったように、それは本来の目的に沿うものではない。

以上から判断すれば、マクロンが掲げる欧州改革のストーリーが、ドイツとの協力の中でスムーズに展開されるとは思われない。それはつねに、ドイツが納得するかどうかというリスクを伴う[57]。メルケルのドイツ国内におけるポジションが非常に弱い点を考えると、そうした改革が大きな問題に直面することは避けられない。ドイツの保守派の一部は、欧州改革の声に全く耳を貸すつもりがない。この点は、とくに銀行同盟の柱となる預金保障や財政資金移転の問題に端的に現れる。マクロンが、そのようなドイツ事情を考慮しながら、彼らに妥協する形で改革案をつくるとすれば、それはたんなる形式的なものに終るに違いない。

五．マクロン政権下の経済的課題

では、フランス経済はマクロン政権の施す諸政策の下で、真に復興できるであろうか。最後にこの点について検討しておきたい。

エコノミストは、二〇一七年のフランスの成長率は二％を上回り、二〇一八年はそれ以上の成長率を達成すると予測した[58]。これは、二〇〇七年初め以来、最もよいパフォーマンスである。消費者に対する信用供与も年五％を超える伸びを示す。不動産への信用供与は熱狂的ですらある。欧州の不動産に対する貸付の約半分はフランスに向かっている。雇用と投資に関する期待も、この十年間で最も高い。企業の収益率が、二〇一七年にかけて上昇したからである。さらに、フランスの工業化も復活の兆しを見せる。工場の新設は、二〇〇九年以来初めて閉鎖を上回った。こうしてフランスは、二〇一八年に素晴らしい国になる。このようにみなされた。問われるのはその正当性であろう。

確かにフランスのこの良い経済状況は、当然外国の企業に強くアピールした。二〇一七年一二月の世論調査によれば、フランスに立地する外国企業の六〇％がフランスは魅力的と答えていることがわかる。[59] これは、その一年前の三六％から大きく増大した。外国企業に対するフランスの魅力度の急激なアップは言うまでもなく、マクロン政権がプロ・ビジネスの姿勢を強く打ち出したことによる。彼らは、フランスの労働法の改正や企業に対する課税の減少を大いに評価したのである。

以上より、マクロン効果がフランス経済の面にはっきりと現れたとする見方が出される。ほんとうにそうであろうか。まず認識すべき点は、マクロンが大統領選で勝利する以前に、フランスの経済復興はすでに見られたという点である。[60] しかも、そうした復興はフランスのみならず全世界で生じた。グローバルな経済状況は非常にポジティヴであった。また、フランスの投資の力強さもユーロ圏のそれと同じであった。さらに、マクロン政権は前政権の採った経済政策から大きな益をえた点に注視する必要がある。その政策はＣＩＣＥと「責任のある協定」であり、これらが企業の収益を上昇させた。このことを忘れてはならない。

もしそうだとすれば、マクロン効果による経済復興というよりはむしろ、その後にマクロン政権は経済を強化できるかという点こそが問われるのではないか。景気の一時的な好転によって、フランス経済の脆弱性までもが見逃されてはならない。それには構造的要因がある。フランスの継続的で大きな貿易赤字は、その最大の要因の一つであろう。実際に、その赤字はますます膨らんでいる[61]。それは、ドイツの巨大な貿易黒字と実に対照的である。フランスでは、家計の消費と企業の投資増大によって輸入が急上昇する一方、輸出は世界貿易の進展に追いついていない。フランスの製品は明らかに、グローバル市場から益をえられない。オランド政権の行った企業の労働コストと社会的負担の低下による競争力の復活というプランは功を奏さなかった。そうした政策は、フランス企業の競争力不足に対応するものではなかった。したがってマクロン政権が、同様の政策を続ける限り、フランスの貿易赤字解消は全く期待できない。

実際にフランスは、二〇一七年に六〇〇億ユーロを上回る貿易赤字を経験し、一四年間も赤字を続けている[62]。マクロ経済的に見れば、それはフランスの経済成長を押し下げる一因となる。フランス経済は確かに、ユーロ圏の他国と同じ成長リズムを示せない。その後退は長期的現象を表している。

他方で、外国製品のフランス市場に対する侵食はますます強まっている。一方、フランス製品の輸出はグローバル需要に見合っていない。これはユーロのせいでは全くない。ユーロ圏の他国は輸出パフォーマンスを維持しているからである。どうしてフランスの輸出は低迷しているのか。その一つの要因は、輸出が依然として航空機に極端に依存している点に求められる。しかし、それはかりでない。

一層深刻なのは、フランス製品の競争力向上を図るための要素が不足している点である。それは専ら労働力の質に還元される。フランスで、その改善はあまりに遅れている。この点は後に述べるように職業教育の不十分さに端的に現れる。それはまた、若者の社会的編入の問題とも結びつく。要するに、フランスの輸出競争力問題は詰まるところ、労働と雇用の社会問題に突き当たる。マクロン政権が、この点を明確に認識して抜本的な社会改革を行わない限り、フランスの貿易赤字の解消を土台にした真の経済復興は達成されないのではないか。そう思わざるをえない。

注

▶1　Lhaïk,C., & Mandonnet, E., "Buisson-Minc: Macron au-de là des clivages", *L'Express,* 25, octobre, 2017, pp.56-57.

▶2　*ibid,* p.58.

▶3　*ibid,* p.59.

▶4　Lhaïk, C., "Macron en quatre mots", *L'Express,* 2, mai, 2018, p.30.

▶5　Lhaïk,C., "La République En Marche! —Le talon d'achille de Macron—", *L'Express,* 22, novembre, 2017, p.28.

▶6　*ibid*, p.32.

▶7　Le Monde, "Emmanuel Macron : les dossiers d'une rentrée sous tention", *Le Monde,* 2, septembre, 2017.

▶8　Bonnefous, B., "A l'Élysée, des difficultés ne font que commencer", *Le Monde,* 29, août, 2017.

▶9　*ibid.*

▶10　Lhaïk, C., "Macron Président……Normal", *L'Express,* 23, août, 2017, pp.24-25.

▶11　*ibid,* p.26.

▶12　Dupont, T., " Pas de tromperie, mais une déception", *L'Express,* 23, août, 2017, pp.27-28.

▶13　Karlin, E., "Les Français réapprennent à s'aimer—Entretien avec P. Perrineau—,", *L'Express*, 27, décembre, 2017, pp.80-81.

▶14　Bonnefous, B., & Pietralunga, C., "Macron s'explique, mais assume tout", *Le Monde*, 17, octobre, 2017.

▶ 15 Bonnefous, B., & De Royer, S., "Macron, la solitude organisée pouvoir", *Le Monde,* 10, octobre, 2017.

▶ 16 Mandonnet, E., "Avec lui, les cuisines ne se montrent pas", *L'Express*, 14, février, 2018, pp.38-39.

▶ 17 Daoulas, J.-B., "En marche au fouet", *L'Express*, 14, février, 2018, p.36.

▶ 18 Lhaïk, C., & Mandonnet, E., "La Com'de Macron d'ecryptée", *L'Express*, 14, février, 2018, pp.26-27.

▶ 19 Lemarié, A., "Macron assoit l'autorité de l'exécutif sur le parlement", *Le Monde,* 12, mars, 2018.

▶ 20 Clarini, J., "Macron, entre autorité et autoritarisme", *Le Monde,* 5, mai, 2018.

▶ 21 OFCE, "Évaluation du programme présidentiel pour le quinquennat 2017-2022"in OFCE, *L'économie française 2018*, La Découverte, 2017, p.93.

▶ 22 Bonnefous, B., & De Royer, S., "Edouward Philippe, premier ministre cerné et serein", *Le Monde,* 18, juillet, 2017.

▶ 23 Mandonnet, E., "À la manière d'Édouard", *L'Express,* 10, janvier, 2018, p.60.

▶ 24 OFCE, *op. cit.,* pp.93-94.

▶ 25 Éditorial, "Défence, l'equation budgétaire insoluble", *Le Monde*, 21, juillet, 2017.

▶ 26 OFCE, *op. cit.,* p.83.

▶ 27 *ibid,* pp.85-86.

▶ 28 OFCE, *op. cit.,* p.88.

▶ 29 Lemarié, A., "La réforme de l'ISF sème le trouble dans la majorité", *Le Monde,* 2, octobre, 2017.

▶ 30 *ibid,* pp.87-88.

▶ 31 Tonnelier, A., "Avec la transformation de l'ISF, le pari incertain du gain de croissance", *Le Monde*, 30, septembre, 2017.

▶32 Bonnefous, B., & De Royer, S., "Macron et le piege du « président des riches», *Le Monde,* 30, septembre, 2017.

▶33 Lemarié, A., "L'impôt sur la fortune s'eteint, pas la polémique", *Le Monde,* 23, octobre, 2017.

▶34 Lemarié, A., & Tonnelier, A., "ISF:la commission des finances vote la réforme", *Le Monde,* 14, octobre, 2017.

▶35 Sapin, M., "La réforme de l'ISF va à rebours de notre histoire", *Le Monde*, 18, octobre, 2017.

▶36 Piketty, T., "ISF : une faute historique", *Le Monde*, 9, octobre, 2017.

▶37 OFCE, *op. cit.,* p.86.

▶38 *ibid*, p.87.

▶39 *ibid*, p.89.

▶40 Éditorial, "Injustice fiscal ", *Le Monde,* 9, octobre, 2017.

▶41 Floc'h, B., & Tonnelier, A., "Fiscalité: les gagnants et les perdants", *Le Monde,* 9, octobre, 2017.

▶42 Belouezzane, S., & Tonnelier, A., "Budget 2019 : l'été brûlant de l'exécutif", *Le Monde*, 4, juillet, 2018.

▶43 Macron, E., *Révolution,* XO Éditions, 2017, p.223.

▶44 Perrineau, P., dir., *Le vote distruptif,* Presses de la Fondation nationale des sciences politiques, 2017, p.126.

▶45 Ducourtieux, C., "Commerce : Macron pass à l'offensive à Bruxelles", *Le Monde*, 20, juin, 2017.

▶46 Ducourtieux, C., "Un compromise trouvé sur le travail détaché", *Le Monde*, 25, octobre, 2017.

▶47 *ibid.*

▶48 Chastand, J.-P., "Macron ouvre une crise avec Varsovie", *Le Monde,* 28, août, 2017.

▶49 Bonnefous, B., "Un symbole politique d'importance pour Macron", *Le Monde*, 25, octobre, 2017.

▶50 Bissuel, B., “Seize mesures pour combattre le travail illégal”, *Le Monde*, 13, février, 2018.

▶51 De Royer, S., & Wieder, T., “Merkel tiraillée entre Macron et sa future coaltion”, *Le Monde*, 12, octobre, 2017.

▶52 Ricard, P., & Wiegel, M., “《Plus la France est forte , mieux c’est pour l’Allemagne》”, *Le Monde,* 25, janvier, 2018.

▶53 Chassany, A.-S., Chazan, G., & Brunsden, J., “France upbeat on talks over European budget”, *Financial Times*, 18, June, 2018.

▶54 Chassany, A.-S., & Chazan, G., “Merkel agrees to Eurozone budget amid concessions by Macron ”, *Financial Times*, 20, June, 2018.

▶55 Financial Times , editorial, “The Franco-German engine shifts into gear”, *Financial Times,* 21, June, 2018.

▶56 Chazan, G., & Jones, C.,“CSU hits at Merkel-Macron budget deal”, *Financial Times,* 21, june, 2018.

▶57 Mathieu, B., “L”Édifice européen reste fragile”, *L’Express,* 17, janvier, 2018, p.28.

▶58 Mathieu, B., “C’eat la reprise , oui mais…”, *L’Express,* 17, janvier, 2018, pp.25-27.

▶59 De Vergès, M., “France : les raison d’espérer en 2018”, *Le Monde*, 29, décembre, 2017.

▶60 *ibid.*

▶61 Mathieu, B., *op. cit.*, p.27.

▶62 Le Monde, Éditorial, “Commerce extérieur : La France n’est toujours pas de retour”, *Le Monde,* 8, février, 2018.

第10章　マクロン政権下の社会問題

すでに示したようにマクロンは、経済は自由の考えで、また社会は保護の考えで捉えることをフランス国民に訴えた。そして社会問題は左派の姿勢で対処することも謳われた。ほんとうにそのとおりに実行されているであろうか。以下では、マクロンの社会認識の下で、社会的保護政策や労働政策がいかに打ち出されたか、他方でそれらの政策はフランスの社会問題にどのように応じるものか、そこにはいかなる問題点があるかなどを検討しながら、マクロン政権の社会的課題を探ることにしたい。

一．マクロンの社会認識と平等観

マクロンは、オランド政権下の経済相時代に、独自の平等観を表した。彼のヴィジョンは、もしすべての人が出発点で同じチャンスを与えられれば、不平等は労働の質によって正当化されるというものである。この観点から、人々がより平等を欲することは、他の成功者に対する嫉妬を高めるとみなされた。[1]

確かに、平等のチャンスが与えられることは社会と法によって保障されている。その目的は、各人に対してその出生、人種、宗教、あるいは性の区別なく同じ機会を与えることにある。それゆえ、この平等は原則的に出発点としての平等を指す。そこで到達点の平等は、あくまでも個人のメリットによる。マクロンのヴィジョンの核心はこの点にある。要するに彼の考えに従えば、出発点の平等のメリットを活かすことは、結局各個人に帰属する問題となる。経済相時代に、マクロン法が「成長、活動、並びに経済的チャンスの平等のために」制定されたのはそのためであった。

このようなマクロンの平等観に問題はないであろうか。平等のチャンスが出発点として与えられることは、間違いなく平等な社会にとって必要である。しかし、このことは社会の平等を実現させる十分条件では決してない。例えば、教育の選択に関しても、高等教育の道がすべての人に開かれている訳ではない。ハンディキャップを出生時から負っている人は、そもそも出発点としての平等もえられない。結局、成功する人は、それを準備できる手段を持つ人に限られる。しかも、その手段が出生の家族に由来するのであれば、平等のチャンスが個人の質（メリット）に依存するのではないことが明らかであろう。それにも拘らず、マクロンは平等の問題を個人の問題に還元させてしまう。それだから彼は、成功した人に嫉妬するのは間違っていると考える。この観点から、失業や貧困も個人に責任があるとみなされる。

他方でマクロンは、以上のような独自の平等観から、フランスのすべての人に億万長者になる望みを持つように促す。この願いは、とくに若者に向けられる[2]。若者の成功は、専ら彼らの意欲と能力による。それゆえ彼らは、大金持ちになる大望を持たねばならない。しかし、彼らはほんとうに自身の力のみでそのような望みを叶えられると思っているであろうか。

現実には、若者の四分の三は、フランス社会が彼らを向上させる手段を与えていないと感じている[3]。また、かれらの六割以上が、フランスの教育システムにメリットがあることを信じていない。この教育システムは、若者の間の不平等を解消するものからほど遠い。それどころか、そうしたシステムはむしろ不平等を再生産するしかない。学校教育から早期に離脱する若者は、必然的に不利な立場に置かれる。この現象を、唯一個人の責任問題に帰するのは早計であろう。個人の能力が、その意欲と努力のみに依存する訳では決してないからである。実際に、マクロンの説く意欲論は社会的に大きな意味を持たない。個人のメリットは、家族の社会的階層によって根本的に左右される。高等教育への道が、下層階級の子供達に対してよりも上層階級の子供達に対して一層開かれていることは明らかである。それゆえ、後者の成功が保障されるのは間違いない。

このような状況の下で、フランスでは他の欧州諸国と同じく、社会的階層間の流動性の度合が極めて低い[4]。それは完全に麻痺していると言ってもよい。したがってマクロンの唱える個人のメリット論は、上流階級のグループで歓迎され手段化されてしまう。彼らは、人々の成功の欠如を努力不足で説明する。しかし、くり返しになるが個人の成功は、決して自身の力だけによるものではない。それはむしろ、集団的な力に依存する。人間的、社会的、並びに生産的な諸関係がそうした成功と深く係る。マクロンには、この認識があまりに欠けている。

すでに明らかにされているように、近年フランスを含めた先進諸国の大部分で所得の不平等が著しく拡大した。[5]ジニ係数は〇・三を上回り、全体の一〇％の人々が総資産の五割近くを握る事態が生じている。また、男女間の報酬格差も縮まるどころか逆に拡がった。しかし、不平等はそうした所得や資産のような経済面のみに現れているのでは決してない。むしろ学校教育や医療のような社会面にこそ、不平等はより明白に示されている。要するに、「社会の同一化」は到底達成されていない。この社会認識が極めて重要となる。そうした中で、マクロンの主張する「嫉妬深い平等主義」の正当性が問われねばならない。

ところでマクロンは、億万長者すなわち富裕者をつくることが貧困者をより少なくするという、いわゆる「トリックル・ダウン効果」を堅く信じる。[6]しかし、事実はそうした効果を否定する。スーパーリッチの人々は、彼らの所得のほんのわずかしか消費しない。そうであれば、消費がＧＤＰの五〇％以上を表すフランスで、富裕者の創出が経済に有利に働くことはない。したがって、少数の富裕者による大きな消費支出を期待するよりは、それほど裕福でない人々とりわけ庶民階級の人々に対して、彼らの購買力を増やす手段を与えた方が、フランス経済にとってはるかに効果的である。それにも拘らず、オランド政権はその逆のことを行った。そしてマクロン政権もその政策を引き継ごうとしている。実際に様々な会社は、ＣＩＣＥによる課税減免の利益をたっぷりと受ける一方で、会社員の多くを解雇している。マクロンがこうした事実を見逃せば、人々のフランス社会に対する不満が一挙に高まることは目に見えている。

こうした中でマクロン自身は、社会改革のためのモデルである「社会モデル」という用語を好まない[7]。社会モデルは本来、人々の生存の危険性から彼らを保護する目的でつくられる。それは社会保障、労働の権利、最低賃金、失業手当て、社会的支援、並びに教育へのアクセスなどで示される。そこで彼は、そうしたモデルがグローバル化には適応しないと捉える。それは、経済をより発展させるのを妨げる。彼はこのようにみなす。しかし他方で、彼は人々の社会的既得権を破壊しない方向も探る。この点でマクロンの考えは、以前にフランス企業運動（メデフ）の示したものに近い。

マクロンはこうして、企業寄りの立場から社会モデルを否定する。この点でマクロニズムは、サッチャー主義と共通している。社会モデルは、サッチャーの登場した一九八〇年代から壊されてきた。それればかりでない。欧州建設の進展こそが、皮肉なことに社会的ヨーロッパの建設とは逆に社会モデルの崩壊を導いた。財政規律によって公共サーヴィスを軸とする社会的国家の実現が遠のいたのである。これにより、公営企業は民営化され、労働市場はフレキシブルになり社会的保護は悪化した。一体、マクロンはこの事態をどう把握するのか。社会モデルを否定しながら人々の社会的既得権を守ることは可能なのか。そのための明確な社会政策を打ち出せない限り、人々の将来不安が一層増すのは明らかである。

以上のような社会認識の下で、マクロンは改革主義をアピールする。彼は先に見たように、進歩主義に基づいて左派のこれまでの保守主義を否定しながら改革を志す[8]。そこで問われるのは、その際の改革が何を意味するかであろう。それは何のための、そして誰のための改革なのか。この点こそが議論の対象とされねばならない。

そもそも改革あるいは変革という言葉は、左派が不平等に対抗する闘いのために歴史的に唱えてきたものである。それゆえマクロンの改革は、その延長線上に位置付けられるかが問われる。実際に今日、改革という言葉は、左派のねらいとは逆に、富裕者や強者が有利になるものとして使われている[9]。もしも彼の目指す改革がそうした改革を示すのであれば、それこそ彼は、これまでに確立された社会主義的改革を打ち壊してしまう。そうだとすれば、マクロンの政策はまさしく、ミッテランやオランドの左派政権の下で行われてきた社会的裏切りをくり返すにすぎない。以下で我々はこの点について、彼の労働政策を始めとする様々な社会政策を見ながら検討することにしたい。

二　労働政策と失業問題

(一) マクロンの基本認識

労働政策は、一国の社会政策の中で最も重要なものの一つである。そこでまず、マクロン政権が労働政策の面でいかなる改革を行おうとするかを見ることにしたい。

最初に、マクロンがオランド政権下の経済相時代から唱えている労働市場観を明らかにしておこう。マクロンは、労働市場に一層のフレキシビリティを与え、先に見たエル・コームリ法よりもはるかに前進することを目指す。[10] そこで直ちに、一つの疑問がわく。それは、フランスがこれまで、労働市場におけるフレキシビリティの進展を拒絶してきたかという点である。事実は全くそうではない。非正規雇用への依存度は、一九八〇年以来ますます高まった。今日、新規契約の九割弱は、実に有期契約（CDD）の形をとっている。しかも忘れてならないことは、国立統計・経済研究所（Insee）の研究が示すように、そうしたタイプの雇用が永続的な就業に向けた踏み台になることはめったにないという点であろう。

こうした中でマクロンが、労働市場の改革はまだ十分でないと言うのであれば、彼は一体どこまで改革を進めれば気がすむのか。この点こそが問われねばならない。実は、欧州で労働市場を一層自由化した国（イタリー、スペイン、ギリシャ）ほど失業率が記録的なレヴェルに達している。[11] 欧州委員会もこの点に気づいている。フランスの労働市場が、それこそマクロンの下で弾力化を一層進めれば、同じ現象が生じるのは明らではないか。そこでは企業が、CDDと臨時雇いに依存することをもはやためらわない一方で、労働者はより保護されることはないからである。

ところで、マクロンの基本的な考えは、元経済相時代に「マクロン法」としてすでに実を結んだ。この法は、日曜日労働の禁止のようなフランスに固有な労働市場の改革をねらいとした。それは当然に労働市場のフレキシビリティの増大を意味した。[12] 問題となるのは、労働契約において契約者同士は対等な立場にあるという点が、そうした改革で守られるかという点である。

一般に労働者が、夜間労働と日曜日労働に不安を抱いていることは疑いない。実際にフランスで四〇〇万人の賃金労働者が関与する商業セクターにおいて、八五％の人が日曜日に働きたくないと答えている。さらに深刻なのは、日曜日労働が労働者にとって心情的な問題としてだけではなく、報酬の問題としても浮かび上がってくる点である。事実、二〇人以下の賃金労働者を有する企業において、超過労働時間は賃金に加算されない。その増額は決して自動的ではない。それは交渉の域に入る。もちろん、これは技術的な問題を示すにすぎない。しかしその背後には、労働者の根本的権利の問題が横たわる。日曜日の休息の権利は、二〇世紀の初めから労働者が獲得してきたものである。[13] 日曜日労働は、その重要な権利を奪い取る以外の何物でもない。

一方、賃金労働者がこれまで長い年月をかけて勝ちえたもう一つの権利がある。それは労働時間の短縮である。ところがマクロン法は、この権利を奪おうとする。それは次のような考え、すなわち一層労働する国は繁栄するという考えに支えられる。[14] これに対して左派は労働時間の短縮の道を開いた。マクロンが、額に汗して働くことで益をえると主張するのは、そうしたルートを否定したいためであった。そして銘記すべき点は、この発想が実はサルコジの提示したものと全く変わらない点であろう。ここには、左派が提起して労働者が獲得してきた労働時間の短縮という権利を守る姿勢は全然見られない。

では、ほんとうに一国の労働者がより多く働けばその国は富むのか、と問えば事実はそうでない。[15]

マクロンの見解とは逆に、それほど労働しない国がより繁栄するという現象が見られる。そこでは、生産性の利益が人々の生活水準の上昇と経済発展のキーとなる。そうだとすれば、労働時間が最重要な問題ではない。むしろ生産性の改善こそが求められる。このことは、一国のインフラ、テクノロジー、労働組織、並びに個人の質に依存する。これらは、労働者の職業教育の充実などで可能となる。

他方で、「労働時間の短縮（réduction du temps de travail, ＲＴＴ）」も、マクロンの考えとは反対に実は一国の生産性向上に大きく寄与する。[16]第一に、ＲＴＴは雇用をつくり出す。実際にフランスでの週三五時間労働は、二〇〇〇年代で戦後最大の雇用を生み出した。このＲＴＴはまた、労働者の生活の質を向上させる。このことは、最終的に生産性を上昇させる原動力となる。

一方マクロンは、公務員の地位の正当性についても論じる。彼は、公共サーヴィスの民営化を念頭に置きながら、公務員の雇用が保障されていることを批判したのである。[17]この批判は妥当であろうか。まず、公共サーヴィスの意義をしっかりと認識しなければならない。教育、医療、司法、並びに警察などの公共サーヴィスは、民主的な原則を基にして人々に提供される。それらの原資が税収で成り立っていることは言うまでもない。しかし、すべての人がそうしたサーヴィスにアクセスできることにより、彼らの納税分は社会的に還元される。もしもそれらのサーヴィスを民営化すればどうなるか。それは、サーヴィスへのアクセスに不平等が増すに違いない。しかも、その不平等は所得格差と結びつく。したがって民営化の論理は、基本的に強者＝富裕者の側に立ったものにすぎない。

他方で欧州では、公務員はコスト高であり、非能率的であり、さらには特権的であるとする批判が古くからある。[18]この公務員に対する認識は、欧州委員会によってもはっきりと示された。そこでは、経済効率の観点から公共機能が問題視された。彼らはその結果、その任務を民間セクターに委ねることを推奨した。そうしたヴィジョンにはもはや、社会的機能としての公共機能という発想は存在しない。経済的機能が最優先されたのである。これにより、公共サーヴィスも市場メカニズムに従う。ＥＵはこうして、公務員の減少を加盟国に要請した。それはまた、公共支出の削減を念頭に入れながら財政規律の遵守を求めるものであった。そこでは、公務員は明白に国家に対するコストとみなされる。マクロンの考えも、基本的にＥＵのそれにならうものである。

このように、経済的効率を最優先し、財政緊縮のヴィジョンの下で公共サーヴィスを民営化し、それによって公務員を削減することは、果たして一般市民を日常生活面で満足させるであろうか。答は「ノー」に決まっている。それはとりわけ経済危機のときに現れる。危機時に、そうした民営化によるサーヴィスが劣化することは目に見えているからである。とくに医療サーヴィスは人々の死活問題となるに違いない。だからこそ国家は、医療を含めた公共サーヴィスをいかなるときにもきちんと維持する必要がある。そのために、公務員の地位は守られねばならない。それは、経済的効率や収益性を越えた問題ではないか。もしもマクロンが、このことを全く意識しないのであれば、彼は再び社会面でも右派の姿勢を貫くことになる。これでもって左派系の有権者の支持をえられないことは確実である。

ところでマクロンは、フランス経済の情報産業に夢を抱き、そこに雇用の創出を見出す。その夢は、自由な情報社会建設のプロジェクトであり、新しい賃金労働者の基盤をつくることである。その下書きは、彼の経済相時代に「新たな経済的機会（nouvelles opportunités économique, noé）」として示された。その通りに事は運ぶであろうか。経済の情報化に伴って大量の自由契約の雇用が容認され、それは雇用面での不安を煽る結果になるのではないか。[19] さらに、そうした経済システムが成立することで、不熟練労働者の居場所はどこに見出せるであろうか。職業教育の充実が見込まれない限り、彼らは否が応でも社会から排除されるに決まっている。

マクロンは伝統的な賃金労働者の組織を、現代の若くて流動的な雇用者に融合させることを願う。そこには、グローバル化された個人の姿がつねに見られる。逆に不熟練労働者は、そうした個人からかけ離れて見えない存在となる。このことを我々は決して忘れてはならない。マクロンが情報化に対応するような労働市場の改革を進めれば、不熟練労働者を軸とする庶民階級の反抗が強まることは疑いない。

(二) 労働市場の改革

マクロンは、以上のような基本方針の下に、大統領就任後直ちに労働市場の改革に着手した。二〇一七年九月初めに、フィリップ首相は三六の対策を明らかにする。[20] これにより、企業組織と賃金労働者の日常生活に大きな影響が与えられることは間違いない。ここでその詳細を述べるのは省くが、主たる改革を示せば次のとおりである。

第一に、労働裁判所と解雇の関係が変更された。これにより、雇用者はあるケースでは労働裁判所の施行を経ずに解雇できる。一方、解雇された賃金労働者は、勤続年数にしたがって賃金が保障される。例えば、三〇年間の勤続年数を持つ労働者は最大で二〇ヵ月分の賃金をえられる。ただし、その最大値も、告訴かあるいは労働者の根本的権利の侵害のケースでは無効となる。このように、今回の改革で企業の解雇権が大幅に認められた。もはや企業組織の中で、解雇されない絶対的権利はない。たとえ一定の賃金が保障されたとしても、これによって労働者の不安が高まるのは否定できない。さらに、失業が増大する恐れも十分にある。

第二に、より小さな企業の労使交渉方式が変更された。フランスでは今日、一一人以下の賃金労働者から成る会社の大多数は、労働組合の代表を設けていない。そうしたケースでは、彼らはセクターごとの合意に一致させる義務を負う。この点は、マクロンが労使間の一層の交渉を約束したことを反故にするものである。同時に、これによって雇用者が労働者には明らかにされないことを、労働組合の参加がないままに議論できる。それゆえ、この改革がまさに企業寄りとなることは疑いない。

そして第三に、企業内の個人的代表者による審議が容認された。これにより、労働組合の代表者、個人的代表者、企業の委員会、並びに衛生・安全保障・労働条件担当者の四人の代表者のうち、二人だけで審議できる。この新組織は、企業の審議会と称される。これは、労働組合の代表者がいない場合でも労使が合意できることを意味する。したがって、この改革は言ってみれば労働組合つぶしと思われてもおかしくない。労働組合が、この案を非常に不安視したのは当然である。

以上、労働市場をめぐる三つの主たる改革案を示した。これらの案をめぐり、直ちに様々なグループから反対の声明が一勢に発表された。それは言うまでもなく左派勢力からなされた。彼らは、この改革は明らかに労働者に対する攻撃とみなした。[21]

まず、フランス共産党（ＰＣＦ）の書記長Ｐ・ロラン（Laurent）はル・モンド紙に、次のように語った。「これは危惧すべき大きな社会的後退である。ほとんどすべての対策は、賃金労働者の保護と権利を低める傾向にある」。共産党は、マクロンの絶対的自由主義にはっきりと反対する意思を表明する。それは、雇用の保障というロジックに基づいていた。

一方、不服従のフランス（ＬＦＩ）も共産党と同じく、政府の改革案に強く反対する姿勢を示した。彼らは、この労働コードの改革が労働者の間に不安を増大させ、失業を社会的に正当化させると批判した。労働者はもはや、失業から脱け出せなくなる。彼らはこう主張する。

また欧州エコロジー・緑の党も、このイデオロギー的改革は解雇を容易にし、労働組合組織を弱め、したがってそれは、雇用者に対する労働者の明白な弱体化を意味するとして批判した。

そして社会党ももちろん、この改革案は解雇をより一層簡単にする点で反対した。同時に彼らは、個人的代表者の審議参加の点から、雇用者と労働者の間の不均等な関係を批判した。要するにマクロン政権は、雇用者と賃金労働者の間に存在する力関係の本来的な非対称性を全く理解していない。彼らはこのように捉える。

さらには極右派の国民戦線（ＦＮ）でさえ、改革案に反対する。彼らは、労働の権利は大企業にとって有利となるものの中小企業にとってはそうでないとみなしたのである。

他方で、以上のような左派を中心とする強力な反改革論に対し、右派はより緩やかな反応か、あるいは逆にこの案を歓迎する意見を表す。後者を代表するのが、共和党（ＬＲ）総裁のＢ・アコイエ（Accoyer）である。彼はそれらの処方を、企業の運営を単純にして前進させるものと評価した。

一体、マクロン政権の提示した労働市場の改革案は何を意味するか。最後にこの点を考えておきたい。それは結論的に言えば、いわゆる「フレキシキュリティ（flexicurity）・モデル」を示す。そのねらいは、経済的パフォーマンスと社会的パフォーマンスを収斂させることにある。すなわち、企業に対する一層のフレキシビリティは、労働者に対する合意の保護（セキュリティ）をつうじて与えられる。そしてこのような改革の道は、実はＥＵの推奨するものである。フランスは、他の加盟国（ドイツ、デンマーク、スペインなど）にならったにすぎない[22]。それは要するに、ＥＵが競争力の向上を目指す戦略の中で、労働市場の弾力化を強調する政策路線に入り込む。

問題となるのは、そうした改革が真に労働者にとって有利になるかという点であろう。例えば彼らの保護に関しても、それは必ずしも社会的パートナーである労働組合との対話をつうじてなされるものではない。否、むしろその合意のプロセスは、労働組合の弱体化の結果現れると言っても過言ではない。そうだとすれば、その場合の労働者の保護が、彼らにとって望ましいものとなるかは極めて疑わしい。

労働は確かに、経済と社会の結節点として理解することができる。しかしこのことは、両者のバランスの中で労働を位置付けることではない。雇用者と労働者のどちらの側に寄り添うかによって、そのバランスは変化するからである。今回のマクロン政権の改革案はその点で、明らかに企業寄りの案を示す。それは、労働者の視点に立った社会的保護の一環として表されたものでは決してない。

マクロンは選挙キャンペーンのスローガンとして、経済活動の「自由化」と人々の「保護」の両立を掲げた。[23]また彼は、経済は右派、社会は左派の各視点で思考すると訴えた。では、自由化と保護、そして経済と社会をどのように両立できるのか。問題はこの点に尽きる。結局はどちらかに片寄った政策しか打ち出せないのではないか。今回の労働市場改革で示された自由化と経済をより重視した政策は、この点を如実に物語る。

(三) 失業のコントロール

今日のフランスにおける労働・社会問題の中で、大量失業の問題をいかに解消するかが、一つの最重要なテーマであることは疑いない。[24]マクロンも選挙前に公刊した自著の中で、フランス社会の最大のプライオリティは失業との闘いであると述べる。[25]マクロン政権は、この失業問題にいかなる対策を採るか。最後にこの点について検討することにしたい。

最初に、マクロンが経済相時代に表した失業に対する基本認識を見ておこう。[26]彼は、失業を個人的な問題として把握する。この失業の個人化は、決して彼のオリジナルなアイデアではない。それは、現在の支配的な経済学である新古典派の唱えることと一致する。そこでは、合理的人間としての個人は、労働と余暇を賃金に応じて裁定するとみなされる。もし賃金が満足のいくものであれば、個人は余暇を犠牲にして働く。逆に報酬がふさわしくなければ個人は余暇を選択して自発的な失業になる。この考えの下に失業は個人的選択の産物となる。

こうした失業論は、事実に即しているであろうか。少なくともフランスについて見れば、この理論は到底受け入れられない。オランド政権時に、毎日六〇〇人もの失業者が出現したことを、個人の選択として正当化できないからである。それにも拘らず、当時のマクロン経済相は、失業を個人的責任の問題に還元した。このようなマクロンの失業に対する基本認識は、その後も変わっていない。それは、大統領就任後の財政緊縮政策の続行という姿勢に端的に現れている。公共支出の削減による経済活動の収縮が失業を増やすことは、数多くのエコノミストにより指摘される。それでもマクロンが緊縮政策を実行するのは、彼が失業を経済全体の問題としてよりは個人の問題として捉えているからに他ならない。

他方でマクロンは、失業のコントロールに対していくつかの直接的な政策を提示する。その一つが失業保険の改革である。そこで初めて、失業者は仕事を探すことなく失業手当てを国からえることができるかという点が公《おおやけ》に議論された[27]。政府は、失業手当てを改革することで失業をコントロールできると判断した。実際に失業者に対して一つの規制が課された。それは、彼らが手当てを受けるには、仕事を積極的、具体的、かつまた正当に求めなければならないとするものである。ここに、先に見たマクロンの失業認識がはっきりと現れている。失業は個人的問題であるから、仕事を探す意思を個人が持つことで失業は減る。政府はこのようにみなしたのである。

しかし現実には、フランスの失業者の大多数は働くことを願っている。したがって、失業手当てをただ取りする受益者はわずかにすぎない。そうだとすれば、マクロン政権の提示した失業保険改革は、失業のコントロールに対して有効ではない。問題とすべきは、むしろ雇用をつくり出すような全体の経済・社会システムにこそある。それは、失業者を十分に吸収し、彼らをフォロー・サポートするように改善されねばならない。

そのための一つの重要な対象となるのが、フランスの職業教育である。実際にフランスはこれまで、職業教育の目的を果たしてこなかった。[28] それは、労働者に第二のチャンスを与えることに失敗した。フランスで人的資源の開発はなされてこなかったのである。この点は、オランド政権時でも変わらなかった。もしマクロン政権が、職業教育の改善策を示さなければ、彼らも非難を免れないであろう。

なぜフランスの職業教育は機能しないのか。それは、システムが非常に複雑であると同時に、主たる需要者が失業者だからである。問題とされるのは、職業教育を受けたことの資格であろう。それは今日、雇用に復帰する証拠として必ずしも認められていない。そうであれば、失業者の間でそうした教育を受けるモティヴェーションが高まるはずはない。

さらにもう一つの問題がある。それは、職業教育を受けることのできる労働者が非常に限定されている点である。そのシステムは、より高度の資格を持った労働者を対象にする。したがって、低い学歴で資格のない不熟練労働者は、職業教育を受けたくても受けることができない。これにより教育上の不平等が拡大することは明らかであろう。そして、失業者も現行の職業教育システムで減少することはない。

実は、この一五年間にフランスで職業教育に関する改革が五回行われた。しかし、いずれも何の効果ももたらさなかった。どうしてであろうか。それは、そうした改革がすべて雇用者と労働組合の交渉を通して行われたため、政府が積極的に介入しなかったからである。例えば職業教育のための資金も、経営者と労働者の組織によって調達される。これでは思い切った大規模の職業教育ができるはずはない。それはやはり、政府の直接的介入による積極的な支援を必要とする。ここでもマクロンが、教育も個人的問題に帰すのであれば、フランスの職業教育が改善される見込みはない。

一方、構造的な問題もある。それは、フランスの産業構造の問題に直結する。そこでは確かに、ハイテク企業を中心とする産業で労働力（エンジニアやテクニシャンなど）が決定的に不足している。フランス企業運動（メデフ）の総裁は、二〇一七年一〇月に、そうした産業では五〇万のポストが埋められないことを表明した[29]。このことは、フランスで失業者が三〇〇万人を超える事態に全くそぐわない。他方で、実は工場労働者も欠乏している。要するにフランスでは、最先端のセクターでも、また底辺の工場のセクターでも人手不足の状態にある。

この状態をどのように考えたらよいか。おそらくハイテク産業の人材は、職業教育の改善で確保されるであろう。問題は工業セクターにある。フランスに限らず先進諸国全体で、サーヴィス・セクターが拡充されるのに対し、工業セクターは衰退する傾向が鮮明に現れている。それゆえ、この傾向が続く限り、工場労働を志願する人々とりわけ若者が減少することは間違いない。工場での労働力不足問題は結局、産業構造の見直しを図るかどうかに深く係ると言わねばならない。

こうした中でマクロン政権下の経済相ル・メールは、自動車の下請け会社の労働者を前にして「私は工場、労働者、工業が好きである」と語った[30]。しかし、これでもってル・メールが直ちに産業構造の変革に乗り出すかと言えば、それは全く確かでない。彼はサルコジ政権下の閣僚であり、もともと企業寄りの姿勢を当初より明確に示した。そうであれば、労働者を積極的に支援するための政策を採ることはない。一方、マクロンもどれほどフランスの工業に関心があるか。彼はすでに見たように、フランス経済の軸に情報産業を据える。それゆえ彼が、工業の復興を真剣に考えるとは思えない。

以上より判断すれば、それほど資格を持たないフランスの不熟練労働者の働く場はどこに求められるかが問われるに違いない。彼らにとって、それを探すのは極めて困難になるのではないか。マクロンが主張するように、失業が個人の責任だとすれば、不熟練労働者はその責任を現行の経済・社会システムの下でどう果たせるのか。もし果たせないのであれば、これほど理不尽な話はない。同時に、マクロンの失業観は根本的に誤っていると言わねばならない。

三、社会的保護政策の新展開

マクロンはすでに示したように、大統領に就任してからほんのわずかの間でその人気を著しく低下させた。フランスの人々の思いとマクロンのそれとの間に深い溝が生じた。彼は民衆の心情を理解していない。そのように感じられた。そうした中でマクロンは、フランス社会を変革するという意識の下に様々な社会政策を提示した。以下では、その基本方針と社会的保護政策の新たな展開を見ることにしたい[31]。

(一) 社会政策の基本方針

最初に、マクロンの社会政策に対する基本方針を様々な側面から押えておきたい。

(イ) 年金制度の改革

マクロンは、選挙キャンペーンのときから約束していた年金制度の普遍的システムに関する真の変革を目指す。それは、公的制度と民間制度の全般的収斂を意味する。彼は現行のシステムを、複合的で不公正なものとして否定する。このシステムは、人々の間で多くの不安を生み出す。一ユーロの負担は、同等の権利を与えるものでなければならない。彼はこのように論じる。問題は、そうした変革のための財政的パースペクティヴである。フランスの年金システムは、マクロンの掲げる財政均衡の方針といかに整合するか。この点が問われる。

（ロ）労働の権利の改革

この改革は、マクロン政権にとって初めての大改革となる。マクロンは選挙キャンペーンで、労働の権利に関する改革を約束した。そこでは例えば、雇用者による解雇の条件が緩和される。これは、労働市場の弾力化をねらいとする。しかし、こうした改革には当然、労働組合を中心とする社会的パートナーとの合意が必要とされる。それはスムーズに成立するであろうか。仮に合意が成立しても、社会的対立を完全に排除できるであろうか。これらが問われるに違いない。

（ハ）失業保険の改革

労働組合にとって、労働コードの改革に続くもう一つの大きなテーマは失業保険の改訂である。マクロン政権は、労使関係をスムーズにするため、労働者が解雇された場合に五年間で一度失業保険を受け取れるものとした。その際の労働者には当初、有期契約の人々や自立した人々（自営業者や芸術家など）が含まれた。問題は、そうした改革が政府に多大なコストを強いる点である。そこで、そのための資金の大半を一般社会保障負担税（ＣＳＧ）の増大で賄うことが考えられる。労働者を救う代わりに、一般の人々が犠牲になる。これでは何のための、また誰のための改革かわからない。

（ニ）住宅政策の改革

マクロン政権は、人々とりわけ若者の住宅に対するアクセスにおける障害を取り除くことを明らかにする。これは例えば、住宅の賃貸契約に関してより簡単な制度を導入することで表される。また、借家人の家賃支払いを可能にさせることで社会的住宅の利用を促す。さらにマクロンは、生活のより困難な地域での住宅建設を加速させることを謳う。そこで公営アパート（habitation à loyer modéré, HLM）の建設に関する条件が緩和される。しかし、ここでもそうした社会的住宅建設のファンドが問題となるのは言うまでもない。

以上、マクロン政権下の様々な社会政策方針を見た。そこでは、一様にそのためのファンドが問題とされた。最後にこの点について、彼らはどのように考えるかを検討することにしたい。

マクロン政権の五年間における財政の数値目標は、公的赤字の対GDP比を三％にすることにある。そのために政府は、義務的な支払いを一一〇億ユーロ、また公共支出を二〇〇億ユーロ、各々削減させる。他方で彼らは、労働者の社会的負担を二〇一八年一月から低下させねばならない。その収入減少分は、一般社会保障負担税（CSG）の増大で一部賄われる。

しかし、このようなマクロン政権の財政ヴィジョンには根本的な問題が潜むと言わねばならない。マクロンは様々な社会政策を通して改革を唱える一方、公共支出はEUの財政規律を遵守することで削減される。これでもって、諸改革をスムーズに展開することはできない。それらはいずれも、ファンディングを前提とする。そのためにCSGが引き上げられれば、一体誰のための改革かが当然問われる。CSGは、年金受給者を含めたすべての所得者に課されるからである。そこには、法人税や富裕者に対する累進税の引上げという発想は全くない。このことは、マクロンの掲げた、社会は左派の考えで捉えるという姿勢と明らかに矛盾するのではないか。マクロンの社会政策が、以上のような仕方で推進されたとしても、人々とりわけ庶民階級の不満と社会不安が消え去ることはない。

(二) 貧困対策の改革

では、マクロン政権は具体的にいかなる社会的保護のための対策を考えているか。次にこの点を見ることにしたい。最初に、貧困対策を取り上げてみよう。これこそが、社会的不平等を解消させる根本的手段となるに違いないからである。

フランスのカトリックの救世軍は、二〇一七年一一月初旬に貧困に関する年報を表した[32]。それによれば、フランスの貧困状況は悪化していないものの、それは全く改善されてもいない。国立統計・経済研究所は、九〇〇〇万人の人々が貧困ライン以下、すなわち月収一、〇一五ユーロ以下で暮していることを示している。それゆえ貧困者を救済するためのヴォランティア運動を起こしている連合組織は、政府の「反貧困政策」に警告を発した。

現実に、ヴォランティアの人々が会った貧困者は月平均五四八ユーロで暮らしているという報告がある。一方、そうした明白な貧困状況とは別に、貧しさが一般の人々の間で広がっていることも事実である。五世帯のうち約一世帯（一九％）の家計が何の蓄えも持たない。まさに貧困の大衆化が始まっている。こう言っても過言ではない。

今や、貧困者は多様なプロフィールを表す。一般市民の一〇％をも占めると言われる（二〇一六年の時点で）高齢者の生活不安はますます高まっている。彼らがパート・タイマーの労働を行うのも、少ない年金を補うためである。また、単身や離婚した女性の年金は惨めなほどにわずかであり、したがって彼らの中に精神的に病んでいる人が多い。さらに、外国人の多くは非常に貧しい状態にある。その中で女性の割合が大きく、そのうちヴィザなしの人が二〇％にも上る。

こうした貧困状況の中で、政府の貧困対策は成果を上げているであろうか。貧困者救済のヴォランティア連合は、これに対してネガティヴな見解を表明する。確かに、高齢者の最低生活保障やハンディキャップの大人に対する手当ては、先に見たように高まった。問題となるのは、そうした支援の対象にならない貧困者の救済であろう。富裕者に有利な政策が行われると共に、彼らの脱税行為の取締まりがない一方で、貧困者に対する社会的支援は増えない。これで彼らの怒りが収まる訳はない。貧困対策の改善は緊急を要しているのである。

貧困家庭がそこから脱出するために、政府はそうした家庭に強い関心を持つ必要がある。彼らは、住居、医療、雇用、並びに教育のすべての面で貧困対策に着手しなければならない。また、非常に貧困な状況にある外国人に対しては、特別な対策も施されねばならない。彼らは、労働する権利も居住する権利も持っていない。これらの貧困問題の解消には、やはり社会的支援が求められる。ところがフランスでは、そうした支援が貧困者に利益を与えるとみなされがちである。そこでは、先に見たマクロンの考えとは逆に、貧困者に対する人々の嫉妬が直に現れている。さらに、もしも貧困は個人の責任に帰するというマクロンの平等観が広まれば、そのような嫉妬は深まり社会的支援に対する反対運動も高まるに違いない。

実際にマクロン自身が、フランスの社会的支援システムの有効性を問題にする。[33] 彼は、それが貧困から脱出する人の手助けにならないことを唱える。こうして政府は、二〇一八年六月一〇日に、貧困を解消する「熱望」の戦略を発表した。[34] これまでフランスでは、「子供と若者の貧国に対抗する戦略」が何十回も発表されてきた。しかし、それらの実施は引き延ばされてきた。果たして今回はどうか。

実は、貧困解消戦略に関して、政府の発表以前にマクロンの経済・社会プログラムのアドヴァイザーである三人のエコノミスト、すなわちP・アギオン（Aghion）、P・マルタン（Martin）、並びにピザニ・フェリーらが「社会的再均衡」を謳いながら、そのための具体案をル・モンド紙で提示した。[35] それは三つの軸から成る。第一に母子家庭に対する金融支援、第二に雇用復帰と長期失業の解消、そして第三に、社会的支援の支払いの自動化である。マクロン政権は、こうしたアドヴァイスに耳を傾けたであろうか。

大統領府は、新貧困プランの戦略が二つの考えに基づくことを明らかにする。それらは第一に、すべての問題が必ずしも手当てでは解決されないこと、第二に、若者と子供の教育のフォローアップが必要なことである。[36] このロジックの下に、二〇一九年以降は単一の社会的支払い（versement social unique）がなされる。これまでの異なった様々な社会的支援が、これによって一度限り行われることになる。連帯・医療担当相のA・ブジン（Buzyn）は、社会的手当ては人々の資金供与で支えられていると語りながら、社会的支援システムの活性化と正当化を唱えた。

こうした中で、直接に政府の政策に関与しないものの、その一環に含まれるフランス銀行の総裁ヴィロワ・ドガローも、政府の社会的支援の改革を支持する。[37]彼はル・モンド紙とのインタヴィウで、フランスの公共支出を減少させる必要性を訴えると共に、そのための主たる手段として社会的支援の削減を語る。彼は、公共支出をよりよく制御するために、社会的領域への支出に対して政府が努力しなければならないと主張する。さらに彼は、公共支出の拡大による財政赤字が成長のキーとならないことはフランスが証明していると断じる。この見方は妥当であろうか。これは明らかにミス・リーディングなものと言わねばならない。なぜなら、オランド政権の下でフランスは財政緊縮を強化したのであり、それにも拘らず経済成長を促進できなかったからである。

このようにして見ると、マクロン政権の新貧困プランは、先に見た三人のエコノミストによる提言からかけ離れている。そこでは、貧困者を資金面で全面的に救済する姿勢はもはや見られない。社会的支援は増額されるどころか、逆に減額される。このことがマクロンの平等観を反映し、また一部の人々の貧困者に対する嫉妬の解消をねらうものだとすれば、政府は明らかに思い違いをしている。

実際にフランスで、人々の間の所得格差は強く現れている。[38]一〇％の最も富裕な人々の一人当り月収は七、六〇〇ユーロにも上る。これはノルウェーに次いで高い。ドイツでさえ、それは六、〇〇〇ユーロにすぎない。ただし、それにも拘らずフランスの貧困者は他の欧州諸国に比べて少ない。それは、家族手当てや住宅手当てなどの政府による社会的再分配システムのおかげである。

フランスはこれまで確かに、他国に比べてより多くの社会的支出を行ってきた。フランスが、そうした支出を欧州あるいは世界で一番多く行っている国の一つであることは疑いない。しかし、これでもってフランスの貧困者は間違いなく減少した。また、住居費や光熱費などの基本的な生活費を払えない家計は全体の四・四％ほどであり、それは欧州の平均（七・五％）よりもはるかに小さい。[39]これらのことは、忘れてならない重要な事実である。

このように、フランスはこれまで欧州の中でも率先して社会的保護の支出を高めてきた。ところが、一般の人々はそれでも決して十分でないと認識している。それだから、アンケートによれば六割弱のフランス人は、国家が貧困者に十分な社会的支援を行っていないと答える。[40]二〇一七年の世論調査によっても、フランスの社会的保護が行き過ぎと答える人はたった一八％にすぎない。[41]現行の保護を維持することに、八一％のフランス人が賛同する。この値は、二〇一二年のときの六三％に比べてはるかに高い。また、七〇％の人々は、ハンディキャップのある人への支援と住宅手当てを支持する。このようにフランス人は、寛大な社会的保護システムに留まることを強く望んでいる。

マクロン政権の新貧困プランによる社会的支援の削減戦略はそれゆえ、まさしくそうした人々とりわけ庶民階級の思いを完全に無視するものである。これでもって、彼らの社会不安がなくなることは絶対にない。同時に、彼らの政府に対する不満と怒りが強まることも間違いない。

(三) 年金対策の改革

ところで、貧困対策と共に社会的保護システムを支えるもう一つの柱は年金制度である。マクロン政権は、これにいかなる対策を講じるか。次にこの点を見ることにしよう。

二〇一八年一月一日より、フランスで一般社会保障負担税（ＣＳＧ）が六・六％から八・三％に引き上げられた。この課税は、実はかなりの年金受給者を対象とする。したがって、それから二ヵ月ほど経って彼らが、購買力を守るために抗議運動を行ったのは当然であった。▼42 一・七ポイントのＣＳＧの上昇は、それだけ年金受給者の収入を奪うからである。

マクロンは選挙キャンペーンで、くり返し「世代間の連帯（solidarité générationnelle）」を訴えた。そこで年金の一部は、受給者の支払いでカヴァーされる必要があるとされた。ＣＳＧの引上げは、そのための改革を表す手段であった。他方で政府は、ＣＳＧの上昇分は年金受給者の八〇％に当たる人々の住民税の廃止によって和らげられると主張した。しかし、そこには年金受給者にとって様々な問題がある。第一にタイム・ラグの問題。ＣＳＧが即座に上昇した一方で、住民税の廃止は二〇一八年秋から段階的に行われるにすぎない。第二にＣＳＧの対象の問題。この新たなＣＳＧは、年金の平均レヴェルに応じたものである。そのレヴェルが裕福な年金者を意味すると認めるのは難しい。

これらの問題を考えると、年金受給者の不満が高まるリスクを否定できない。フランスの一、六〇〇万人の年金受給者は、大きな有権者の集団である。彼らの三分の一は、若者よりも棄権しないと言われる。実際に、二〇〇七年と二〇一二年の大統領選で、サルコジの勝利と敗北に貢献したのは彼らであった。そして二〇一七年の大統領選の本選でも、六五歳以上の人々の七六％がマクロンに投票した。この値は、国民全体よりも一〇ポイント高い。そうだとすれば二〇一八年に入って、彼らのマクロンに対する信頼は間違いなく失われたであろう。マクロン政権が、この事実を無視すれば、年金受給者による手痛い反撃を受けるのは疑いない。

こうした中で政府は、年金改革案を二〇一八年末～二〇一九年初めに表す予定である。その準備として、「年金の方向に関する審議会（Conseil d'orientation des retraites, COR）」はまず、二〇一八年六月半ばに年金システムのパースペクティヴを発表した[43]。それによれば、フランスの年金システムの原資はそれほど大きくない。とくに二〇三〇年代半ばからシステム全体を均衡させるのに大きな資金が必要とされる。当面は、二〇一七年分について収支はほぼ均衡しているものの、この短期間で状況は急速に悪化する恐れがある。それゆえCORは、二〇二二年にはフランスの年金システムの収支がマイナス（GDPの〇・二％）になることを予測し、このシステムを永続させるための資金が必要なことを明らかにした。

マクロンは、選挙キャンペーンでフランスの年金システムを強く批判した。それは「複雑で不公正」であり、より普遍的なシステムに置き換わるべきである。彼はこう訴えた。CORの見込みはそれゆえ、間違いなくマクロンの年金制度改革の根拠となる。しかし、フランスの労働組合は、年金向け資金の調達はそれほど不安ではないと判断する。他方でフランス企業運動（メデフ）は、そうした

ＣＯＲの見込みを認め、年金システムの収支が不均衡になることを恐れる。そこでメデフは、年金制度の改革が望ましいとみなす。同時に彼らは、労働者に対してもう少し長い間働くように促す。このように、年金制度の改革をめぐって、労使の間に認識の相違がはっきりと見られる。我々は、この点を留意する必要がある。

マクロンの考える年金制度改革は、システムを普遍的なものに転換することである。そこでは、一ユーロの分担金はすべての人に同じ権利を与えるとみなされる。[44] ただし、このアイデアは、マクロンの言う革命的なものでは全くない。それは、サルコジ政権下で盛んに論じられてきた。[45] と言うことは、マクロンの年金改革案は基本的に右派のものであることを意味する。この点を忘れてはならない。そうだとすれば、この案はマクロンが掲げた、「経済は右派で社会は左派で」という原則と齟齬する。それでもって、低所得の年金受給者と左派の労働組合は納得するであろうか。この点が問われるに違いない。

四．社会問題と社会運動

マクロン政権は、二〇一七年秋に労働コードの改革を労使間の協議をつうじて成立させた。この成功は、彼らに大きな自信を与えた。それは、マクロンの唱える考え、すなわち権力行使の垂直的性質を市民社会の動きの水平的性質に結びつけることを具現するものとみなされたのである。[46] そこで次に彼らは、フランスで最大の懸案事項の一つである「フランス国有鉄道会社（Société nationale des chemins de fer français, ＳＮＣＦ）」の改革に乗り出す。これは、労働市場の改革より一層大きくて深い問題を提起する。それを百も承知でマクロンは、ＳＮＣＦの改革案を提示した。それはいかなる内容であり、政府はそれをいかに実施するか、また労働組合はこれに対してどのような反応を示すか。以下でこれらについて検討することにしたい。

(1) ＳＮＣＦの改革と労使交渉

フランス政府は二〇一八年二月半ばに、鉄道輸送の将来に関する「スピネッタ（Spinetta）報告」を基に、ＳＮＣＦ改革の第一段階のスタートを切った。[47] そのねらいは言うまでもなく、これまでのＳＮＣＦの大きな赤字をいかに解消したらよいかという点にある。ＳＮＣＦは、毎年一〇五億ユーロの国家支援を受けながら、それでも年に三〇億ユーロの赤字を生み出し続ける。その累積赤字はすでに四六〇億ユーロに達し、二〇二六年には六二〇億ユーロの規模に進む。旅行客のたった二％を輸送する鉄道に、政府は支出を続けられるか。言ってみればマクロン政権は、歴代政権が一切手をつけてこなかった国有鉄道会社の民営化に着手したのである。

スピネッタ報告でのＳＮＣＦ改革は、一つのショック療法として表された。その一つは、ＳＮＣＦを、公的資本を持った株式会社にすることである。これによりＳＮＣＦは、国家から無限に借り入れることができなくなる。もう一つの衝撃的な改革は、ＳＮＣＦの職員の地位の再検討にある。これは、新たな雇用形態をとることで雇用の保障を民間に委ねることを意味する。これによってＳＮＣＦは、財政的に機能しえると共に人員も削減できる。スピネッタ報告はこうみなした。

同報告は確かに、ＳＮＣＦの財政状況を告発し、その改善が政府にとって急務であることを明らかにした。フィリップ首相は、同報告により協議の道を開いた。このＳＮＣＦ改革のシナリオはスムーズに描けるであろうか。

まずもって問題とされるべき点は、鉄道の問題をたんに資金面での経済プランのみに還元してよいのかという点である。鉄道が、国家にとって最大の公共サーヴィスの一つであることは言うまでもない。したがってそれは、社会システムをベースとした社会プランで裏付けられねばならない。今回のスピネッタ報告に、そのような観点は全く見られない。

こうした中でフランスの労働組合は、当然ＳＮＣＦ改革に対して「戦闘宣言」を行った。その中核である労働総同盟（ＣＧＴ）は、二〇一八年三月に国民的デモを呼びかける。マクロンは、二〇一八年を変革の年と捉える。しかしこのＳＮＣＦ改革は、労働者のみならず国民全体の反対を煽りかねない。彼はまさしく、改革という賭けに出たのである。

そこで政府は、労働コードの改革のときと同じ手法を採る。フィリップは二〇一八年二月末に、社会的パートナーと協議しながら新たな秩序に向かうことを告知した[48]。しかし、交渉がうまくいかなければ改革案は修正されねばならない。労働組合側は不安を覚えた。マクロンは、元エール・フランスの社長であったJ・C・スピネッタ（Spinetta）の報告を推奨すると思われたからである。事実、フィリップはSNCFと対決する姿勢を示す。ただし、彼は他方で、大規模な社会的対立を避けながら二〇一八年までに原則の決定を願う。

一方、社会的パートナーのCGTを中心とする労働組合は、政府の新雇用策に対抗することを決意する。彼らは、大きな対立も辞さない構えを示したのである。これに対してフィリップ首相は、国家、SNCF、並びに鉄道員の間で「新鉄道協定」を結びたい。そこでは、鉄道輸送の発展のための枠組は、国家により固められる。ただし彼は、SNCFと労働組合に対して一定の自由度を与える。それは、政府が社会、産業、並びに経営に関する深い改革に従事すると同時に、新たに設立される鉄道会社を競争に適応させるためである。

フィリップは他方で、SNCFをスピネッタ報告に順じて「公的資本を持つ国民的会社」に転換する意向を示す。これによりSNCFは、無限の債務のワナから脱け出ると共に、その責任は企業、国家、地方自治体、並びに経営者に負わせることができる。首相はこうして鉄道員に対し、もはやステータスのリクルートはないことを宣言する。このようにフィリップは、公営企業の方向に対して圧力をかけた。しかし彼は、公衆や地方自治体の意見に背を向けることがない点も明らかにする。したがって小さなローカル路線の閉鎖は、このプロジェクトから切り離された。

そこで政府は、二〇一八年三月末にSNCF改革の一ページをめくる。運輸相のE・ボルヌ（Borne）は、SNCFを競争に対して開放する案を提示した▼49。これによりフランスの高速新幹線

（train à grande vitesse, ＴＧＶ）は、ＳＮＣＦに代わる会社に移行する。ＴＧＶは二〇二〇年一二月から全土でネットワークを達成させる。ＴＧＶを望む地域では、二〇一九年一二月に供給が開始される一方、それにためらう地域は二〇二三年までそのままの状況になる。他方でボルヌ運輸相は、国内のすべての地域でＴＧＶへつなぐため、鉄道料金の変更を望む。それは、さほど収益の上がらない鉄道ラインを守るためである。同時に現行鉄道員の移転について、その条件が示された。それはとくに、彼らの雇用の保障と報酬の維持についてである。ただし、そうした移転は志願によるとされた。

以上のようなＴＧＶネットワークの形成による鉄道改革は、鉄道を利用する住民にとって真に満足のいくものとなるか。この点こそが問われねばならない。

（二）鉄道分裂と社会分裂

フランス運輸相の提示した鉄道改革案は、まさに鉄道分裂を表すものであった。それは、高い料金の高速鉄道（ＴＧＶ）と安い料金の普通速鉄道との分裂を意味する。▼50 これによりフランスの社会は明らかに、二つのスピードを持つ社会に分裂される。鉄道分裂は社会分裂そのものを露呈する。しかも銘記すべき点は、ＴＧＶの乗客は全体の一〇％にも満たないという点である。

問題とされるべきは、ＴＧＶから取り残された地域の住民に対する鉄道サーヴィスであろう。例えば、レ・クスプレス誌は次の点を明らかにしている。パリ郊外の安い不動産と景色のよさを売り物にした地域は、パリまで一時間しかかからない点を喧伝した。ところが、それで爆発的に増えた住民に対し、鉄道サーヴィスの質が全く追いつかないでいる[51]。

実は、ここにたいへん興味深い事実がある。それは、パリの地域で交通の便がよくないところほど大統領選でル・ペンの支持がより高かったという点である[52]。**表10-1**は、この点を如実に示している。同表に見られるように、駅から遠ざかった地区に住む人々ほどル・ペンに投票する傾向を強く示す。二〇キロメートル以上離れると、ル・ペンの得票率がマクロンのそれを二〇ポイント近く上回る。彼らの痛みは二つある。一つは、もはやパリ近くには住めないこと、もう一つは、渋滞のため車で簡単にパリに向かえないことである。もちろん、住民の大部分は車で通勤するため、交通の便は大統領選にそれほど大きなインパクトを与えないと思われた。しかし、実際にはそうでなかった。車を使えない社会階層の人々は、鉄道利用の不便さに抗議したのである。こうした現象を、マクロン政権は真に理解しているであろうか。これに対して彼らが誤った対応を示せば、庶民階級の不満と怒りが爆発するに違いない。

表10-1　2017年の本選結果ーイル・ド・フランスにおける交通の便から見た地区別得票率（%）

交通の便による地区	マクロン	ル・ペン
駅を自由に使える地区	77.2	22.8
駅から5km以内の地区	71.9	28.1
駅から5-10kmの地区	66.8	33.2
駅から10-20kmの地区	54.5	45.5
駅から20km以上の地区	40.7	59.3

（出所）Rosencher, A., " Ceux qui votent prendront le train", *L'Express*, 21, mars, 2018, p.38より作成。

ＴＧＶの発達は、確かにフランス人の地域に対する関係を深く変えた。しかし、それはフランス全土に及ぶものではない。[53] パリを中心とした北部は、間違いなくＴＧＶによって人々を束ねられる。例えば、パリ－ボルドー間は、ＴＧＶによりたった二時間で行き来できる。他方で南部では、依然として都市間の移動に時間がかかる。それこそ、ＴＧＶに根ざした南北問題が生じているのである。

一方、ＴＧＶによる企業経営はどうであろうか。それはうまくいっているとは必ずしも言えない。第一に、ＴＧＶの発達は、ＳＮＣＦの収支バランスの改善に何も寄与しなかった。[54] ＴＧＶの車両と線路の建設コストが莫大であったからである。さらに由々しき事態も見られる。先に見たパリ－ボルドー間のＴＧＶは、確かに移動時間を大幅に短縮した。ところが、このラインに純収益が生まれていない。それには、これまでのＳＮＣＦと同じコストがかかっている。[55] しかも悪いことに、この収益不足をカヴァーするため、チケット代が引き上げられたのである。

このような現象はパリ－ボルドー間のみに見られるものであろうか。ＴＧＶのネットワークの拡大によって、収益の上がらないラインが増えることは当然予想できる。その際の赤字に伴う経営責任は誰が負うのか。政府がそれから逃れることを意図しているのは間違いない。また、採算不能によって民営企業がラインの経営から撤退すればどうなるか。その場合に、鉄道員の失業と住民への輸送サーヴィス停止という深刻な事態が訪れることも疑いない。

(三) SNCF改革をめぐる社会運動

以上に見たように、SNCFの改革プロジェクトはまさにフランスのビッグ・バンとも呼べるものである。それは国民議会で可決され、二〇二〇年一月一日より施行される予定となっている。これにより、SNCFが国内の鉄道輸送の中で競争に晒されると同時に、新たなSNCFの雇用も終る。

この改革はそれゆえ、SNCFのみならずフランス社会に対しても極めて大きなインパクトを与える。それは当然、社会的対立を引き起こす源をつくる。フランスの労働組合は、二〇一八年四月初めよりストライキを開始した。ストライキは、鉄道員の雇用と年金権利の保障によって一旦休止したものの、それは同年六月に復活して長期化の様相を帯びている。SNCFの主たる四つの労働組合は、連合して改革に反対する意思を固めたのである。[56]

実際に鉄道員は、つねに改革に敵対的であり怒りを募らせてきた。それがストライキに導いたのである。これに対してフランス政府は、下院議会において鉄道改革法案を大多数の賛成で可決した。それと同時にストライキの続行が決定された。しかし、二〇一八年六月二八日のストライキ終了予定後の動きは未知の領域に入る。

CGT（鉄道）の総裁L・ブラン（Brun）は、二〇一八年七月までストライキを続けると告知した。彼らは、雇用者と政府に対して徹底した抗争を誓う。他方で政府は、ストライキを阻止するため交渉の姿勢を示した。[57]しかし政府とSNCFの交渉は、すでに二〇一四年に開始されており、別に新しいものではない。オランド政権はそこで、共同の社会的枠組をつくることが不可欠と判断したのである。その意味でマクロン政権は、フランスの鉄道改革に関して前政権のそれを基本的に引き継いでいる。

しかし、ここで注意すべき点は、両政権は鉄道改革の規模の面で決定的に異なることである。マクロン政権の提示した改革による変更の規模は、ＳＮＣＦとの交渉の次元を超えるほどに大きい。この点は改革法案でも変わらない。それにも拘らず、鉄道の新たな社会的枠組は正確に語られていない。それだからストライキが勃発し、それ以降交渉は中断した。本来、会社経営の大きな変更は、会社員の社会的なフォロー・サポートを必要とする。ＳＮＣＦのような公営企業であれば、政府が率先してそれを行わなければならない。彼らは、鉄道員の報酬と社会保障の問題を交渉のテーブルに乗せねばならないはずである。

ところが、マクロン政権はそれを十分に用意していない。そうだとすれば労働組合は、ＳＮＣＦの社会的契約と鉄道員のステータスを問題にしながら社会運動を展開する他ない。政府の役割はまずもって、鉄道員を社会的にフォロー・サポートすることにある。そのために政府は、労働組合と社会的対話をしなければならない。しかしフィリップ首相はマクロン大統領と同じく、改革の迅速さを専ら求める。政府は、二〇一九年一二月末までに改革を達成して二〇二〇年初めからそれをスタートしたい。この政府の意向に対し、労働組合側は異なる目標を掲げる。彼らは、これまで政府が社会的対話に積極的に関与していないことを問題視するのである。このようなマクロン政権の姿勢の下に、社会的対立を避けることができるであろうか。甚だ疑わしいと言わざるをえない。

マクロン政権は確かに、二〇一七年秋に行われた労働コードの改革では、それほど強い抵抗に遭わなかった。しかし、ＳＮＣＦの改革の場合はそういう訳にはいかない。政府と鉄道員との闘いが、彼らに高い政治的リスクを負わせることは否定できない[58]。実際に世論調査によれば、親左派の有権者の七割はマクロンにはっきりと反対していることがわかる。それは、政府の政治の方向付けが、これまであまりに右寄りであったためである。それゆえ政府は、改革をつうじて社会的アプローチへの積極性を示した。ＳＮＣＦ改革も、その一環とみなされた。そこで問われるのは、マクロン政権がどれほど真剣に社会的対話を進めるかという点であろう。もしその対話を怠れば、鉄道員のみならず一般の人々の政府に対する不信感が高まるに違いない。

現実にマクロン政権は、社会的パートナーとの対話をそれほど重視しない姿勢を示している。その一つの要因は、労働組合側が一枚岩ではないという点に求められる。中道の労働組合である「フランス民主主義労働同盟（Confédération française démocratique du travail, ＣＦＤＴ）」は、改革の原則を支持する。したがって彼らは、ストライキにも全面的に賛成しない。これに対してＣＧＴと一つの労働組合である「労働者の力（Force ouvrière, ＦＯ）」は、怒りをもって改革に反対する。このように、フランスのＳＮＣＦをめぐる労働組合は、改良主義派とラディカル派に二極分解している。これでは、労働組合が一つの連合組織として大きな力を発揮することはできない。マクロン政権は、こうしたフランスの労働組合状況を十分に把握しながら、社会的パートナーに対して強腰に構える。彼らは、労働組合の連合を失敗させることに自信を持っている。こうした政府の姿勢でもって、社会的対話が積極的に行われることはない。

一方、マクロン政権は、フランス国民のＳＮＣＦ改革に対する支持が強いことに気づいている。事実、二〇一八年三月での世論調査によれば、応答者の七割強がフランス鉄道員のステータス廃止に賛同している。[59] また、五割以上の人々が新たな秩序を是認する。公衆は大規模なＳＮＣＦ改革を求めている。政府は、こうした一般の人々の意見を頼りに大改革を進めようとする。

他方で、改革反対派の労働組合はいかに反応するか。その旗頭であるＣＧＴの書記長Ｐ・マルティネス（Martinez）は労働コードの改革以来、一貫して政府に圧力をかける運動を展開してきた。[60] 彼らは、「社会戦線（Front social）」に参加し、「超自由主義」のマクロンと対決する姿勢を露にした。ただしＣＧＴは、イデオロギー的かつ教条主義的な労働組合主義を拒絶する。彼らはあくまでも、実践的な社会運動を引き起こす。問題はＣＧＴの組織力である。実は、その力はフランスで急速に低下している。民間セクターでは、中道のＣＦＤＴに第一位の席をすでに譲っている。それだからＣＧＴは、冬眠しているとさえ言われる。

このような労働組合運動の現状を踏まえれば、マクロン政権が戦略的に社会的パートナーを恐れないのは当然であろう。政府は、そうした戦略でほんとうに社会的対立問題を回避できるであろうか。ＣＧＴがＳＮＣＦで最重要な労働組合の地位をえていることは疑いない。その中の鉄道員同盟のリーダーであるブランは、今回の改革が鉄道員のみならず賃金労働者全体に対する脅威になることを訴える。彼は、サッチャー主義の自由化モデルに対抗して真の社会的闘争を進めると宣言したのである。[61]

もちろん、そのような闘争がストライキの継続によって成功する見通しは確かでない。否、むしろ失敗する可能性の方がより高いかもしれない。一般市民のより広い支持がえられなければ、それは成功しないであろう。しかし、問題は、そうした反改革の社会運動が失敗に終ったときに生じる社会的亀裂にある。もしもそれを契機として、労働組合の力がますます弱まればどうなるか。マクロン政権はそのとき、それこそ経営者（雇用者）側に有利となる政策ないし改革を苦もなく打ち出せるに違いない。その結果、フランスの社会分裂が深まることは疑いない。同時に、労働者を中心とするフランスの庶民階級が、政府に対する憤りを覚えることは明らかであろう。

五．マクロン政権の社会的課題

以上、我々はマクロン政権の下で社会改革を目的に提示された様々な政策について検討を重ねてきた。最後に、そうした改革がフランスの社会でスムーズに受け入れられるかどうか、またそのためには政府が何をすべきか、という問題をやや基本的な視点から論じておくことにしたい。

まず問われるのは、すでに指摘したようにマクロン政権がこれまで、改革案の提示に合わせて十分な「社会的対話（dialogue social）」を行ってきたかという点である。社会的対話はそもそも、雇用者、労働者、並びに政府代表者の間で共通の利害問題に関して実施される。ところが、集団交渉は唯一、労働者と雇用者の間で行われる。その際に問題とされるべきは、労働者の権利の保護である。実はフランスでは、このことが国家の基本的原則になっている。これは、他国に見られないフランスの一大特徴である[62]。それには三つの背景がある。第一に、国家自身がまずもって労働者を保護する意欲を示していること。国家はこれまで、労働者の保護の名の下で企業との間の契約における自由を制限してきた。第二に、社会的パートナーが集団交渉での約束をためらうことから、社会的関係がつねに対立的関係として現れること。したがって、国家がその関係是正の役割を担う。そして第三に、労働者の権利の根本原則は、労働者をより有利なものにすること。これは、規準を適用する際のヒエラルキーを示す。

このようにフランスでは基本的に、政府は、社会的対話を重視してつねに労働者の権利を保護する必要がある。マクロン政権にそれを行う用意があるか。この点こそが問われねばならない。すでにフランスの労働組合は、マクロンが組合活動の与える脅威を真に理解しているかを疑い始めている。このことは、中道派のＣＦＤＴにおいてさえ認識された[63]。これに対して労働相のペニコーは、労働権利の改革について、国家、経営者、並びに労働組合の各々がその役割を持つ必要があるとして、労働者の保護対策を打ち出した。問題はその実行可能性である。

マクロンを支配している考えは、提示する政策の有効性にある[64]。しかも彼は、そうした政策の迅速な実施を専ら求める。そうだとすればマクロン政権は、時間をたっぷりとかけて社会的対話を進めると共に、集団交渉の中で労働者側に有利となる采配を下せるであろうか。

こうした中で、マクロンの経済プログラムを作成した三名のエコノミスト、すなわちアギオン、マルタン、並びにピザニ・フェリーらはすでに見たように、政府が社会的メッセージを発しておらず、労働者の権利も十分に守っていないとして、ル・モンド紙上でマクロン政権を批判した。[65] 例えば、先に見た失業保険の改訂に関しても、当初すべての解雇された労働者に道を開くと約束したものの、それは資金面で修正されねばならなかった。アクセスの不平等に対抗することが、マクロンの政治的アイデンティティを成したはずなのに、今やそれは隠されてしまった。彼は、社会問題に無関心な国家のイメージを与えたのである。

実際にマクロン政権の政策は、右派の人々に強く支持されている。親共和党の有権者の大半（五五%）が政府を支持する一方で、親左派の有権者のうち政府を支持するのはたった二六%にすぎない。この傾向は、マクロンが選挙キャンペーンで訴えた自由と保護という基本的姿勢と齟齬する。それだから先の三人のエコノミストは、自分達のつくったモデルはアングロ・サクソンの自由モデルではなく北欧の保護モデルであるとしながら、マクロン政権がそれを守っていないとして厳しく批判したのである。

二〇一八年六月に行われた複数のアンケート調査によれば、フランスの人々は、政府の政策が右派政党のそれと同じであると判断していることがわかる。[66] 先の三人のエコノミストが、社会的再均衡の必要を政府に強く要請したのもそのためであった。

ところがマクロンは、この要請に対して真っ向から反論した。彼は、「経済が復興しているときに、社会モデルに反しているという印象はない」とし、自らの企業寄りの対策を正当化した。また、社会的手当ての増額が、貧困に留まる人々を解放しないこともくり返し主張された。そして彼は、フランスの社会的保護システムの点で必要とするのは、その根本的な再建であるとみなす。同システムは非効率的、コスト高、しかも不公正だからである。それゆえ彼は、フランス人に権利を与えるために新組織の設立を促す。それは革命と称された。ただし、そのための補足的な政府支出は行われない。マクロンの考えに従えば社会的支出は、人々が支払った分を政府が払うことでなされるからである。したがってここには、富裕者から貧困者への、また発展の進んだ地域からその遅れた地域への、いわゆる社会的資金移転という発想は全く見られない。

それでは、マクロンの思惑どおりに、社会問題を解消するべきはずの経済復興が進んでいるかと言えばそうではない。国立統計・経済研究所は、フランスの経済成長が二〇一八年にはっきりと悪化することを示している。▼67 経済成長率は、二〇一七年の二・三％から二〇一八年末に一・七％に低下すると予測されたのである。これは、国内需要の弱まりと製造業生産の収縮によるものとされた。

ここでとくに注視すべきは、やはり需要低下の要因であろう。そこには明らかに、ＣＳＧの増大に伴う家計の負担増による購買力低下が見られる。マクロンの企業寄りの対策はまさに、一般市民を犠牲にしたのである。この点はすでに論じたように、当初から想定されていた。それが現実のものと化したにすぎない。一方、ＣＩＣＥの実行で企業の対外競争力が増したかと言えば決してそうではない。事態は逆に動いている。フランスの貿易赤字は、二〇一八年に前年よりも膨らむと予想されているのである。このようにして見ると、マクロンが強調することとは反対に、フランスの経済の自由化は、復興をもたらしていないと同時に社会的保護も果たしていない。こう言ってよいであろう。マクロンは確実に、政治の中軸に右派の考えを据えた。それは、一つの皮肉なストーリーをつくり出す。彼はつねに、熱望をもって「新世界」を革命的につくり出すことを訴えた。ところが、そのために彼は、「旧世界」の保守的な右派の親企業的政策を全面的に受け入れたのである[68]。それはまた、マクロンが政治的な弱点を内に抱えたことを意味する。

マクロンは、いくつかの言葉を好んで用いる。それらは、「実行する（fair）」「義務を負う（assumer）」、並びに「転換する（transformer）」などである[69]。これらをつなげれば、「自分は義務を負って転換を実行する」ということになる。しかし、このことがたんに美辞麗句で終るのであれば、彼は幻想主義者にすぎない。さらに、仮に彼が政策を実行に移したとして、それが一体何をどのように、また誰のために転換するのかが問われるに違いない。

現実に、マクロン政権の行く手には数多くの社会的課題がある。それは、社会保障、年金制度、地方財政、並びに公共支出などの問題として現れる[70]。政府は、これらをいかに転換しようとするのか。マクロンは、フランス人の生活を変えることを願う。それは当然、生活改善のためであろう。彼の唱える転換はそれを実現するであろうか。企業寄りの右派の考えに基づきながら、人々とりわけ庶民階級に有利な転換ができないことは明白である。

一方、マクロンの社会に対する基本的姿勢には大きなリスクが潜む。それは、彼がフランスの労働組合は弱く、かつまた分断されていると判断する点にある。そこで、もしもそうした労働組合の弱体化は改革を進める上で都合がよいとみなされるのであれば、彼は大きな誤りを犯すことになる。なぜなら、そうした改革は当然、労働組合を軽視または無視することによって労働者の権利を保護することから遠のくからである。これは、フランス国家が伝統的に守ってきた約束を反故にする。マクロンの好む言葉を使えば、それこそ彼はその「義務を負う」ことを放棄する。同時に、それによってフランスにおける社会分裂が深まることは目に見えている。改革の成功が社会を犠牲にするのであれば、それは本末転倒以外の何物でもない。この事態に対して、フランスの人々とりわけ庶民階級が激しく反抗することは疑いない。

注

▼1 Porcher, T., & Farah, F., *Introduction, inquiète à la Macron-Économie*, Les petits matins, 2016, pp.25-26.

▼2 *ibid*, p.89.

▼3 *ibid*, p.90.

▼4 *ibid*, pp.91-92.

▼5 *ibid*, p.29.

▼6 *ibid*, pp.93-94.

▼7 *ibid*, p.55.

▼8 *ibid*, p.49.

▼9 *ibid*. pp.51-52.

▼10 *ibid*, p.32.

▼11 *ibid*, p.33.

▼12 *ibid*, pp.78-79.

▼13 *ibid*, p.80.

▼14 *ibid*, p.69.

▼15 *ibid*, pp.71-73.

▼16 *ibid*, pp.74-75.

▼17 *ibid*, pp.37-38.

▶18 *ibid,* pp.39-40.

▶19 *ibid,* pp.187-189.

▶20 Belouezzane, S., “Loi travail: les ordonances enfin dévoilées”, *Le Monde*, 1,septembre, 2017.

▶21 Lemarié, A., & Mestre, A., “Une《aggression》pour la gauche, des《avancée》pour la droite”, *Le Monde,* 2, septembre, 2017.

▶22 OFCE, “Évaluation du programme présidentiel pour le quinquennat 2019-2022”, in OFCE, *L'économie française 2018*, La Découverte, 2017, p.101.

▶23 Belouzzane, S., & Bissuel, B., “Loi travail : un débat jugé trop technique, pas assez politique”, *Le Monde,* 12, juin, 2018.

▶24 Filoche, G., *Macron ou la classe sociale*, l'Archipel, 2018, p.68.

▶25 Macron, E., *op. cit.*, p.120.

▶26 Porcher, T., & farah, F., *op. cit.*, pp.43-45.

▶27 Bissuel, B., “Contrôle des chômeurs: des chiffres contredisent les idées reçues”, *Le Monde*, 10, novembre, 2017.

▶28 Lhaïk, C., “Une formation plus individualisée ”, *L'Express,* 17, janvier, 2018, pp.40-42.

▶29 De la Brosse, J., “Emplyeurs cherchent employés , désespérément”, *L'Express*, 17, janvier, 2018, pp.38-39.

▶30 Lhaïk, C., “La petite musique de Le Maire”, *L'Express,* 17, janvier, 2018, p.50.

▶31 Fressoz, F., “L'impossible communication”, *Le Monde*, 29, août, 2017.

▶32 Entretien, “la France s'est habituée à la pauvreté”, *Le Monde,* 10, novembre, 2017.

▶33　Rey-Lefebvre, I., “Il vaut mieux prévenir que guéri, mais il n’existe pas de vaccin contre la pauvreté”, *Le Monde,* 15, janvier, 2018.

▶34　Rey-Lefebvre, I., “ Les associations rasurées sur le future plan pauvreté”, *Le Monde,* 12, juin, 2018.

▶35　*ibid.*

▶36　Malingre, V., “Le plan pauvreté prévoit un versement unique des aides dès 2019”, *Le Monde,* 13, juin, 2018.

▶37　Barthet, É., & Chocron, V., “Il faut ralentir, voire stabiliser, l’augmentation des dépenses”, *Le Monde,* 21, juin, 2018.

▶38　Rey-Lefebvre, I., *op. cit.*

▶39　Rey-Lefebvre, I., “Protection social : un système efficace et apprécié des Français”, *Le Monde*, 22, juin, 2018.

▶40　Rey-Lefebvre, I., “Les associations rasurées sur le future plan pauvreté”, *Le Monde*, 12, juin, 2018.

▶41　Rey-Lefebvre, I., “Protection sociale : un système efficace et apprécié des Français”, *Le Monde,* 22, juin, 2018.

▶42　Le Monde, Éditorial, “Macron face à la grogne des retraités”, *Le Monde,* 17, mars, 2018.

▶43　Desmoulières, R.B., & Bissuel, B., “Retraites: pas de retour à l’équilibre avant au moins 2036”, *Le Monde,* 14, juin, 2018.

▶44　Desmoulières, R.B., & Bissuel, B., “Le guêpier de la réforme des pensions de révision”, *Le Monde,* 16, juin, 2018.

▶45　Desmoulières, R.B., “La CFDT bien décidée à peser sur le projet de loi”, *Le Monde,* 16, juin, 2018.

▼46 Raynaud, P., *Emmanuel Macron : Une révolution bien tempétée*, Desclée de Brouwer, 2018, p.153.

▼47 Le Monde, Éditorial, "SNCF: Le pari de la réforme", *Le Monde*, 19, février, 2018.

▼48 Dutheil, G., "SNCF: l'exécutif prend les syndicats de vitesse", *Le Monde*, 27, février, 2018.

▼49 Béziat, É., "SNCF : la libéralization du rail sera progressive", *Le Monde*, 31, mars, 2018.

▼50 Scherrer, M., "Train—Les usagers prennent la parole", *L'Express*, 21, mars, 2018, p.31.

▼51 Dupont, T., "Les oubliés de la grande banlieue", *L'Express*, 21, mars, 2018, p.37.

▼52 Rosencher, A., "Ceux qui votent prendront le train", *L'Express*, 21, mars, 2018, p.38.

▼53 Scherrer, M., "Un pays à deux vitesses", *L'Express*, 21, mars, 2018, p.42.

▼54 Scherrer, M., "Le train a changé notre rapport au temps", *L'Express*, 21, mars, 2018, p.45.

▼55 Gallet, L., "Le Paris-Bordeau Des fous du boulot", *L'Express*, 21, mars, 2018, p.33.

▼56 Béziat, É., "Le projet de loi sur la SNCF en passe d'être définitivement adopté", *Le Monde*, 13, juin, 2018.
Do., "Grève à la SNCF: le front syndical montre des signes de faiblesse", *Le Monde*, 15, juin, 2018.

▼57 Béziat, É., "SNCF: les enjeux de la négociation sur la convention collective", *Le Monde*, 16, juin, 2018.

▼58 Malingre, V., & Pietralunga, C., "Sur le social, Macron cherche toujours sa vie", *Le Monde*, 13, juin, 2018.

▼59 Scherrer, M., "Train—Les usagers prennent la parole", *L'Express*, 21, mars, 2018, p.31.

▼60 Desmoulières, R.B., & Noblecourt, M., "L'hiver de la CGT", *Le Monde*, 28, février, 2018.

▼61 Le Monde, Éditorial, "La grève du rail en échec", *Le Monde*, 19, juin, 2018.

▼62 Placet, J.-L., "Le dialogue social entre le contrat et la loi", in Daniel, J.-M., & Monlouis-Félicité, dir., *Sociétal 2015*, Eyrolles, 2015, pp.237-238.

▼63 Belouezzane, S., "Assurance-chomage :l'affrontement évité", *Le Monde*, 3, mars, 2018.

▼64　Fressoz, F., "Emmanuel, as-tu du coeur ?", *Le Monde*, 15, juin, 2018.

▼65　Pietralunga, C.,"Le plaidoyer inquiet de proches de Macron", *Le Monde*, 16, juin, 2018.

▼66　Mallingee, V., "Ferme sur sa ligne, Macron refuse tout virage social ", *Le Monde*, 15, juin, 2018.

▼67　Barthet, É., "Coup de frein sur la croissance française", *Le Monde*, 21, juin, 2018.

▼68　Kahn, J.-F., "Macron croit qu'il peut conquérir quand il séduit ", *L'Express*, 2, mai, 2018, p.39.

▼69　Lhaïk, C., "Macron, un an à l'Elysée", *L'Express*, 2, mai, 2018, p.29.

▼70　*ibid.* p.31.

終章　フランス大統領選の意味するもの

ここまで我々は、二〇一七年のフランス大統領選について、オランド政権を総括しながら、経済・社会・政治の三つの側面から総合的に検討を重ねてきた。これにより、フランスでなぜ新興政治勢力が台頭したのか、また、その中でどうしてマクロンとル・ペンが浮かび上がり、最終的にマクロンが大統領に選出されたのか、そしてマクロン政権の課題は何か、などの問題が考察された。最後に、今回のフランス大統領選は一体何を意味するかについて、フランス自体と欧州の双方の側から論じることにしたい。

一．フランスにとっての意味

(一) 社会分裂と庶民（中流）階級の消滅

最初に、マクロン政権の成立がフランスの経済・社会にとって何を意味するかを考えることにしたい。

今回の大統領選における一つの大きな争点が、フランスにおける社会分裂問題の解消であったことは、くり返して述べる必要はないであろう。マクロンやル・ペンらの主要候補者は、いずれもこのテーマを念頭に置きながらキャンペーンを展開した。それは、フランスの有権者がその問題に最も関心を寄せていたからに他ならない。

ここで再度強調しておきたい点は、今日のフランス社会における不平等問題が深刻さを増している点である。しかもそれは、たんに個人間の不平等を表すだけでない。その不平等は地域間でもはっきりと現れている。むしろ後者の強まる傾向が見られる。この三〇年間に、一人当り可処分所得の不平等が減少する傾向を示したのに対し、地域間の不平等は全く減ることがなかった[1]。それは、一九八〇年代からの経済の自由化とグローバル化の進展する中で深まったのである。この地域間の不平等はまた、サーヴィス産業の空間的集中と密接に結びついていた。そこでの成長が、より発展の遅れた地域にまで行きわたることはなかった。しかもそうした周辺部の地域では、工業生産拠点の海外移転によって生産が大きく減少した。[2] これにより、パリを軸とした大都市から成る中心部と、農工業に依然として依存する周辺部との間で所得格差は著しく拡大した。

このようなフランスの地域間の不平等問題について、地理学者のギリュイは、社会階層間の対立の問題と関連させながら、すでにオランド政権のときに鋭く分析していた。[3] そこでは、グローバリゼーションの恩恵を授かって発展した大都市とその住民の上流階級の世界、及びそうした発展から外された農村や工場街などの周辺部とそこに住む庶民階級の世界との間に著しい格差の存在する姿が鮮やかに描かれる。[4] そして彼は、そうした格差問題を今回の大統領選と結びつけながら論じる。[5] 以下では彼の行論を追いながら、この問題を考えてみたい。まずギリュイは、フランスに限らず欧州全体で、社会分裂が促進されていることを指摘する。[6] そうした社会的分断は、根本的に地域的亀裂を伴う。このことは、グローバル化された都市部としての中心部と、それから取り残された周辺部とを対置させる。さらに注目すべき点は、彼が周辺部での労働者をグローバル化の敗者とみなしながら、彼らの社会階層としての存在意義が失われていると把握する点である。つまり、そうした労働者を中心とする庶民階級としての中流階級は、もはや消滅している。この中流階級の消滅するプロセスが、一九九二年のマーストリヒト条約成立以来の欧州におけるグローバル・モデルの採用と共に現れた。そして、この現象と今回のフランス大統領選が密接に結びつく。ギリュイはこのように唱える。[7]

実際に周辺部の工場労働者は、棄権者の数を肥大させた第一人者である。同時に彼らは、ル・ペンらのポピュリスト運動に加わった張本人でもあった。このような、彼らの社会的帰属から脱退する姿が、まさに大統領選ではっきりと現れたのである。これまで左派に投票してきた工場労働者は、棄権かFNへの投票かという傾向を色濃く表した。そしてこの点は、今まで右派に投票してきた農民についてもあてはまる。要するに、工場労働者や農民などの中流階級（庶民階級）の消滅が、伝統的な左派と右派の政党を投票の対象外に追いやった。

その結果、社会党と共和党は敗北した。両党は中流階級のものと考えられてきたのに、今やそうした階級は社会階層として存在しないからである。

他方で、躍進したポピュリスト政党の領域はまさしく、中流（庶民）階級の居住する周辺部に置かれた。それは小さな町であり、脱工業化した中規模の町であり、かつまた農村であった。そこでは、雇用が不足していることは明白であった。確かに客観的に見て、フランスを含む先進国経済は、大きな富をつくり出すモデルを構築した。しかしそれは、非常に両極化した雇用市場に基づいていた。このことが、一国の統合を阻止させると共に、社会的かつ地域的な不平等を一層生み出したのである。

フランス人の三人のうち二人は中流階級に属す。そこで、もしも彼らを経済的かつ社会的に統合できなければ、彼らは政治的に脱退するに違いない。フランスの問題は、政治的な左派と右派の分裂にあるのではない。経済・社会の二極分解こそが問題となる。事実、フランスでは中心部と周辺部の地域的な対立が見られる。この対立が、マクロンとル・ペンの間の争いを構造化した。脱工業化の地域では失業と貧困の人々が溢れ、彼らの多くがFNに投票した。今日、フランスの庶民（中流）階級は、雇用と富をつくり出す場で生活していないのである。[8]
それゆえ根本的な問題は、社会の上部階層と下部階層の関係にある。[9] 両者の関係はもはや流動的でない。そこには大きくて深い溝がある。その結果、庶民階級としての中流階級は社会システムから脱落して政治不信を強めた。彼らは政治家を信用しない。それは、フランスの周辺部で鮮明に現れた。一方、上流階級の優越性はますます確実なものとなる。この新しいブルジョワジーは、反ファシストと反差別主義の名の下で自らを有効に保護できる。
こうして、かつての中流階級を構成していた社会的カテゴリー、すなわち工場労働者や農民らの弱体化がポピュリストの発展の動力となった。この現象はフランスに限られない。それはイギリス、オランダ、オーストリア、並びにスウェーデンでも同様に見られる。Brexit もイギリス経済の脱工業化の結果であるし、ＦＮへの投票も一九八〇年代以来のフランスの工業危機に由来する。しかも重要なことは、このプロセスがグローバル化のモデルの下に進められてきた点である。[10] このモデルは富をつくり出すのに成功した一方、社会をつくることに失敗した。そこでは雇用市場が両極化した。それは、大都市から成る中心部に集中した。この社会をつくり出さないモデルの中で、伝統的な中流階級はもはや居場所を持たない。
こうして庶民のカテゴリーは、歴史上初めてその存在意義を失った。彼らこそが、グローバル化の敗者であった。庶民階級は、伝統的政党の中でその存在を認められなかった。このような、社会的、政治的、並びに地域的な分裂が、グローバル化された中心部とそれから外れた周辺部の間でますます明確に識別されることになる。先進諸国におけるポピュリストへの投票はまさに、そうした中心部と周辺部の格差の拡がりの中で増大したのである。この点は、フランスでのＦＮ、米国でのトランプ、そしてイギリスの Brexit の現象となって如実に現れた。

一方、そのような周辺部での庶民階級の投票のあり方は、社会的かつ文化的な不安をも表している。それは、彼らのアイデンティティの問題である。この点はまた、大量の移民流入に基づく多文化社会の出現と結びつく。それは庶民の間で強い不安を生み出した。上流階級の人々は、そうした他者としての移民から自らを守る手段を持っている。これに対して庶民階級は、その手段を何も持たない。それだから彼らは、社会的かつまた文化的に保護してくれる強力な国家を求める。こうして庶民は、アイデンティティの確立を投票によって目指す。

以上少し長くなったが、重要な論点なので筆者の分析視点に立ってギリュイの行論をまとめてみた。それをごく簡単に図式化すれば次のように表せるであろう。経済のグローバル化→社会階層の両極化（社会分裂）と地域の分断（中心部と周辺部）→庶民（中流）階級の消滅→庶民階級の反抗（棄権とポピュリストへの投票）。このように、フランスの経済・社会システムへの帰属の道を断たれた庶民階級が、ポピュリスト政党を支持する動きについては、すでに筆者もＦＮを例としながら論じた（第6章）。ギリュイの議論は、この動きをより普遍的に捉え、それを一国内の中心部と周辺部という二極分解の中で位置付けたところにその大きな特長を見ることができる。筆者は、彼の提示したシェーマに全面的に首肯する。我々は、そうした一連の動きをネガティヴなものとしての大衆迎合主義とみなしてはならない。それでは、社会分裂という最重要な論点が抜け落ちてしまうからである。ましてや、その際の大衆を愚衆として扱うことは言語道断であろう。

(二) 社会分裂とマクロン批判

では、マクロンが大統領に就任してから一年以上経った今日、フランスの社会分裂と地域分裂はなくなる気配を示しているであろうか。少なくとも貧しい周辺部に関して見ると、それは認められない。富裕者と雇用先を探せた人々にとって、この一年はよかったであろう。しかし、そうした周辺部の人々の生活はほとんど改善されていないのが現状である。[11] フランスが国際舞台で活躍することとは無関係に、人々の間ではつねに「社会不安」がつきまとっている。この点は、アイデンティティの面でも購買力の面でも見ることができる。

こうした状況の中で、マクロンは適切な政策を施しているかと言えばそうではない。彼は、経済政策の面でますます自由化の方針を強めている。この点で彼は、サッチャー主義の延長線上にいる。そこでは、社会への対策が前面に打ち出されていない。選挙キャンペーンであれほど強く謳われた「自由と保護」の両立という姿勢は失われている。例えば財政政策の面でも、庶民階級を一層救済する手段が必要なのにそれは採られていない。フランス社会は、再び悪い方向に向かうのではないか。このように疑われるのは当然であろう。

これまでフランスでは、二つのフランス、すなわち富裕なフランスと貧困のフランスがつねに存在すると言われ続けてきた。このフランスの社会分裂が現在、危険と思われるほどに深まっている。マクロン政権は、こうした分裂の解消を真剣に考えているであろうか。彼が、首相と経済相を右派政党（共和党）から指名したことからもはっきりとわかるように、その基本的な政策方針は右寄りのものとなっている。このことは、左派でも右派でもないと主張するマクロンに投票した有権者の意向に沿うものではない。彼は、サルコジやオランドとどの点で異なるのか。人民とりわけ庶民階級は、こう問いかけるに違いない。これでフランス社会は再建されるのか。誰しも疑うであろう。

二〇一八年は、折しもあの一九六八年五月革命から五〇年目の節目に当たる。レ・クスプレス誌が特集を組んで論じたように、同革命がフランス社会に及ぼした影響は、今日でも依然として人々の間で感じられている。彼らは、五月革命の精神を決して忘れていない[12]。そうした中で、マクロン自身は五月革命を知らない世代であるものの、大統領選を迎えて「革命」なる用語を敢えて用いた。しかし、その際の革命は、五月革命のようなものとして使われたのでは全くない。それは、改革と転換を意味するにすぎない。そこには、社会の抜本的変革という視点は皆無である。これでもってフランスの周辺部に居住する庶民階級を説得できないことは明白であろう。

現実に、マクロンに対する批判が噴き出ている。まず、彼の大統領としての資質が問われた。ル・モンド紙によれば、この一〇年間の大統領のスタイルは大きく三つのタイプに分かれる。第一に、ハイパー（超）大統領としてのサルコジ、第二に、ノーマルな大統領としてのオランド、そして第三に、威圧的な大統領としてのマクロンである。[13] そして実は、これら三名の大統領に共通点がある。それは、彼らがいずれも大統領の「イロハ」、すなわち「人々をいかに失望させないかということ」を無視した点を表す。我々は、この点を銘記しなければならない。事実、フランスの人々とりわけ庶民階級は、この間の大統領に失望し続けてきたのである。

マクロンは、「熱望（ambition）」という言葉を最も好んで使う。彼は、この言葉で反論に対して自己防衛する。[14] そして彼は、「私は選ばれたのだから実行する義務を負う」とくり返し語る。彼の側近は、これは横暴でないと考える。しかし、マクロンのそうした姿勢が「熱望」という言葉でガードされるとき、それは他人の意見に耳を貸さないリスクを犯す。こうして彼は、議会に対しても攻撃的になる。そこでは、彼の案を修正する構えは全く示されない。

この点でマクロンは、オランドと正反対である。[15] オランドは確かに、決定するのがあまりに遅く、かつまた義務を負うこともなかった。これに対してマクロンの場合は、それほど明確でない考えにも拘らず、その決定はあまりに早い。同時に彼は、他人のアドヴァイスを受け入れるつもりがない。先に示したようにマクロンは、取巻きの三人のエコノミストが進言した社会的再均衡の要請をすべて拒否したのである。

フランスの有権者は、このような大統領の独善的姿勢に不信感と疑いを持ちかけている。マクロンは冷淡で人々との間に距離を置く。彼はつれないナルシストである。彼らは彼をこう評価する。この点は、かつてイギリスでD・キャメロン（Cameron）元首相に対してなされたことと酷似している。*1

そこには、エリートと民衆との間のアンビヴァレンスがはっきりと現れている。先に示したエリートと民衆の垂直的分裂の中で、マクロンのポジションはエリート側に一層移行した。それだからフランスの人々はマクロンに対して、同胞を仲間とみなすように、また現実と切り離された大ブルジョアではないことを示すように促す。

マクロンは現在、人々の間で「権威的、反世間的、恩知らず」と批判されている。[16] これらの人物評価に、さらに「横暴」が加わればどうなるか。彼の側近でさえ、この点を非常に心配している。なぜなら彼は、選挙キャンペーンで「親愛なる男」というイメージを有権者に強く与えたからである。このイメージが壊れることでマクロンが人々の同情を失うこと、これが政府にとって最大の不安材料になることは間違いない。彼は言うまでもなく今日、フランスの政界で独占的地位を誇る。しかし、その独占は決して強いものではないし、また長続きするものでもない。

マクロンは依然として改革の政治を信じ、それを断行するつもりでいる。しかし、そうした改革が人々に不快感と不満を抱かせるものであれば、それは何の意味もない。彼は、サルコジとオランドを経て、ついに権威を掲げる君主になってしまった。[17] 彼は気まぐれなプリンスで、独裁的であると同時に残酷である。フランスの有権者は、彼にこうした評価を与え始めた。彼の危険な横暴さが、マクロニストにも大きな影響を及ぼすことは疑いない。

二〇一八年六月の世論調査によれば、予備選でマクロンに投票した有権者の四割弱が、彼は富裕者に有利な政治を行っていると答えている。[18] 彼はますます独裁的になり、より不利な立場にある人々を心配しない、と言うよりは彼らに無関心である。そうだとすれば、生活困難にある庶民階級は大統領をどう思うであろうか。実はマクロンを支持した有権者は、あくまでもサポーターであってグループと化していない。それゆえアンケートによれば、彼らの二〇％近くが彼に失望し、大統領に反対する気持を抱いている。こうした現象は、選挙キャンペーンの間には決して見られなかった。

このような事態に、マクロンが横暴さと自己満足に耽り、より弱い人々の声に耳を傾ける姿勢を示さなければ、それこそ庶民は彼に反抗し始めるに決まっている。彼らの眼には、マクロンはオランドと同じく社会的裏切りを行った人物として映るに違いないからである。

(三) ベナラ事件の発生とその意味

そうした中で、マクロン大統領の問題を浮き彫りにさせるような一大事件が発生した。ベナラ(Benalla)事件である。それは、マクロンの護衛を司っていたA・ベナラ(Benalla)という若者が、二〇一八年五月一日のメーデーの際に、大統領府からの命を受けてパリのデモ隊を監視し、その中で男女一組に暴行を加えたことから始まる。彼がカップルを殴打する場面は、不服従のフランスの活動家により一部始終をヴィデオに収められた。それは、フランスのみならず全世界に知れわたったので

＊1　この点については前掲拙著『BREXIT「民衆の反逆」から見る英国のEU離脱』三九ページを参照されたい。

ある。[19]

ところが、このベナラ事件がル・モンド紙に詳細に暴かれることで公に知られたのは、何と事件発生から二ヵ月以上も経ってからのことであった。このことから、同事件はたんなる暴行事件を越えた一大政治スキャンダルに発展した。一体、何が起こったのか。フランス国民の間で、疑いと不信感が一挙に高まったのは言うまでもない。

そこでまず、ベナラ事件にはいかなる問題があるかを整理しておきたい。第一に、当然ベナラの越権行為という問題がある。彼は、大統領の護衛官と言っても警察官の資格を持たない一介の民間人にすぎない。したがって彼は、パリ市民の安全を守る業務を本来行うことができない。そこで大統領府は、彼にデモ隊監視の指令を与えた。しかもそれは、内相の承認を経ずになされた。[20]ところがベナラは、監視の域を越えてデモ隊のコントロールに踏み込んだ。そして銘記すべきことは、そうした警察による公共サーヴィス業務に対する彼の侵害は、今回が初めてではなかったという点であろう。公共サーヴィスを大統領府の権限でねじ曲げたのは、マクロン政権が初めてであった。

一方、ベナラが暴行したカップルは、デモ隊の参加者ではなく、ましてや過激派グループのブラック・ブロック（black blocs）のメンバーでもなかった。次にこの点が問題とされねばならない。[21]彼らは、たまたまデモ隊に遭遇したにすぎなかった。もしこれが事実であるとすれば、ベナラの暴行はたんなる越権行為ではすまされない。それは明らかに誤認に基づく。警察官でもない人物が、たんに大統領の護衛という権限のみで無実の一般市民に暴力を振るったとあれば、これほど恐ろしい話はない。

しかもベナラ自身、ル・モンド紙とのインタヴィウで、デモと全く無関係の市民を暴行したことに対し、一切謝罪していない[22]。この点は大統領府についても言える。こうした姿勢こそが、まずもって非難されて然るべきである。

第三に、ベナラに対する懲戒が問題となる。大統領府は一応、事件が明るみに出ると彼を懲戒したことを表明した。それは、二〇一八年五月四日〜一九日の一五日間の大統領護衛業務と給与支払いの停止であった[23]。しかし、この懲戒処分に対し、メディアからも、野党からも、はたまた与党の共和国前進からも、それが十分でないとする批判が集中した。その結果、彼は最終的に解雇される。では、なぜ彼は直ちに解雇されなかったのか。大統領府の責任者であるP・ストゥルゾダ（Strzoda）も、ベナラの違反行為を見張るべき内相のコロンも、同事件の翌日にヴィデオを見ていた。それにも拘らず、どうして彼らは寛大な処分を行ったのか[24]。これがまず問題である。さらに一層由々しきことが、その後に判明する。実はベナラは、業務停止のはずの懲戒期間中に何と大統領府のサーヴィスを行っていたことが写真によって明らかにされたのである[25]。これは大統領府の説明と完全に矛盾する。こうして人々の彼らに対する疑いはさらに深まった。

最後に一番大きな問題を指摘する必要がある。それは、大統領府も政府も、どうしてベナラ事件の全容を直ちに国民に知らせなかったのか、同時にマクロンは、ル・モンド紙により同事件が暴露された後もなぜ沈黙を守ったのかという点である。マクロンはその後、同事件はショックであり到底受け入れられないとして、唯一の責任は自分にあることを再確認した[26]。しかし、フランスの人々は、マクロン政権がベナラ事件を隠そうとしたという思いを強く抱いたに違いない。これによって、マクロンの人気が再び低下したことは否定できない。二〇一八年七月末のイプソス（Ipsos）の世論調査によれば、大統領に好意的と答えた人の割合は、これまでより下がって全体のたった三二％にすぎない。さらに同年八月初めの調査で、マクロンの支持率は五ポイント下がりついに三〇％を割って二七％に至った。[27] これは、歴代大統領の支持率で最低の値を示す。彼の支持はまさに急降下した。フランス人は、大統領の誠実さをますます疑い始めている。ベナラ事件は、間違いなくマクロンのイメージを損ねたと言ってよい。

以上、ベナラ事件の抱える諸問題についてやや詳しく見た。同事件が、今後のマクロン政権を占う上で極めて大きな意味を持つと考えられるからである。メランションは同事件の発覚後直ちに、ル・モンド紙とのインタヴィウで、それがかつての米国でR・H・ニクソン（Nixon）元大統領を辞任に追い込んだウォーターゲート（Watergate）事件に匹敵するものと論じた。[28] 説明責任はもちろんマクロンにある。議会は大統領を喚問できない。しかし、彼は我々に監視されていることを忘れてはならない。メランションはこのように、マクロンを痛烈に批判したのである。

我々がベナラ事件で第一に確認すべきことは、すでに指摘したように、マクロン政権が再び国民を裏切ったという点であろう。しかもそれは、オランド政権のときのものと次元を異にする。その裏切りは本質的なものである。マクロンはそのプログラムの中で、「私は政界のモラルを正して責任を負う」とする抱負を述べた。[29] また彼は、旧体制を断ち切ることでフランス共和国を模範的な国家にする、と国民に約束した。しかし今回の事件は、マクロンが歴代大統領の中でいかに不徳であるか、そして横暴であるかを露呈した。まさに彼は、大統領就任以来最大の危機を迎えたのである。

ところで、このベナラ事件は実は起こるべきして起こったと言っても過言ではない。それには二つの根拠がある。一つは、マクロンが自分に忠実な人物のみを重用し、それで側近を固めたという点である。そこには、一つの「仲良しグループ」の小さな輪が出来上がった。フィリップ、ストゥルゾダ、コロン、並びにパリ警視庁長官のM・デルプエシュ（Delpuech）らは皆旧知であり、彼らはこぞってマクロンが不利になることを拒んだ。ベナラ事件はまずもって、大統領の判断の誤りであるはずなのに、側近はどうして正しい忠言を行わなかったのか。それも以上のような根拠による。同時にそのことは、マクロンのすさまじい垂直的権威を表している。そしてもう一つの根拠は、マクロンとフランス国民との間の距離が遠のいたことである。彼はすでに指摘したように、次第に横暴さを示し始め、人々とのコミュニケーションを深めることを怠った。このことが、ベナラ事件の保護と隠蔽につながった。そう言えないだろうか。

今や同事件によって、フランスの大統領府も議会も機能不全に陥っている。マクロン政権が用意した諸改革が今後スムーズに展開されるとは考えられない。それほどに同事件は大きな意味を持つ。大統領が横暴になることは、結局カタストロフを引き起こす[30]。マクロンとその側近は、大統領府を唯一の指令塔と考える。しかし彼らが、それでもって国家と国民を管理することは絶対にできない。大統領府の力が、同事件で著しく低下したことは間違いない。今日の大統領は、昨日のようには振舞えない[31]。マクロンは、こうした警告を真に受け止めるつもりがあるか。もしそうでなければ、彼が民衆から一斉に反抗されることは目に見えている。

二、欧州にとっての意味

(一) ユーロ圏離脱問題と大統領選

他方で、二〇一七年のフランス大統領選は欧州全体にとっていかなる意味を持つか。次にこの点を考えることにしたい。

すでに指摘したように、今回のフランス大統領選は「フランスのユーロ圏離脱(Frexit)」の可能性を含み込むものであった。このFrexitはまた、大統領選以前の段階からFNによって主張されてきたこともよく知られている。彼らは、欧州議会選挙のキャンペーンで、欧州通貨同盟の瓦解と通貨の国民的コントロールの復活を謳った。このことは、フランスの人々の望みを叶えるものとして理解された。二〇一四年一月段階の世論調査は、フランス人は次第にユーロ圏から離れる願いを強めていることをはっきりと示していたからである。[32]

このようなル・ペンとFNのFrexit論は、先に示したように大統領選のキャンペーンで盛んに唱えられた。このことが、欧州機構の責任者に大きな脅威を与えたことは疑いない。彼らは選挙キャンペーンが始まるや、ル・ペンの勝利とその結果生じるFrexitを当初から見込んでいないことを明確に表した。[33] この表明は、ＥＵがそれだけル・ペン大統領の誕生を恐れていたことを示すに他ならない。

Ｄ・トゥスク（Tusk）大統領は、「我々はポピュリストを信用していない」と宣言する一方、ユーロ嫌悪者に対しては、ＥＵが愛国主義を排していないことの理解を求めた。また、ユンケル欧州委員会委員長も反Frexit論を唱えた。彼は、「フランスは欧州建設の中心的役割を担う。そしてフランスはそうあり続けなければならない」とする声明を発表した。このように欧州機構の運営を司る二人の人物はこぞって、表に直接に出した訳でないものの、反ル・ペンと反ＦＮの姿勢を強く示した。現実にル・ペンの勝利は、オランダのルーヴァン大学政治哲学教授のＬ・ヴァン・ミドルラール（Van Middelaar）が指摘するように、依然としてありそうにないものの、しかしそれはもはや考えられないことではないとみなされた。フランス大統領選は欧州にとって、それほど大きな不安材料となったのである。

しかし他方で、欧州にはより楽観的な見方もあった。それは、マクロン勝利の期待である。彼はすでに示したように、選挙キャンペーンの当初からプロ（親）ＥＵ・ユーロの立場を最も明白に表していたからである。こうした欧州のマクロン支持の動きは、ドイツでも見られた。それは、とくに社会民主党により示された。オランド政権のときに、ギリシャ危機に際してマクロンは、当時のドイツ社会民主党党首のＳ・ガブリエル（Gabriel）と共同で声明を発表し、ＥＵ改革を宣言した。[*2] この両者の

＊2　マクロン・ガブリエル共同声明については前掲拙著『ギリシャ危機と揺らぐ欧州民主主義』三二三〜三二五ページを参照されたい。

緊密な関係が大統領選にも持ち込まれる。ドイツ社会民主党は、マクロンと共に独仏協調の力を発揮することを望んだのである。

結果的にユーロ圏崩壊に対する欧州の不安は杞憂に終った。フランスはひとまず、マクロンの勝利によってFrexit の道から遠のいた。注目すべきは、その後のFNの動きである。ル・ペンは、これまでEUをあれだけ非難し、ユーロからの離脱を強調したのに、大統領選で敗北するとその態度を変え始めた。[34] 彼女は、EUに反対するものの欧州には賛同する立場を表明する。そこで彼女は、新たな秩序の言葉を使い出す。それはEU改革であった。ル・ペンはこの点で、マクロンと考えを共有する。

実際にFNは、欧州に対するポジションを再検討した。新書記長のS・ブリオワ（Briois）は最近のキャンペーンで、欧州のテーマをむしろ積極的に論じる。これまでナンバー・ツーであったフィリポがFNを離脱したことも、かつてのFrexit 戦略の修正に拍車をかけた。なぜなら、ユーロ圏離脱こそが、ル・ペン敗北の最大要因とみなされたからである。フィリポがイギリスのUKIPと組んであくまでもFrexit の道を歩む一方、FNはその反対の方向を選択した。副総裁のN・ベイ（Bay）がはっきりと示唆したように、彼らはユーロを守る姿勢を明白にした。

このようにして見ると、FNのこれまでの反ユーロに基づくFrexit 論は何であったかが問われるであろう。それは、彼らの信念による真の方針であったのか。そうではなく、ただたんに、当時のフランス人の意向に即反応しながら彼らの人気をえるための動きにすぎなかったのではないか。こう疑われても仕方がないであろう。さらに、そうしたFNの方向転換で、その基本的な考え方まで変わるかと言えばそうではない。そこにはやはり、根強い国家主権主義が見られる。このことは、共通通貨の保持と明らかに矛盾する。ＦＮは、その矛盾をいかに解消するつもりか。彼らは、この点について明快な答を示していない。そうだとすればＦＮは結局のところ、一般の人々の心情を政党戦略に利用するだけではないか。その結果、人々を最終的に裏切ることになるのは間違いない。ＦＮは二〇一八年三月に党名をより一般受けする「国民連合（Rassemblement National, ＲＮ）」に変更した。しかし、それでもって基本的姿勢までもが変わるとは到底思えない。

(三) マクロンのＥＵ改革と財政規律問題

他方で、マクロンは公約どおりにＥＵを改革できるのか。この点も問われねばならない。最大の問題は、マクロンがユーロ圏の財政規律の遵守を前提にＥＵ改革を図る点にある。それでもってＥＵは真に改革されるであろうか。

この間の反ＥＵ論としてのユーロ懐疑主義運動で強調されたことは、一九九二年のマーストリヒト条約こそが欧州の機能不全と人々の分断をもたらしたという点であった。この条約成立からすでに四半世紀が過ぎ去った今日、その元凶は財政規律、すなわち公的赤字と政府債務の対ＧＤＰ比を各々三％と六〇％にするルールにある。このように批判された。欧州の統治者は、この規律こそが危機を回避すると想定したにも拘らず、二〇〇八年以降の厳しいリセッションは、彼らが誤っていたことを明白にしたからである。

そもそもこの財政規律は、極めて裁量的に決められたと言わざるをえない。[*3] 公的赤字の三％（対GDP比）という数値の理論的根拠は全くない。なぜ三％かを説明できる人は誰もいない。さらに公的債務の六〇％（対GDP比）は一層大きな問題を残す。それは、たんなるマクロ経済上の計算値にすぎない。すなわち、公的赤字／経済成長＝公的債務（いずれも対GDP比）という関係式の下に、六〇％という値が導かれた。その際の経済成長率は五％と想定された。つまり三／五＝〇・六（六〇％）となる。

当時の成長率を五％にすることの妥当性をここで問わないとしても、最大の問題は、それを現時点でそのままあてはまることは絶対にできないという点である。今日、欧州の成長率は最大に見積っても二％足らずであろう。その場合に公的赤字を三％のままとすれば、公的債務比率は先の関係式より一五〇％と計算される。これは、財政規律で示された六〇％の二・五倍に相当する。以上のことだけでも、ルールとして定められた三％と六〇％という数値がいかに恣意的であるかがよくわかる。しかも由々しきことは、EUがそのことを一般の人々に伏せている点である。もしこのことが露呈されれば、人々のEUに対する不信感が一挙に膨らむに違いない。

それでは、この財政規律は欧州でよく機能してきたであろうか。まず留意すべき点は、それが間違いなく民衆の生活を圧迫したことである。財政規律はまさしく、欧州の社会的側面を剥ぎ取ってしまった。欧州はこれまで、人々の間の、また諸国家の間の格差を是正するための再配分システムを設定してこなかった。そうした規律は、経済・社会危機を解消するメカニズムを提供するのに失敗した[▼35]。このことは、二〇一〇年から始まったギリシャ危機で証明された[＊4]。

グローバル金融危機以降、ユーロ圏のアーキテクチャーは一見強化されるかに見えた。しかし、その経済ガヴァナンスは複雑さを増すばかりで有効ではなかった。加盟国のマクロ経済不均衡は監視されることはあっても、その不均衡を測る基準も手順も効力を発揮していない。財政規律は新財政協定として、新たに構造的赤字（対ＧＤＰ比で〇・五％）の基準を設けたものの、そうした赤字を測定する手段が定まっている訳ではない。したがって構造的赤字を統一的方法で計算することはできない。そうであれば、その基準を設けること自体に意味がない。

こうした中で、欧州の財政規律をより効果的にするための提案は事欠くことがない。それらは大きく二つに分けることができる。第一にユーロ懐疑派の提案。これは、マーストリヒト条約からの、あるいはユーロからの撤退を求める。それは、各国政府が財政を完全にコントロールするためである。第二に連邦主義派の提案。これは、ユーロがすべての財政手順を単純化する以外には存続しないとみなした上で、それを最終的に連帯のメカニズムで完成させる。例えば、危機で最も打撃を受けた国に対して支援するための欧州ファンドの創設が予定される。あるいはまた、最小限の共通の失業保険を

＊3　この点について詳しくは前掲拙著『欧州財政統合論』二五～二八ページを参照されたい。
＊4　この点については、前掲拙著『ギリシャ危機と揺らぐ欧州民主主義』三〇三～三〇七ページを参照されたい。

設定することによって、諸国間の社会的格差の解消が図られる。

一方、これらの基本的な提案に対し、フランスの大統領選候補者の提案はいかなるものであったか。フィヨンは、欧州委員会の各国の財政に対する圧力を減少させる案、アモンは、テキスト（条約）を書き直す案、メランションは、マーストリヒト条約から純粋に撤退する案、ル・ペンは、ユーロ圏から撤退する案、を各々提供した。このように、これらの四名の案は、いずれも現行の財政規律を見直すか、あるいはそれから離れるかを表している。要するに彼らは、欧州の財政規律の設定に懐疑的であった。

ところが、これに対してマクロンは、ユーロ圏のガヴァナンスの必要という観点から、この財政規律を全面的に支持する。したがって彼は、そうした規律を遵守する立場から当初のプログラムを大統領就任後に変更せざるをえなかった。彼にとって、財政規律はそれほど重要であった。その結果どうなったか。庶民階級の生活改善策は引き延ばされる一方、資本に対する課税が減免されることで、マクロンは「金持ちの大統領」というイメージを人々に与えた。それでもマクロンは、財政赤字の三％（対GDP比）基準を尊重したのである。

実はこの大統領の方針は、彼の経済プログラムを作成した一人のピザニ・フェリーによって支持された。ピザニ・フェリーはレ・クスプレス誌とのインタヴィウで、もし三％の基準を守らなければ、超過的な赤字のための手続きを新たに展開する羽目に陥るとし、財政規律そのものに抵抗する姿勢を示さなかった。[▼36] こうして彼は、マクロンが財政規律に従うことを前提として、欧州のための改革案を提示することは妥当であると評価した。果たしてそうであろうか。

すでに示したように、オランドは欧州再建の中に、財政規律の弾力的運用と成長重視の考えを盛り込んだ。この点で彼は、一応ＥＵに対してラディカルな改革を挑んだ。それは正当な行為である。これに対して、マクロンの欧州改革案は、オランドのそれよりはるかに後退したものであると言わざるをえない。一体、マクロンは財政規律を守ることが何を意味するか正しく理解しているであろうか。この規律こそが、欧州の社会変革を拘束することは明白である。そうであれば、マクロンがガブリエルとの共同声明で唱えた欧州社会統合の進展や、大統領選直前に訴えたエリートと民衆との対立解消という願いが、財政ルールの遵守で達成されないことは疑いない。彼は、この矛盾に気づいているであろうか。

我々は今日、Brexit を導く投票が行われる一方、欧州の至る所でユーロ嫌悪派の政党が台頭している姿をまざまざと見せつけられている。そうした現象の根底に、庶民階級の社会的な存在意義の喪失という問題が横たわっていることは否定できない。この現実を前にして、欧州はもはや、「社会」をテーマにしない訳にはいかないはずである。だからこそ欧州委員会も、フランス大統領選の直前（二〇一七年四月末）に、「社会的権利の基盤（socle des droits sociaux）」の確立を大前提として、欧州市民の保護を強める姿勢を明らかにしたのではないか。[37] そうであれば、欧州はなぜ財政規律の全面的見直しに着手しようとしないのか。そしてマクロンも、どうしてその意向を表そうとしないのか。実に不可解としか言いようがない。

二〇一七年一二月に発表された世界の不平等に関する最初の報告書は、これまで欧州において、全体のたった〇・〇一%に相当する最も富裕な人々と、五〇%にも当たるそれほど裕福でない人々との間の格差が、それほど拡がっていないことを示している[38]。それは、欧州が第二次大戦後に設けた社会モデルに基づきながら、寛容な所得分配システムとより累進的な課税システムを築き上げたおかげであった。また、庶民階級により有利な賃金政策と比較的に平等な教育システムもその要因である。しかし一九七〇年以来、欧州でも不平等が確実に強められたこと、しかもそれが地域格差を伴ったことも、同報告書は明らかにしている。

実は、そうした不平等や地域格差の高まりが、人々の欧州(EU)に対する意識を変えつつある。この点はフランスでも明確に現れている。ル・モンド紙は最近、フランス人のEUに対する意見がますます分裂していることを示した[39]。EUの選択をよいとするフランス人は、ちょうど一年前に比べてはっきりと減少している。イプソスの世論調査によれば、フランスの庶民階級は明白にEUを拒絶していることがわかる。同時に大多数の人々は、EUの存在が危機を悪化すると認識し、EUに失望している。これに対して上流階級(カードル)の三分の二は、EUに積極的に賛同する姿勢を表したのである。

このような状況の中で欧州が、今後も社会を犠牲にする現行の財政規律を加盟国に指令し続ければどうなるか。フランスに限らず、欧州全体で社会分裂と地域分裂が一層深まることは目に見えている。だからこそ、フランスの役割が極めて重要になると言わねばならない。なぜなら、フランスはこれまで、欧州の中で「フランスの例外」[*5]と批判されながらも、社会モデルの構築を最も重視してきたからである。彼らがつねに財政赤字を減らすことができなかったのも、公共的な社会的支出の存続を財政政策の前提としたからに他ならない。このことは、右派と左派を問わずに暗黙の前提となってきたはずである。そうであれば、右派でもあり左派でもあるマクロンが、そうした伝統を破る訳にはいかない。彼があくまでも財政規律の遵守に拘るのであれば、EU改革案はテクニカルで形式的なものに終るに違いない。同時に、フランスの社会分裂は解消されないままに庶民階級は怒りを持って、マクロンに反抗する姿勢を強めるのではないか。そう思わざるをえない。

＊5　財政赤字を続けるフランスが、欧州の例外として扱われてきたことについて詳しくは、前掲拙著『欧州財政統合論』二六三〜二六五ページを参照されたい。

注

▶1 Askenazy, P., & Martin, P.,"Promouvoir l'égalité des chances à travers le territoire", in *Conseil d'analyse économique,* No.20, février, 2015, p.2.

▶2 *ibid,* p.3.

▶3 Guilluy, C., *La France pérипhereique,* Flammarion, 2014.

▶4 *ibid,* p.13.

▶5 Guilluy, C.,"La recomposition sociale et politique a commencé, elle ne s'arrêtera pas", in Koringman, M. présente, *France en marche ?,* L'Esprit du temps, 2017.

▶6 *ibid,* p.59.

▶7 *ibid,* p.60.

▶8 *ibid.*

▶9 *ibid,* pp.61-62.

▶10 *ibid,* p.63.

▶11 Mandonnet, E., "Il y a une tentation Thatchérienne chez Macron ", *L'Express*, 2, mai, 2018, p.34.

▶12 Scherrer, M., "Comment tout a changé", *L'Express*, 27, décembre, 2017, p.21.

▶13 Fressoz, F., "Emmanuel , as-tu du coeur ?", *Le Monde*, 15, juin, 2018.

▶14 Lhaïk,C., "Macron, un an à l'Elysée", *L'Express*, 2, mai, 2018, pp.31-32.

▶15 Lhaïk, C., "Face aux critiques", *L'Express*, 20, juin, 2018, p.31.

▶16　Lhaïk,C.,“L’ombre d’un doute”, *L’Express*, 20, juin, 2018, p.32.

▶17　*ibid,* pp.34-35.

▶18　Mandonnet, E., “Ses électeurs sont des supporters, pas des groupies”, *L’Express*, 20, juin, 2018, p.38.

▶19　Johannès, F., “Du fait divers Benalla à l’affaire d’État”, *Le Monde*, 23, juillet, 2018.

▶20　Seelow, S., & Pascual, J., “Trois responsables policiers suspendus à titre conservatoire”, *Le Monde,* 21, juillet, 2018.

▶21　Cazi, É., & Chemin, A., “Pourquoi le couple n’a pas été poursuivi pour violences?”, *Le Monde*, 27, juillet, 2018. Chemin, A., “ Benalla:le couple molesté mis hors de cause”, *Le Monde,* 8, août, 2018.

▶22　Devat, G., King, F., & Lhomme, F., “Alexandre Benalla livre ses vérités”, *Le Monde*, 27, juillet, 2018.

▶23　Malingre, V., & Rescan, M., “Sous la pression , l’Élysée lâche Benalla”, *Le Monde*, 21, juillet, 2018.

▶24　De Villaines, A.,“Les dailles de la châne de commandement”, *Le Monde*, 24, juillet, 2018.

▶25　Malingre, V., & De Villaines, A., “La stratégie de l’Élysée se fracasse sur la réalité”, *Le Monde*, 25, juillet, 2018.

▶26　Malingre, V., “Emmanuel Macron espère tourner la page”, *Le Monde*, 27, juillet, 2018.

▶27　Malingre, V., “Pour oublier l’été, l’exécutif mise sur la rentrée”, *Le Monde*, 4, août, 2018.

▶28　De Villaines, A., “Jean-Luc Mélenchon: 《Cette affaire est du niveau du Watergate》”, *Le Monde*, 22/23 ,juillet, 2018.

▶29　Pietralunga, C., “Ce que la polémique révèle du macronisme”, *Le Monde,* 21, juillet, 2018.

▶30　Rosencher, A., 2 Les graves erreurs d’Emmanuel Macron“, *L’Express,* 25, juillet, 2018, p.16.

▶31　Léger, L., “L’homme par qui le scandale arrive”, *L’Express*, 25, juillet, 2018, p.11.

▶ 32 Delatte, A.-L., “Sortie de l’euro”, in OFCE, *L’économie française 2015*, La Découverte, 2014, p.119.

▶ 33 Stroobants, J.-P., “L’élection prêsidentielle fait peur à l’Union”, *Le Monde,* 5, avril, 2017.

▶ 34 Soullier, L., “Le FN opère un tête-à-queue sur l’Europe”, *Le Monde*, 9, octobre, 2017.

▶ 35 Charrel, M., “Le traité de Maastricht fête ses 25 ans en catimini”, *Le Monde*, 7, février, 2017.

▶ 36 Lahïk,C., “Macron réussira s’il mobilise individus et société”, *L’Express*, 2, mai, 2018, p.41.

▶ 37 Ducourtieux, C., “La Commission défend une Europe plus sociale”, *Le Monde,* 21, avril, 2017.

▶ 38 Charrei, M., De Vergès, M., & Esconde, P., “Les inégalités explosent, l’instabilité politique menace ”, *Le Monde*, 15, décembre, 2017.

▶ 39 Ricard, P., “Les Français sont déçus par la construction de l’Union européenne”, *Le Monde,* 10, juillet, 2018.

参考文献

Bance, P., dir., *Quel modèle d'État stratège en France?*, Presses universitaires de Rouen et du Havre, 2016.

Brizzi, R., & Lazar, M., dir., *La France d'Emmanuel Macron*, Presses universitaires de Rennes, 2018.

Bruguière, N., et al., *France 2014*, La documentation Française, 2013.

Charlin, J., *Un modèle Français nouveau?*, L'Harmattan,2017.

Conseil d'analyse économique, *Les notes du conseil d'analyse économique*, 2013,2014, 2015, 2016, La documentation Française.

Crépon, S., Dézé, A., & Mayer, N., dir., *Les faux semblants du Front national,* Presses de la Fondation nationale des sciences politiques, 2015.

Daniel, J.-M., *Le gâchis français*, Éditions Tallandier, 2015.

Daniel, J.-M., & Monlouis-Félicité, F., dir., *Sociétal 2015,* Eyrolles, 2015.

De Sutter, L., dir., *Le livre des trahisons,* Presses universitaires de France, 2016.

Euzet, C., dir., *Comment la France d'aujourd'hui, est-elle gouvernée?,* Presses universitaires de Perpignan, 2016.

Filoche, G., *Macron ou la classe sociale*, L'Archipel, 2018.

Giblin, B., *Le paradoxe Français*, Armand Colin, 2017.

Grossman, E., & Sauger, N., *Pourquoi détestons-nous autant nos politiques?*, Presses de la Fondation nationale des sciences politiques, 2017.

Girard, V., *Le vote FN au village,* Éditions du Croquant, 2017.

Guilluy, C., *La France périphérique,* Flammarion, 2014.

Insee, *La France dans l'Union européene,* Insee, 2014.

Insee, *L' économie française, Comptes et dossiers,* Édition, 2015, 2016, 2017.

Insee, *Tableaux de l'économie française,* Édition, 2014, 2015, 2016, 2017, 2018.

Jeanneney, J.-N., *Le moment Macron,* Édition du Seuil, 2017.

Korinman, M., présente, *France en marche?,* Éditions l'esprit du temps, 2017.

Le Chatelier, G., *Pour VI e République*, Editions de la Maison des sciences de l'homme, 2017.

Macron, E., *Révolution*, XO Éditions, 2016.

Marchand-Lagier, C., *Le vote FN*, De Boeck, 2017.

Mauger, G., & Pelletier, W., coord., *Les classes populaires et le FN,* Éditions du Croquant, 2016.

Mioche, P., dir., *La desindustrialisation: une fatalite?* Presses universitaires de Franche-Comte, 2017.

Navarro, M., *Les inégalités de revenus*, Armand Colin, 2016.

Nkunzumwami, E., *La France inquiète face à son avenir,* L'Harmattan,2016.

Nkunzumwami, E., *Le Nord face au danger populiste*, L'Harmattan, 2016.

OFCE, *L'économie française 2013, 2014, 2015, 2016, 2017, 2018*, La Découverte.

Parrat, F., *Déclin de l'industrie Française*, Alisio, 2016.

Perret, F., *Pour en finir avec la stagnation économique Française*, L'Harmattan, 2017.

Perrineau, P., dir., *Le vote disruptif,* Presses de la Fondation nationale des sciences politiques, 2017.

Porcher, T., & Farah, F., *Introduction Inquiète à la Macron-Économie*, Les petits matins, 2016.

Rioufreyt, T., *Les socialistes français face à la troisième voie britannique,* Presses universitaires de Grenoble,2016.

Taguieff, P.-A., *Macron: miracle ou mirage,* Éditions de l'Observatoire/Humensis, 2017.

Tautil, G., *Le roman national Français,* L'Harmattan, 2016.

Yahiel, M., & Lenglart, F., dir., *2017-2027 actions critiques pour une décennie*, La documentation Française, 2017.

あとがき

マクロン政権成立から一年経って、フランスの人々とりわけ労働者を軸とする庶民は満足しているであろうか。労働法改正のときに、彼らはデモに参加して次のように叫んだ。「マクロン、お前には絶望したぞ。怠け者（マクロンの言う）はごろごろいるんだ」[1]（カッコ内は筆者）。これほど辛辣な表現はない。失業も貧困も個人の責任とするマクロンの考えに、彼らは真っ向から反抗したのである。彼は、こうした庶民の声に耳を傾けるつもりがあるだろうか。

フランスの有権者はサルコジ政権に失望し、大きな期待を込めてオランドを選んだ。しかし、その期待は見事に裏切られた。そして彼らは、今度こそはという思いでマクロンを大統領にしたはずである。ところが、それから一年も経たない内に、彼らの大統領に対する不信感と不満は一挙に高まった。今やマクロンの支持率は、歴代大統領で最低の値にまで低下している。

マクロンはこれまで、右派でもなければ左派でもないことをアピールしてきた。しかし現在、彼は右派ではあっても左派ではない。そこには自由（経済）があっても保護（社会）はない。彼がいくら工場街に足を運んで労働者と対話しても、彼らとの間の心の溝は深まるばかりである。社会分裂は拡がることはあっても消えることはない。

社会階層間の対立は、実は民主主義制度そのものを脅かす。最近の世論調査によれば、フランスの若者（一八～三五歳）の五割近くが、民主主義以外のシステムを望んでいる。▼2 そうした若者の中に、社会的に排除された弱者を数多く見出せることは言うまでもない。まさに彼らは、民主主義に失望したのである。それは、弱者の声を反映させるはずの代表制民主主義が、強い不安を抱く彼らを見捨ててきたからに他ならない。社会的次元の問題こそが、民主主義の根本原則と不可分なことを、ここで今一度思い起こす必要がある。オランド政権からマクロン政権への一連の政治的な動きは、このことをはっきりと物語っている。

最後に、厳しい出版状況の中で本書の企画を快諾していただき、つねに温く励ましていただいた明石書店社長の大江道雅様に心よりお礼を申し上げたい。また、当初より三部作のアイデアを出していただき、適切なアドヴァイスをいただいた編集長の神野斉様にも感謝申し上げたい。なお、本書を刊行するに当り西南学院大学より出版助成金をえることができた。ここに記して深謝の意を表したい。

私事になって恐縮であるが、本書を早世した妻フランソワーズに捧げたい。彼女は筆者をフランスの世界に導いてくれた一方、自らは非常に若くしてアグレガシオン（大学教授資格）を取得しながらも、その研究生活を全うすることができなかった。ここに、彼女に対する感謝と哀悼の意を心より表したい。

二〇一八年八月

尾上 修悟

注

▶1　Bonnefous, B., & De Royer, S., “ Quand Emmanuel Macron parle comme Nicolas Sarkozy”, *Le Monde*, 7, octobre, 2017.

▶2　Finchelstein, G., & Teinturier, B., “ La démocratie, une idée fragile chez les jeunes ”, *Le Monde*, 10, juillet, 2018.

ま行

や・ら・わ行

な行

は行

た行

さ行

か行

事項

A to Z

あ行

ナ行

ハ行

マ行

ヤ・ラ・ワ・ン行

索　引

人名

ア行

アギオン，P（Aghion）301, 318
アコイエ，B（Accoyer）290
アモン，B（Hamon）97, 106, 126, 141, 156, 215, 233, 350
ヴァルス，M（Valls）80, 105, 117, 233
ヴァン・ミドルラール，L（Van Middlelaar）345
ヴィルロワ・ドガロー，F（Villeroy de Galhau）111
ウェーバー，M（Weber）212
エイエ，É（Heyer） 85
エル・コームリ，M（El Khomri）86
エロー，J - M（Ayraut）28, 31, 83
オーブリ，A（Aubry）105, 117, 206
オランド，F（Hollande）23, 42, 79, 103, 125, 146, 194, 205, 231, 244, 257, 282, 336, 351

カ行

カスタネ，C（Castaner）225
ガブリエル，S（Gabriel）345, 351
カンバデリ，C（Cambadélis）232
キャメロン，D（Cameron）337
ギリュイ，C（Guilluy）171, 331
グリヴォー，B（Griveaux）118
グロスマン，E（Grossman）12
コッケレル，E（Coquerel）255
ゴーシェ，M（Gauchet）213
コービン，J（Corbyn）150, 234
コーラー，A（Kohler）204
コルビエール，A（Corbière）235
コロン，G（Colomb）205,341
コンスタンチオ，V（Constâncio）268

サ行

サッチャー，M（Thatcher）100, 119, 281
サパン，M（Sapin）133, 209, 256
サルコジ，N（Sarkozy）24, 82, 98, 103, 138, 198, 204, 244, 284, 305
サルトル，J - P（Sartre）92
サンダース，B（Sanders）150
ジスカール・デ・スタン，V（Giscard d'Estang）201
ジュペ，A（Juppé）98, 102, 138, 202
ショイブレ，W（Schäuble）266
ジョスパン，L（Jospin）91, 104
ショルツ，O（Scholz）267
シラク，J（Chirac）13, 224, 249
ストゥルゾダ，P（Strzoda）341
スピネッタ，J - C（Spinetta）309
ソージェ，N（Sauger）12

タ行

タヴェルニエ，J - L（Tavernier）126
ツィプラス ,A(Tsiprus) 150
ティボー，J - L（Thibaud）249
ティボー，B（Thibaud）178
デルプエシュ，M（Delpuech）343
ドヴィリエ，P（De Villiers) 252

[著者略歴]

尾上 修悟（おのえ しゅうご）

1949年生まれ。現在、西南学院大学経済学部教授。京都大学博士(経済学)。日本EU学会理事。2000年と2004年にパリ・シアンス・ポリティークにて客員研究員。主な著書は『イギリス資本輸出と帝国経済』(ミネルヴァ書房、1996年)、『フランスとEUの金融ガヴァナンス』（ミネルヴァ書房、2012年)、『欧州財政統合論』（ミネルヴァ書房、2014年)、『ギリシャ危機と揺らぐ欧州民主主義』（明石書店、2017年)、『BREXIT「民衆の反逆」から見る英国のEU離脱』（明石書店、2018年)、A・アルティ『「連帯金融」の世界』（訳書、ミネルヴァ書房、2016年)、『国際金融論』（編著、ミネルヴァ書房、1993年)、『新版 国際金融論』（編著、ミネルヴァ書房、2003年)、『新版 世界経済』（共編著、ミネルヴァ書房、1998年)、『イギリス帝国経済の構造』（共著、新評論、1986年)、『国際経済論』（共著、ミネルヴァ書房、1987年)、『国際労働力移動』（共著、東京大学出版会、1987年)、『世界経済』（共著、ミネルヴァ書房、1989年)、『新国際金融論』（共著、有斐閣、1993年)、『世界経済論』（共著、ミネルヴァ書房、1995年)、『世界経済史』（共著、ミネルヴァ書房、1997年）など。

「社会分裂」に向かうフランス
——政権交代と階層対立

2018年11月30日　初版 第1刷発行

著　者　尾　上　修　悟
発行者　大　江　道　雅
発行所　株式会社 明石書店
〒101-0021 東京都千代田区外神田6-9-5
電話 03（5818）1171
FAX 03（5818）1174
振替　00100-7-24505
http://www.akashi.co.jp/

進　　行　寺澤正好
組　　版　デルタネットデザイン
装　　丁　清水肇（プリグラフィックス）
印刷・製本　モリモト印刷株式会社

（定価はカバーに表示してあります）　ISBN978-4-7503-4759-2

オフショア化する世界
人・モノ・金が逃げ込む「闇の空間」とは何か？

ジョン・アーリ 著　須藤廣、濱野健 監訳

■四六判／上製／328頁　◎2800円

1990年以降急速に進んだ新自由主義経済と移動に関する技術革新を背景に、国境を超えた労働・金融・娯楽・廃棄物・エネルギー・気候変動やセキュリティの移動が「富裕層の一人勝ち」を引き起こす「オフショア化」を分析し、そこからの脱却の道を探る。

●内容構成●

グローバル資本主義と〈放逐〉の論理
不可視化されゆく人々と空間

サスキア・サッセン 著　伊藤茂 訳

■四六判／上製／336頁　◎3800円

極端な富の集中の背後にかつてない規模で生み出されている貧困、難民、環境破壊。著者はグローバル資本主義の新たな段階をもたらす「放逐」の論理が出現していると仮説を提起し、現代社会の背景に潜む支配的論理を実証的・概念的に可視化しようと試みる。

●内容構成●

〈価格は本体価格です〉